よりよい相続のために!!

令和6年
改訂版

相続

手続・申告シンプルガイド

OAG税理士法人 編著

相続は、相続人と会計事務所との共同作業です。

一般財団法人 大蔵財務協会

はじめに

　国税庁の公表（令和5年12月）によれば、令和4年中に死亡した方は約157万人、そのうち相続税の課税対象となった方は15万858人で、課税割合は9.6％でした。

　平成27年に施行された税制改正により、いわゆる非課税ラインとされる基礎控除のうち、定額部分が3,000万円（改正前は5,000万円）、相続人数による比例部分が600万円（改正前は1,000万円）に引き下げられました。

　相続税は、都市部に自宅を持ち、ある程度の金融資産があれば相続税が課税される可能性が高くなりました。まさか、相続税がかかるとは思っておらず、申告期限ぎりぎりに慌ててご相談にみえる相続人の方もいらっしゃいます。

　相続税の申告及び納税の期限は、対象となる方が亡くなられてから10か月です。この期限は一見長いようにも思えますが、あっという間に過ぎてしまいます。そのため、申告に関する手続きはできるだけ簡潔にスピーディに行うことが必要です。

　そこで本書では、相続人の皆様を中心に、また相続人の皆様からご相談を受ける会計事務所・税理士事務所の皆様にも相続税申告について順を追ってわかりやすく確認いただけるよう3つの編で構成しました。

　本書では、上述しましたように、極力簡潔でスピーディな申告手続きを念頭に、相続時、申告書作成時によく目にする（頻繁にある）ものをピックアップし解説しています。反面、あまりない（特殊な）内容は省略させていただきました。

　末筆ながら、本書の執筆の機会を与えてくださいました一般財団法人大蔵財務協会の皆様に心より感謝申し上げます。

令和6年4月

ＯＡＧ税理士法人

田中　晋平

木村　美砂

柴田　泰子

遺産相続・申告の流れと本書の構成

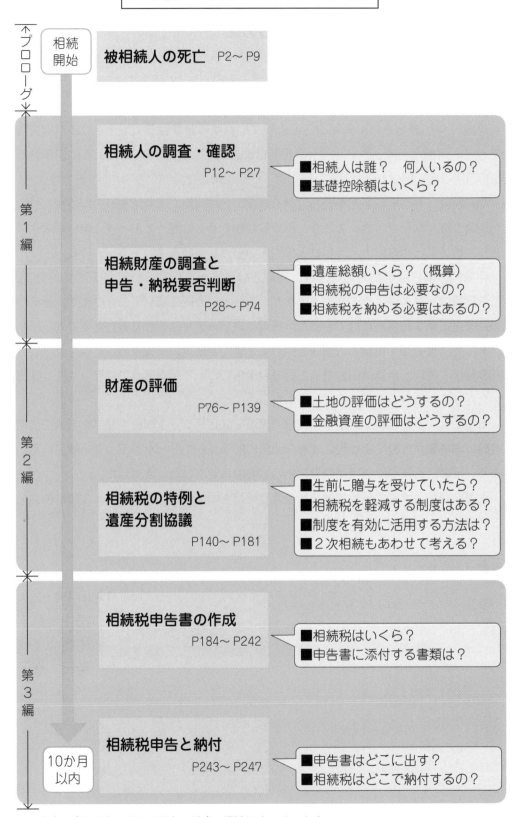

↑プロローグ※

相続開始

被相続人の死亡　P2〜P9

第1編

相続人の調査・確認
　　　　　　　　　P12〜P27

■相続人は誰？　何人いるの？
■基礎控除額はいくら？

相続財産の調査と
申告・納税要否判断
　　　　　　　　　P28〜P74

■遺産総額いくら？（概算）
■相続税の申告は必要なの？
■相続税を納める必要はあるの？

第2編

財産の評価
　　　　　　　　　P76〜P139

■土地の評価はどうするの？
■金融資産の評価はどうするの？

相続税の特例と
遺産分割協議
　　　　　　　　　P140〜P181

■生前に贈与を受けていたら？
■相続税を軽減する制度はある？
■制度を有効に活用する方法は？
■2次相続もあわせて考える？

第3編

相続税申告書の作成
　　　　　　　　　P184〜P242

■相続税はいくら？
■申告書に添付する書類は？

10か月以内

相続税申告と納付
　　　　　　　　　P243〜P247

■申告書はどこに出す？
■相続税はどこで納付するの？

※　本書は令和6年1月1日現在の法令・通達によっています。

第1編（申告書を作成する前に／主に相続人の方が対応）

① ここでは、実際の申告書を作成する前に必要な「相続人の確定」や「準備する書類」、「必要書類の取得のしかた」等について確認します。

② 次に、詳細な財産評価や申告書作成前に、概略的な「申告の要否判断（申告が必要か否か）」を行います。

　　申告が必要な方については、次の第2編に進みます。

第2編（財産評価・税制上の特例／主に専門家が対応）

① 始めに財産の評価について確認します。評価額の相違は相続税額の相違に直接影響しますので、重要なポイントです。

② 相続税の計算に影響のある生前贈与の有無を確認しましょう。

③ 次に、配偶者の税額軽減の特例や小規模宅地等の特例（自宅敷地や事業用建物敷地等に該当する場合の減額特例）の内容を確認します。

　　評価した財産の合計だけで判断すると基礎控除（非課税ライン）を超えてしまっても上記の特例を適用することで相続税がゼロになるケースもあります。

④ 上記①②③を踏まえ、最終的に相続税申告の要否と納税の有無を確認します。

　　※ 上記③の特例を適用するためには（相続税がゼロでも）申告が必要です。

第3編（相続税の申告書作成と申告・納税手続き／主に専門家が対応）

① 始めに「相続税申告の計算手順」、「相続税申告書作成の流れ」を確認します。

② 次に、具体的な事例を基に申告書作成を行います。個々の財産評価額等が申告書のどの部分に記載され、どのように相続税が計算されていくかを確認します。

③ 申告書の完成後、添付する資料を整理し申告書とあわせて所轄税務署に提出、納付書の書き方、相続税の納付場所を確認します。

　　※ 相続税申告書の提出期限と納税期限は同じです（相続開始後10か月以内）。

目　次

第3編 相続税申告書の作成と納税—専門家対応編—

プロローグ

1 相続とは？

　相続とは、簡単にいうと、亡くなった人の遺産を特定の親族が受け継いでいくことです。そのため、相続の場面では、「相続人」と「相続財産」（遺産）を確認することが重要なポイントとなります。

1 相続人

　亡くなった人のことを「被相続人」といい、遺産を受け継ぐことができる人を「相続人」といいます。「相続人」は、一般的に、配偶者や子等の近親者が該当します。

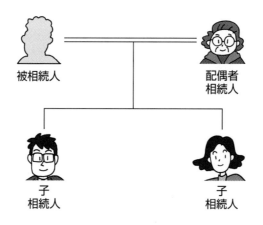

　そして、相続が発生したら（被相続人が死亡したら）、なるべく早くしておいたほうがよい手続きの1つに、後の第1編で説明する「相続人の確定」という作業があります。亡くなった人の遺産を受け継ぐ権利がある人（＝相続人）は法律で定められており（法定相続人）、誰が相続できるのかを、はっきりさせる必要があるからです。

　※　詳しくはP14以降をご参照ください。

❷ 相続財産

　相続が発生したら、亡くなった人の遺産にどのようなものがあるのかということも、なるべく早く調べたほうがよいでしょう。

　遺産の中には、現金や不動産のようなプラスの財産もあれば、借金のようなマイナスの財産もあります。もし、マイナスの財産が多い場合、「相続放棄」という手続きをとれば、財産を受け取ることはできませんが、代わりに借金を背負うこともなくなります。「相続放棄」の手続きは、原則として、相続の発生から3か月以内に家庭裁判所に申述しなくてはいけません。

　このような理由から、「相続人が誰なのか？」、「どのような財産・債務があるのか？」ということは、なるべく早く把握する必要があるのです。

　もし、亡くなった人が「遺言書」を残していたのであれば、その遺言書にはたいてい財産や債務の内容が記載してありますので、財産調査の大きな手がかりになります。

　また、遺言書に誰にどの財産を受け取ってもらいたいか書いてある場合には、亡くなった人の遺志を尊重するという考え方から、その遺言書の内容が優先されます。

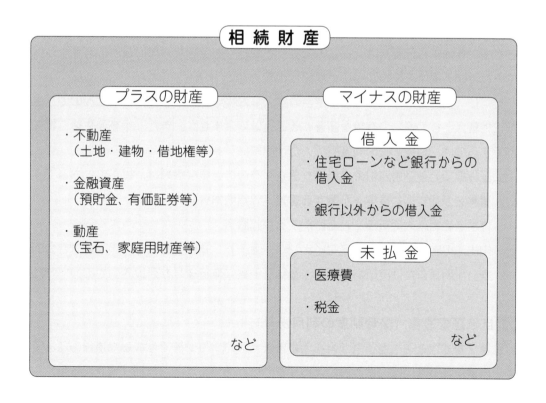

相続があったら何をしなければならないか？

1 遺言の確認

　亡くなった人が遺言を残しているかを確認しましょう。生前から遺言の有無を相続人が把握していれば問題ありませんが、遺言書の存在を伝えていない場合も考えられます。相続発生後には多くの手続きが生じることとなりますが、遺言の有無次第でとるべき手続きが変わることがあります。

　遺言には、「公正証書遺言」、「自筆証書遺言（保管制度の利用の有・無）」、「秘密証書遺言」の3種類がありますので、以下の手続きで遺言書の有無を確認しましょう。

公正証書遺言

　公正証書遺言は、公証役場で証人の立ち会いのもとで作成する遺言で、公証役場で厳重に原本管理されています。公正証書遺言の情報（作成公証役場名、公証人名、遺言者名、作成年月日等）は、どこの公証役場からでも全国を対象に遺言の有無及び保管されている場所を検索することができます。

　ただし、遺言者が亡くなる前は遺言者本人しか検索することができませんので、生前に相続人として遺言の有無を調査することはできません。また、相続発生後に調査ができるのは、相続人等の利害関係人だけです。

　公証役場で公正証書遺言の有無等を調査するのに必要な書類は、以下のとおりです。

・遺言者が死亡した事実を証明する書類（除籍謄本等）

・遺言者の相続人であることを証明する戸籍謄本

・申出人の本人確認の書類（マイナンバーカード、運転免許証等の顔写真付き公的身分証明書または実印および印鑑登録証明書（発行後3か月以内のもの））です。

自筆証書遺言（保管制度の利用あり）

　自筆証書遺言とは、遺言者が自ら手書きまたはパソコン等で作成した遺言のことです。自筆証書遺言には、法務局による保管制度があります。法務局（遺言保管所）に

保管を依頼した遺言は厳重に管理され、遺言作成者が通知設定を利用していれば、相続が発生すると指定した人（3名まで）に法務局から遺言が保管されている旨の通知が届くようになっています。

　通知が設定されておらず、保管されているかどうかが不明な場合には、「遺言書保管事実証明書」の交付請求を行うことで遺言書の有無を確認できます。まずは保管の有無を確認しましょう。

　遺言の存在が確認できたら、遺言書情報証明書の交付請求を行うことで遺言書の内容を確認できます。この時、相続人等の中の誰か一人が遺言の閲覧や交付を行うと、法務局からその他の相続人等全員に対して遺言書が保管されていることが通知されるので、注意が必要です。

■ 自筆証書遺言（保管制度の利用なし）及び秘密証書遺言

　遺品を整理しているときなどに、遺言者が自ら作成し、自宅や貸金庫等で保管している自筆証書遺言や、内容を秘密にしたまま存在だけを公証役場で証明してもらっている秘密証書遺言が見つかることがあります。誤って処分することがないよう、ご注意ください。

　遺品の中から遺言書を見つけた場合は、発見した人が家庭裁判所に届け出て、検認手続きを受ける必要があります。

　遺言があった場合は、その後の手続きにおいて提出書類として求められることが多いため、早めに有無を確認しましょう。

各種手続き

　相続が発生したら、誰が亡くなった人の財産・債務を受け継いでいくのかを相続人同士で話し合ったり、その結果に基づいて亡くなった人から相続する人に名義を書き換えるなどの手続きをしなければなりません。

遺産分割

　遺言書がなく、相続人が複数の場合（たとえば、配偶者と子2人）は、いったんすべての財産・債務は相続人全員の共有となります。誰が何をどのくらい受け継ぐ（＝相続する）のかは、相続人同士での話し合いとなります。この話し合いにより財産の分け方が決まるまで、被相続人（故人）の財産を処分することはできません。

　この話し合いを「遺産分割協議」といい、話し合いの結果を書面にしたものを「遺産分割協議書」といいます。

金融機関などの名義変更・解約・払戻し

　銀行等の預貯金や証券会社に預けている株などは、誰が相続するかが決まったら、各金融機関で相続手続きをしなければなりません。

　こうした手続きは「遺産整理業務」として、信託銀行や行政書士などに依頼することもできます。

不動産の相続登記

　令和6年4月1日から相続登記の申請が義務化され、不動産を取得した相続人は、その取得を知った日から3年以内に相続登記（名義変更）をしなければならなくなりました。正当な理由なく申請を怠ったときは、10万円以下の過料の対象となります。また、施行日前の相続でも、未登記であれば義務化の対象となりますので注意が必要です（3年間の猶予期間あり）。

　誰が不動産を相続するのかの遺産分割協議が3年以内に決まりそうにないときは、相続人の中の一人が「相続人申告登記」の手続きを行うことで、相続登記の義務を果たすことができます。いったん相続人申告登記を行い、遺産分割協議がまとまった段階で遺産分割の日から3年以内に相続登記を行うことになります。

　相続人申告登記は、相続人が複数人いても特定の相続人が単独で行うことができ、また、添付書類も申請者の戸籍謄本のみで足りるので、資料収集の負担がありません。

【相続発生後の諸手続き一覧表】

	手続き	期　限	窓　口
名義変更	世帯主変更届け	死亡日から14日以内	住民票のある市区町村役場
	金融機関等	相続人が決まり次第すみやかに	各金融機関
	電気・ガス・水道・NHK	すみやかに	各営業所（電話で済む場合あり）
	電話・通信関係	すみやかに	各営業所
	自動車	すみやかに	陸運局
	公団・賃貸住宅・貸地	すみやかに	各営業所
返却と解約手続き	保険証 後期高齢者医療被保険者証 介護保険被保険者証	すみやかに	住民票のある市区町村役場
	運転免許証	すみやかに	最寄りの警察署
	パスポート	すみやかに	各都道府県庁の旅券窓口（パスポートセンター）
	クレジットカード・会員証	すみやかに	発行元
	印鑑証明証・マイナンバーカード・シルバーパスなど	すみやかに	市区町村役場
給付金の請求	葬祭費（国民健康保険・後期高齢者医療保険）	2年以内	被保険者の住居地の市区町村役場
	埋葬料（健康保険）		勤務先の健康保険組合または勤務先を管轄する年金事務所
	葬祭料・葬祭給付（労災保険）		労働基準監督署
	高額医療費の払戻し	領収書の日付から2年以内	市区町村役場の健康保険課（国民健康保険・後期高齢者医療保険）勤務先の健康保険組合または年金事務所（健康保険）
公的年金の手続き	年金の受給停止	すみやかに（国民年金は14日以内）	市区町村役場　（国民年金）年金事務所　（厚生年金）共済組合　（共済年金）
	未支給年金の請求	すみやかに	
	遺族給付の請求	5年以内（死亡一時金は2年以内）	

③ 相続税の申告

▪ 相続税の申告義務

　相続税は、遺産を相続したすべての人が申告しなくてはならない税金ではありません。「基礎控除額」という非課税ラインがあり、亡くなった人の遺産総額がその非課税ラインを超えた場合には、申告が必要になってきますが、非課税ライン以下の場合には申告は不要となり、相続税の納税義務もありません。

遺産総額が**基礎控除額以下**であれば、**相続税を申告する必要はありません。**

遺産総額が**基礎控除額を超えて**いれば、**相続税を申告する必要があります。**

　※　詳しくはP61以降をご参照ください。

▪ 相続税の申告期限

　税金には必ず申告期限があります。相続税の申告は、基本的には、相続が発生した日の翌日から10か月以内にしなければなりません。その10か月の間に、「相続人は誰なのか？」、「相続財産はどのくらいあるのか？」、「税金はかかるのか？」、などを調査し、手続きをしていかなくてはいけません。

　申告期限を過ぎると、相続税が減額される特例が受けられなかったり、いわゆる利息のような意味合いを持つ「延滞税」や、罰金的な要素を持つ「加算税」などがかかる場合があります。

　また、相続税の申告書の作成は、複雑な計算が多くかなり専門的な知識がないと困難です。10か月という期間は、複雑な相続税の申告書を作成するには、決して長くはありません。申告が必要かもしれないと思われた場合には、なるべく早く専門家である税理士に相談するとよいでしょう。

3 相続の専門家に相談するには？

▚ 相続の専門家とは？

　相続があった場合、いろいろな手続きが必要となってきますが、ご自身でできる手続きもあれば、複雑で専門家の手を借りないとできない手続きもあります。専門家の手を借りる場合には、どのような専門家に相談すればよいのか、まずそこから検討することとなります。相続の専門家とひとことでいっても、相談内容によって、依頼すべき専門家は変わってきます。

▚ 専門家はどうやって探す？

　たとえば、相続税の申告書は「税務署」に提出しなくてはいけません。税務署で税金の相談をすることはもちろん可能ですが、税務署の職員は申告書を作成してくれるわけではありません。ご自身で申告書が作成できない場合には、税務の専門家である税理士に依頼することになります。では、いったい税理士はどうやって探せばよいのでしょうか。

　税理士や司法書士などの士業は「税理士会」や「司法書士会」といった全国組織に加入し、地域ごとの支部に所属しています。まずはそうした支部に問い合わせ、適当な税理士等を紹介してもらうことができます。最近では、インターネットで税理士等個人のホームページを調べて、直接依頼される方も増えています。

　また、士業同士は連携して仕事をしている場合が多く、他の専門家を紹介してもらえることも多いです。

【相談する専門家】

依　頼　内　容	依頼先	関係団体
相続税の申告を依頼したい場合	税理士	日本税理士会連合会
不動産の登記を依頼したい場合	司法書士	日本司法書士連合会
遺産整理の手続き（金融機関の名義変更など）を依頼したい場合	行政書士	日本行政書士連合会
相続でもめた場合、遺産分割がまとまらない場合	弁護士	日本弁護士連合会

申告書を作成する前に
―相続人対応編―

相続人・相続分を調べよう

1 相続人の調査

正確な相続手続きを行うためには、誰が法定相続人（民法で定める相続する権利がある人）であるかを確定しなければなりません。そのためには、被相続人（故人）を始めとする相続人全員の戸籍謄本等の資料を準備（調査・収集）する必要があります。

具体的には、被相続人が生まれてから亡くなるまでの戸籍を取得します。被相続人の戸籍をさかのぼることによって、子（実子・養子）は何人いるか、誰と結婚（離婚）しているか、親は誰かなどといったことを把握することができるので、法定相続人の確定につながります。

この法定相続人調査・戸籍調査は複数の自治体をまたいでの手続きとなることもあるため手間がかかる場合がありますが、これを怠ると、後から相続人の存在が発覚して、遺産分割協議をやり直すことになるなど、時間が余計にかかったり、相続人間で無用な争いが生じたりします。

たとえば、被相続人が、過去に複数回結婚を繰り返して腹違いの兄弟姉妹がいた場合や、結婚前に認知していた子がいた場合、などがあります。被相続人がご自身の親や親族であっても、「戸籍謄本など調べなくても誰が相続人であるか、わかっているよ」などと甘く考えず、しっかり戸籍を収集し、調査しましょう。

戸籍を調べた結果、想定外の相続人が見つかることもあります。相続手続きは、相続人全員で進める必要がありますので、手紙を送付するなどして状況を説明し、協力を依頼しなければなりません。相手の対応によっては、弁護士などに手続きを依頼したほうがよい場合もあります。

戸籍謄本は、相続人調査のため、その家族関係を客観的に証明するために必要になるだけでなく、今後の相続手続きにおいて、預貯金の解約や不動産の名義変更、証券会社や運輸局などで遺産名義変更を申請する際にも、必ず提出を求められる重要な書類です。

必要となる資料

▓ 基礎資料

相続が生じた際に収集すべき資料は相続人の状況によって異なりますが、まずは以下の戸籍を収集する必要があります。

① 被相続人の出生から死亡に至るまでの連続した戸籍謄本類（戸籍謄本、除籍謄本、改製原戸籍）（P19参照）

　　※ 亡くなられた方によって通数は異なります。

② 相続人全員の現在の戸籍謄本

　　※ 被相続人の戸籍に記載されている場合は不要です。

そのほかに役所で収集しておくとよい資料は以下のとおりです。今後の手続きで使用することになります。

③ 被相続人の住民票の除票

④ 相続人の住民票

⑤ 相続人の印鑑証明書（金融機関により、発行後3か月以内、6か月以内の制限があります）

⑥ 相続人の個人番号（マイナンバー）

▓ 兄弟姉妹が相続人となる場合に必要な資料

上記の「基礎資料」に加え、被相続人の父母の出生から死亡に至るまでの連続した戸籍謄本類をすべて入手する必要があります。

▓ 代襲相続が生じている場合（P25参照）

上記の「基礎資料」に加え、被代襲者（亡兄弟姉妹）の出生から死亡に至るまでの連続した戸籍謄本類をすべて入手する必要があります。

相続人の調査を行い、法定相続人を確定させることは、相続手続の第一歩であり、非常に重要な手続きです。遺言書がある場合でも、兄弟姉妹が相続人となる場合や代襲相続が発生している場合などは、相続人と被相続人との関係性が複雑になることもあるので、相続人と推定される者全員の戸籍を収集して法定相続人を確認することが事後のトラブルを未然に防ぐ第一歩となります。

具体的な戸籍の収集のしかた

法定相続人を調べる際にもっとも重要な戸籍の収集は、以下のような順序で行います。

被相続人の戸籍が申請できる人は、配偶者、直系血族、代理人（委任状が必要）です。

ステップ1：被相続人の本籍地を調べる

相続手続きを始めるためには、法定相続人を把握するため、「被相続人の出生から死亡までの連続した戸籍謄本」を揃える必要があります。被相続人の最後（死亡時）の本籍地の役所に最後（死亡時）の戸籍謄本を請求し、そこから順次、被相続人の出生まで過去にさかのぼり、必要な戸籍を揃えなければなりません。

被相続人の最後（死亡時）の本籍（および筆頭者）がわからない場合には、被相続人の住民票の除票を【本籍の記載あり】として取得し、確認します。

被相続人の配偶者や子などの相続人が亡くなっている場合には、兄弟姉妹が相続人となる場合や代襲相続が発生するためその相続人の出生から死亡までの連続した戸籍謄本類、またその相続人（孫など）の戸籍謄本も必要になります。この場合、亡くなられている相続人の戸籍の収集方法も、被相続人の場合と基本的に同じです。

 役所で戸籍謄本の請求用紙を提出する際に、「相続手続きのため、〇〇（被相続人）の出生から死亡までのすべての戸籍が必要です」とはっきり伝えて依頼するとよいでしょう。必要な資料について助言をいただくこともあるかもしれませんし、何より手続きがスムーズになります。

ステップ2：被相続人の戸籍を請求する（窓口）

被相続人の最後の本籍地で取得した戸籍謄本または除籍謄本から、他の本籍地から転籍したのか、それとも結婚してできた戸籍なのかなどを確認します。

戸籍の編成事由、どこの戸籍から入籍されたなどの記載がありますので、内容を確認した上で、不足している戸籍がある場合には市役所（区役所）に請求することになります。

なお、身分証明書の提示が求められますので、持参する必要があります。

◆　次に請求する役所がわからない場合

　戸籍のつながりを読み取ることは、難しいものです。被相続人の最後の本籍地の役所で戸籍を受け取る際に、被相続人の出生から死亡までのすべての戸籍が揃っているかを、役所によく確認しましょう。

　「全部揃っている」と言われれば、被相続人の戸籍収集は完了となりますが、「不足しているものがある」と言われた場合は、次にどこの役所でどの戸籍を請求すればよいのか確認してください。おおよその場合、次に請求すべき役所を教えてくれます。

◆　本籍地の市役所がどこかわからない場合

　本籍が昔の地番・名称になっていて、現在どこの市役所（区役所）の管轄となっているのかわからない場合もあります。そのような場合には、インターネットなどで自分で調べる必要が生じます。

　戸籍を請求するといっても、戸籍には種類があります。一般的な「戸籍謄本」以外に、「除籍謄本」と、様式や編成基準が法令等の改正によって変更された場合の前の戸籍である「改製原戸籍」があります（P19参照）。

　請求する時は、とりあえず、戸籍謄本、除籍謄本、改製原戸籍の全部を請求しましょう。後は、必要な戸籍謄本等がすべて集まるまで、これを繰り返します。

　古い除籍謄本等は、保存期間の経過による廃棄や、戦災による消失、火災による焼失等で取得できない場合があります。そのような場合、戸籍が存在しない証明として、市町村に「戸籍を廃棄したことの証明書（名称は市町村により異なります）」を請求しましょう。

ステップ3：被相続人の戸籍を請求する（郵送）

　請求先の市役所が遠方の場合は、郵送で戸籍を請求することになります。郵送で戸籍を請求する場合には、以下の書類を同封して役所に送ります。

◆　戸籍謄本の交付申請書

　最近では市区町村役場のホームページから交付申請書（P17参照）をダウンロードできる場合があります。ホームページを利用できない場合は、最寄りの役場で戸籍謄本の交付申請書を入手し、宛名部分を請求先自治体名に変更して利用することもできます。

◆ 郵便局発行の定額小為替証書（交付手数料）

　戸籍謄本等の取得にはそれぞれ交付手数料がかかるので、手数料分の定額小為替証書を郵便局で購入して同封します。

　請求先の役所に戸籍が何通あるかは事前にわかりませんので、小為替は少し余分に送付するようにしましょう。余った場合は、小為替で返却されますが不足している場合は、請求先の役所から電話連絡があり、不足分の小為替を郵送で後送することとなります。

◆ 返信用封筒

　返信先の住所・氏名を記載した切手貼付済みの返信用封筒を用意します。

　切手不足であれば、返信用封筒にハガキが送付されてきますので、そのハガキに不足分の切手を貼り、投函します。

◆ 本人確認書類

　運転免許証やパスポートの写し、相続人であることがわかる戸籍謄本（被相続人と相続人の名前が載っている戸籍）など、必要事項は市区町村によって異なります。

　マイナンバー（個人番号）カード（または住民基本台帳カード）を利用して全国のコンビニエンスストア等で取得できる市区町村もありますので、ホームページで確認してみましょう。交付できる場合は曜日を問わず6時半〜23時まで利用できるので大変便利です。また、役所や地域のセンターなどに設置されている自動交付機もコンビニよりは稼働時間が短いものの、土日も利用できることが多いので便利です。設置場所・稼動時間は役所に確認してください。

こんなケースは専門家に相談しよう！

■戸籍の取得が複雑な場合

　相続人に、代襲相続（P25参照）や数次相続（相続開始後、法定相続人が亡くなること）が発生していた場合は、その亡くなった法定相続人の出生から死亡までの連続した戸籍を取得する必要があります。

　また、被相続人に子がなく両親も他界している場合には、兄弟姉妹が相続人となりますが、その兄弟姉妹も既に他界しているケースなどでは、戸籍の取得がさらに複雑で時間もかかる困難な作業となる可能性があります。

　このような場合には、司法書士等の専門家に戸籍等の収集を依頼したほうがよいでしょう。

【戸籍証明書交付申請書の記載例】

　戸籍証明書交付申請書は、各市町村の窓口にあります。申請時には、身分証明書の提示が求められます。各市区町村のホームページからもダウンロードすることができます。

他の自治体に請求する場合は、この部分を手書きで修正して利用することができます。

戸籍証明書（謄・抄本等）交付申請書

郵送請求専用

吹田市長宛

令和6年　6月　1日

請求者	住所	〒 102 － 8335　都道府県　*住民登録地をご記入ください。 千代田区三番町 × 丁目 △ 番地	電話番号	*日中に連絡がつく電話番号をご記入ください。 03-1234-5678
	氏名	*自署又は記名押印 大蔵　花子　　㊞	生年月日 昭和27年 4月 5日	メールアドレス	*国外から請求される方はご記入ください。

筆頭者から見て	□本人　☑配偶者　□父母・祖父母 □子・孫　　□代理人［要委任状］ □その他［要疎明資料］（　　　　）	*本人以外から請求の場合は、配偶者や直系親族であっても親族関係を確認できる書類（戸籍謄本等）や委任状が必要な場合があります。 *請求する戸籍に記載がない方から請求の場合は、権利義務関係がある等、正当な理由を確認できる疎明資料が必要です。

使用目的	□パスポート　□年金　□登記　□車両関係　□健康保険　□生命保険　□資格・免許 ☑相続（被相続人・　　　　）　　□戸籍届（婚姻届・転籍届等） □その他（　夫・太郎が死亡したので、相続手続　　　　）に使用、提出するため

本籍	吹田市　泉町1丁目3	番地番	筆頭者氏名	ふりがな　オオクラ　タロウ 大蔵　太郎 *戸籍の最初に記載されている方（亡くなられても変わりません。）

必要とするもの				
☑戸籍	☑全部事項証明（謄本）	450円 ②通	□（　　　）の（出生・婚姻・離婚・死亡）の記載のあるもの ☑（大蔵　太郎）の出生～死亡までの連続した戸籍
☑除籍	□個人事項証明（抄本） 必要な方の氏名（　　　）		□（　　　）と（　　　）の関係がわかるもの
☑改製原戸籍（昭和・平成）	（　　　）	750円 ②通	□その他（　　　　　　　　）
□戸籍の附票（※1）	□全部証明 □個人証明 必要な方の氏名（　　　）	300円 通	□（　　　）から □（　　　）の住所の履歴が必要 □現在（最新）の住所だけでよい
□受理証明書	出生・婚姻・離婚 死亡・（　　）届	350円 通	必要な方の氏名	生年月日 年 月 日	□請求者に同じ
□届書の写し	届出年月日 年 月 日		必要な方の氏名	生年月日 年 月 日	□請求者に同じ
□成年被後見人でない証明（禁治産者、準禁治産者でない証明）	いずれか1項目	300円 通	必要な方の氏名	生年月日 年 月 日	□請求者に同じ
□破産者でない証明（※2）	2項目（両方とも）	600円 通	必要な方の氏名	生年月日 年 月 日	□請求者に同じ
□独身証明書	提出先 □結婚相談所　□その他	300円 通	必要な方の氏名	生年月日 年 月 日	□請求者に同じ
□その他証明書（　　　）		300円 通	内容		

※1 戸籍の附票には、その戸籍ができた時点からの住所の履歴が記載されます。
　◇吹田市では、平成20年11月29日に戸籍を改製（コンピュータ化）しましたので、平成20年11月29日以前の住所の証明も必要な場合は、改製原戸籍の附票も必要となる場合もありますので、念のため小為替を600円分 ご用意ください。
　◇平成19年12月31日までに除籍もしくは改製されている附票については、既に廃棄済みのため交付することができません。
※2 いわゆる"身分証明書"をお求めになる方は、"成年被後見人でない証明"及び"破産者でない証明"の両方にチェックを入れ、小為替を600円分 ご用意ください。

● 最近（2週間以内に）戸籍の届出をされた場合は、下記もご記入ください。
　※戸籍への記載が完了するまでに、日数を要します。即日交付できない場合がありますので、ご了承ください。

（大蔵　太郎）の 出生・婚姻・離婚・死亡（　　）届	届出年月日	令和 6年 4月 3日	届出先	☑吹田市 □　　　　市区町村

代理人が請求する場合、委任状が必要となります。

不動産の相続登記や、預貯金の解約・名義変更など、ほとんどの相続手続きに必要となるので、2～3通ずつ取得したほうがよいでしょう。

【戸籍の取得例】

CASE 1

　被相続人が、東京都千代田区（本籍地）で生まれ、結婚し、亡くなるまで居住していた場合（本籍移転なし）

　このようなケースは、東京都千代田区で出生から死亡までのすべての戸籍謄本を取得することが可能で、時間も手間もかからないと思われます。

CASE 2

　被相続人が、東京都千代田区（本籍地）で生まれ、結婚により宮城県仙台市に本籍を移した後、大阪府吹田市に自宅を購入し、亡くなるまで居住していた場合（最後の本籍地は吹田市）

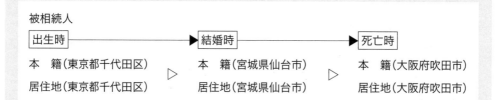

　このようなケースは、以下の順番で戸籍を取得していきます。

① 大阪府吹田市で戸籍謄本（除籍謄本）を請求し、取得します。

② 取得した戸籍謄本に記載されている転籍前の本籍地（宮城県仙台市）に除籍謄本を請求し、取得します。

③ さらに取得した除籍謄本に記載されている転籍前の本籍地（東京都千代田区）に除籍謄本・改製原戸籍謄本を請求し、取得します。

以上の順番で、出生までさかのぼり、連続した戸籍を取得する必要があります。

戸籍の種類

　戸籍とは、個人の氏名、生年月日、父母との続柄や配偶者関係などを記録し、身分関係を証明するもので、両親や養父母の名前、生年月日、続柄（戸籍の筆頭者との関係を示すもの）、出生地と出生の届出人、婚姻歴、離婚歴、養子縁組の情報等が記載されています。夫婦および子を単位として、それぞれの戸籍がつくられており、出生から死亡に至るまでの身分上の重要な事項が記載されています。

　ただし、結婚して戸籍が新しく作られた場合、その戸籍には結婚前の情報は載りません。相続などで、亡くなった人の出生から死亡までがわかるものが必要なときは、戸籍謄本だけではなく、除籍謄本や改製原戸籍が必要になってきます。

　また、戸籍のあるところを本籍地といいます。

① 戸籍謄本（戸籍全部事項証明書）

　　現在の戸籍で、その戸籍に記載されている全部の人を証明するものです。

② 戸籍抄本（戸籍個人事項証明書）

　　戸籍内の一部の人を証明するものです。

③ 除籍謄本（除籍全部事項証明書）

　　戸籍に記載されている全部の方が除籍^{（※）}されていることを証明するものです。

　　※　婚姻や離婚、死亡、転籍（本籍を他に移すこと）等によってその戸籍から抜けることをいい、除籍謄本は全部の人が抜けた戸籍です。

④ 改製原戸籍謄本

　　法令の改正等により編成様式が改められる前の戸籍内の全部の人を証明するもので「昭和32年法務省第27号による改製」と、「平成７年４月１日の戸籍のコンピュータ化による改製」があります。

相続人関係図を作成する

　相続人関係図とは亡くなった方の法定相続人が誰であるか、相関を図式化して一目でわかるようにしたものです。戸籍の収集が進んだところで作成するようにしましょう。

　この相続人関係図は、法定相続人と戸籍内容をチェックする上でも役立ちますし、法定相続情報証明制度を活用した不動産登記申請時や相続税申告時には添付資料として使用します（P35参照）。

【相続人関係図の例】

　氏名のほか、住所、被相続人は死亡日、相続人は出生日を記載します。住所は、住民票に記載のとおりに記載します。

　相続人の連絡先がわからないときは、「戸籍の附票」の取得が必要となる場合があります。たとえば、遠い親戚などが法定相続人だった場合、連絡をとりたくても、戸籍を見ただけでは、どこに住んでいるかがわかりません。そのような場合、本籍がわかれば「戸籍の附票」を交付してもらうことで相続人の住所（住民票がある所在地）が特定できます。

　「戸籍の附票」とは、戸籍に記載されている方について、戸籍が編成されてからの住所の異動を記載したもので、本籍地の市区町村で保管されています。

　戸籍の附票の法定保存期間はその戸籍が除籍または改製となってから5年間となっています。

相続人・相続分を調べよう

1 2 民法の規定をチェック

　誰が相続人になるかは民法で定められています。民法で定められた相続人を「法定相続人」といいます。法定相続人が誰になるかは、遺産分割の話し合いや、相続税を計算する場面で非常に重要になってきます。

　法定相続人を確定するには、この民法の規定を理解する必要があります。

1 法定相続人

　そもそも「相続人」とは、誰を指しているのでしょう。先に説明したとおり、誰が相続人になるかは民法で定められています。

　被相続人と婚姻関係にある配偶者は常に相続人となりますが、被相続人の子およびその代襲者（P25参照）、直系尊属、兄弟姉妹およびその子なども相続人となる可能性があります。配偶者以外の相続人は、相続人となる順序が以下のように定められています。

■ 相続人と相続順位

　配偶者は常に相続人となります。ただし、被相続人と正式な婚姻関係にある配偶者に限ります。被相続人に先妻と後妻がいるときは、後妻のみ相続人となります。

　配偶者以外の相続人は以下のとおり、相続順位が定められており、要件を満たせば相続人となることができます。

① 【第1順位】：子およびその代襲者（孫等）

　　配偶者の他に相続人が存在する場合、被相続人の子およびその代襲者が相続順位の第1位となります。

② 【第2順位】：直系尊属

　　被相続人に子がいない場合に相続人となります。父母の双方ともいない場合には祖父母が相続人となります。

③　【第3順位】：兄弟姉妹およびその子

　　被相続人に子および直系尊属がいない場合に相続人となります。全血か半血かを問いません。

　　　　・全血……父母の双方を同じくする兄弟姉妹
　　　　・半血……父母の一方のみを同じくする兄弟姉妹

【法定相続人と相続順位】

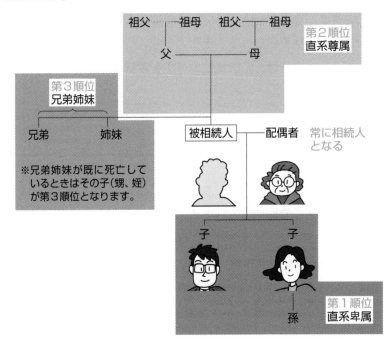

こんなケースは専門家に相談しよう！

　次のようなケースでは必要書類の準備や手続き等が難しく、専門家に依頼するほうが安心です。

■被相続人が養子縁組している場合……養子縁組の日から、養親の子の身分を取得する。

■被相続人に胎児がいる場合……申告期限までに出生した時、相続人・法定相続人として取り扱われる。

■配偶者に連れ子がいる場合……被相続人と血縁関係がないため、相続人になれない。

■父母が離婚している子の場合……子は、父母双方の相続人となる。

■相続人に未成年者がいる場合……法定代理人か特別代理人の選任が必要となる。

■相続人に行方不明者がいる場合……行方不明者のための財産管理人の選任が必要となる。

■相続人に国外居住者がいる場合……手続きが煩雑、また課税関係が複雑となる。

② 法定相続分を理解しよう

民法では、誰が相続人になるかを定めるとともに、相続人が複数いる場合、誰がどのような割合で財産を取得するかも定めています。この民法で定められた取得の割合を「法定相続分」といいます。

この「法定相続分」は、遺産分割の際の相続人同士の話し合いで合意しない場合の、法律上の目安となるものです。あくまでも目安ですから、必ず法定相続分で遺産分割をしなくてはいけないというものではありません。

また、相続税額を計算するときにも、この「法定相続分」を使います（P185参照）。

■ 法定相続分の計算

法定相続分の規定では、相続が生じた時点における相続人の状況に応じ、その割合が定められています。

代表的な例に基づき、以下に説明していきます。

① 配偶者と子が相続人の場合【第1順位】

> 配偶者　＝　1/2　：　子（複数の場合は全員で）　＝　1/2

相続発生時に被相続人の配偶者と子供が存在する場合には、配偶者が1/2を、残る1/2の遺産を複数の子で均等に分け合うこととされています。

この場合の法定相続人の数は、「配偶者＋子の数」となります。

② 配偶者と直系尊属が相続人の場合【第2順位】

> 配偶者　＝　2/3　：　直系尊属（複数の場合は全員で）　＝　1/3

被相続人に子がおらず、配偶者の他に被相続人の親（直系尊属）が存在する場合には、配偶者が3分の2を、親が残る3分の1を分け合うこととされています。

この場合の法定相続人の数は、「配偶者＋直系尊属の数」となります。

③　配偶者と兄弟姉妹が相続人の場合【第3順位】

> 配偶者　＝　3/4　：　兄弟姉妹（複数の時は全員で）　＝　1/4

　被相続人に子がおらず、親（直系尊属）も亡くなっている場合で、配偶者の他に被相続人の兄弟姉妹などが存在する場合には、配偶者が4分の3を、兄弟姉妹が残る4分の1を分け合うこととされています。

　この場合の法定相続人の数は、「配偶者＋兄弟姉妹の数」となります。

※　半血兄弟姉妹は全血兄弟姉妹の2分の1になります。

　相続人の状況により、相続順位のどこまでが法定相続人となるかが変わってくるため、まずその状況を戸籍からよく調べることから始める必要があります。

【法定相続分まとめ】

順位	相　続　人		法定相続分
1	配偶者と子		配偶者1/2、子1/2
	子のみ（配偶者が既に死亡の場合）		子が全部
	配偶者のみ（他の相続人が既に死亡の場合等）		配偶者が全部
2	配偶者と親		配偶者2/3、親1/3
	親のみ（配偶者が既に死亡の場合）		親が全部
3	配偶者と兄弟姉妹		配偶者3/4、兄弟姉妹1/4
	兄弟姉妹のみ（配偶者が既に死亡の場合）		兄弟姉妹が全部

代襲相続ってなに？

　法定相続人については、先に説明したとおりですが、相続人になる予定の人が被相続人よりも先に亡くなってしまった場合はどうなるのでしょうか。

　たとえば、被相続人の子が被相続人より先に亡くなってしまっていた場合で、孫が存在する場合には、その孫が被相続人の子の代わりに相続する権利を引き継ぐこととされています。このような制度を「代襲相続」といいます。

■ 代襲相続の可否

　代襲相続には一定の制限があり、民法で以下のように定められています。

> 【第1順位】　子　　　……代襲相続あり（再代襲あり）
>
> 【第2順位】　直系尊属……代襲相続なし
>
> 【第3順位】　兄弟姉妹……代襲相続あり（ただし一代限り）

　子や孫のように直系卑属であれば、原則として代襲相続の打ち切りはありません。子から孫へ、孫からひ孫へと、相続する権利は引き継がれていきます。しかし、兄弟姉妹が相続する場合には、兄弟姉妹の子である甥や姪には代襲相続はありますが、一代限りで打ち切りとなります。

　また、相続放棄（P27参照）の場合、代襲相続は行うことができません。

　そのほか、養子の子の場合、養子縁組後に出生した子の場合には代襲相続人となりますが、養子縁組前に出生している場合には代襲相続人となれません。

こんなケースは専門家に相談しよう！

　代襲することとなる原因が以下に示すような場合には専門家に相談してみましょう。

■相続開始と同時に相続人が死亡した場合

■相続人が欠格（P27参照）により相続権を喪失した場合

■相続人が廃除（P27参照）により相続権を喪失した場合

✖️ 孫が代襲相続人になるケース

　以下の例では相続人は、配偶者、長男、次男の子となります（長男の子は長男が生きていますので代襲して相続人になることはありません）。

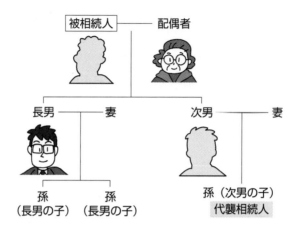

✖️ 甥、姪が代襲相続人になるケース

　以下の例では相続人は、配偶者、弟の子（甥、姪）となります。

　第3順位の場合、代襲相続は一代限りとなりますので、弟の子（甥、姪）がすでに死亡している場合には、相続人は配偶者のみになります。

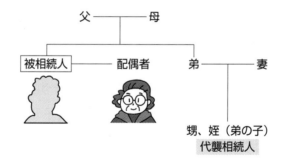

相続人になれない人もいる!?

　ここまで説明したとおり、民法により相続人になる人は決められていますが、以下のようなケースに該当する人が相続人に含まれる場合は、相続人にはなれないので、専門家に相談するとよいでしょう。

① 相続を放棄した人（相続開始後3か月以内に家庭裁判所に申述した人）

　被相続人が多大な借金を残した場合などに、相続開始後3か月以内に家庭裁判所に申述すると、相続を放棄することができます。いったん放棄すると取り消すことはできません。先順位の相続人が全員相続放棄した場合、次の順位の相続人が相続人になります。なお、何も手続きをしなかった場合は、相続を単純承認したとみなされます。

② 相続人の欠格事由に該当する人

　故意に被相続人または相続人を死亡させ、または死亡させようとしたために、刑に処された人や遺言の妨害行為（偽造、変造・破棄・隠匿等）をした人は特別の手続きもなしに、被相続人の意思とは関係なく、法律上、相続人としての権利を失い、相続人から除外されます。

③ 推定相続人から廃除されている人

　被相続人が推定相続人に虐待されたり、重大な侮辱を与えられていたような場合に、生前に被相続人の意思で家庭裁判所に申請し認められた場合には、その推定相続人を相続人から廃除することができます。相続廃除の対象になるのは、遺留分（P174コラム参照）をもつ配偶者、子、父母に限られます。また、相続廃除は家庭裁判所に取消しの請求をすれば取り消すことが可能です。

　なお、遺言書で相続人廃除をすることも可能です。その場合、遺言書で指定された遺言執行者が被相続人に代わって家庭裁判所に請求することになります。

こんなケースは専門家に相談しよう！

　上記②の欠格事由によって相続資格をはく奪された人、または上記③のように被相続人の家庭裁判所への請求によって廃除された人は、相続人になることはできません。これらの場合は、その人の子が代襲相続人になります。

　これらの場合とは異なり、上記①のように相続人の意志により相続の放棄をした場合は、その人は初めから相続人でなかったものとみなされ代襲相続も認められていません。

　上記の①～③に示すような事由に該当する相続人がいる場合などは、後々トラブルとなることもあるので注意が必要です。

財産・債務を調べよう

2-1 財産を調べよう

　正確な相続手続きを行うためには、被相続人の財産を確定しなければなりません。

　具体的には、被相続人がどのような財産を保有していたか、不動産や金融資産などに関する資料を調べて財産目録を作ります。

　たとえば被相続人が土地や建物などの不動産を所有していた場合、どのような土地や建物を持っていたか、またその評価額はいくらなのかを調べなければなりません。

　土地や建物などの評価額については、評価方法によって計算結果が異なることなどもあり、非常に複雑であることから、専門家の助けを借りたほうがよいケースが多いでしょう。また、納めるべき税額が生じた場合など、評価方法に加え、税制上の特例措置などの適用を検討する際など、専門家の助力を仰ぐのが適切です。

　ここではまず、財産をどのように調べ、必要な資料を収集、準備するかについて説明します。財産をどのように評価するか、また、税制上の特例措置を利用する場合にどのような要件が必要となるかなど、少々複雑な内容については、この後の第2編で説明します。

　この財産調査には手間がかかる場合もありますが、これを怠ると、後から財産や債務の存在が発覚して、遺産分割協議をやり直すことになるなど、時間が余計にかかったり、相続人間で無用な争いが生じたりします。

　相続税の申告および納付は相続が発生してから10か月以内に行わなくてはいけません。

　遺産分割協議、相続税の申告手続き以外にも、相続放棄などをする場合には、相続発生から3か月以内に家庭裁判所で手続きをしなくてはいけませんので、相続財産の調査は、相続が発生したらなるべく早めに始めるべきでしょう。

不動産の把握・所在確認

■ 「固定資産税の納税通知書」を確認する

被相続人名義の不動産を把握するために、まずは毎年4～5月に不動産のある市町村から送られてくる「固定資産税の納税通知書」を確認します。複数の市町村に不動産を所有している場合は、それぞれの市町村から通知書が届きます。

固定資産税の納税通知書に記載されている不動産の表記は、住居表示（住所）とは通常異なっています。この表記は、土地については「地番」、建物については「家屋番号」といい、今後の不動産に関する資料を収集する際に用います。

■ 「名寄帳」を取得する

固定資産税の納税通知書が見当たらない場合は、市町村役場で被相続人の氏名で登録されている不動産があるかどうか調べてもらうことができます。この台帳は、「名寄帳」と呼ばれます。

名寄帳を取得することで未登記不動産の存在が判明することもあります。

名寄帳は各市町村単位での取扱いとなり、請求に必要な書類、手数料などはそれぞれの市町村が定めるところによります。手数料については、1通あたりで無料～数百円程度が相場です。遠方の市町村の場合でも、窓口へ出向かなくても郵送で請求できることも多いので、対象となる市町村に事前に問い合わせてみるとよいでしょう。

市町村役場等で不動産の財産調査、書類申請を行う際は、被相続人との関係がわかる戸籍謄本や身分証明書などが必要になりますので、忘れないようにしましょう。

 名寄帳は「納税の対象となる人ごと」に作成されます。そのため、例えば、被相続人が一人で持っていた土地と、誰かと共有していた土地では、納税対象者が違っているとみなされるので、一人で持っていた土地の名寄帳と、共有していた土地の名寄帳は別々になります。また、名寄帳は市町村が固定資産税を課税するための台帳ですので、不動産の一覧といっても、必ずしも実際に所有しているとは限りません。あくまで、納税義務者として市町村が把握しているだけですから、現実の所有者とは異なる場合もあるのです。このため、名寄帳はひとまずの手がかりとして、実際の所有者を把握する調査は別途行わなければならないケースもあります。

■ 「固定資産評価証明書」も取得しておこう

市町村役場に行ったときには、あわせて、「固定資産評価証明書」も取得しておきましょう。固定資産評価証明書を取得すれば、不動産の価値の目安がわかります。

■■ 権利証、売買契約書等の不動産関連資料の確認

　権利証や、被相続人が不動産を取得した際の売買契約書等の資料から、不動産を調査します。

　不動産に関する権利証等は、１か所にまとめて保管されている場合も多く、見つかった資料から、法務局で公図や登記簿謄本（登記事項証明書）などを取得し、不動産を特定していきます。

> ▷ コラム　　　**相続により取得した土地を国に帰属させることができる!?**

　相続により取得した土地を手放して、国に帰属させることができる相続土地国庫帰属制度が令和５年４月から始まりました。令和５年４月以前の相続により取得した土地も対象です。

　制度ができた背景には、土地利用ニーズの低下により、土地を相続したものの手放したいと考える人が増えていることや、望まずして土地を取得した所有者の負担感が増したことなどにより、相続の際に登記されないまま土地が放置される「所有者不明土地」が発生するのを防ぐ目的があります。

　同制度を利用するには一定の要件が設定されており、審査があります。どんな土地でも国庫に帰属できるわけではありません。

　例えば、建物や工作物等がある土地、土壌汚染や危険な崖がある土地、権利関係に争いがある土地、担保権が設定されている土地、通路など他人によって使用される土地などは適用できません。

　また、制度を利用するには審査料として土地一筆あたり14,000円がかかるほか、10年分の土地管理費相当額を負担金として国に納付する必要があります。負担金は最低で20万円、区域・面積によっては100万円を超える場合もあります。

　国に帰属した土地は、国有財産として国が管理・処分を行うこととなります。

登記事項証明書等の取得

被相続人が所有していた土地や建物の、「登記事項証明書（いわゆる不動産登記簿謄本）」、「公図」、「地積測量図」、「建物図面」を取得します。

取得方法には、次の3つの方法があります。

なお、「地積測量図」、「建物図面」は、不動産によって備え付けられていない場合があります。

登記所の窓口で取得する方法

以前は、不動産が所在する地域の管轄登記所でしか取得できませんでしたが、現在は、全国の登記所がオンラインで結ばれ、管轄と異なる登記所でも取得することができます。

取得に際し必要な申請書は、登記所に備え付けられています（P33参照）。

申請受付時間は、土日・祝日・年末年始（12月29日～1月3日）を除く、平日午前8時30分～午後5時15分までです。

なお、登記事項証明書は、取得者の要件はありませんので、相続人でなくても取得可能です。

郵送で取得する方法

まず、法務局のホームページから必要な証明書の申請書をダウンロードし（ホームページには記載例もあります）、必要事項を記入、収入印紙を貼付の上、返信用封筒を同封して郵送します。1週間程度で、返送されます。

※　申請件数が多い場合は、返信用封筒に切手を貼らずに、少し多めの金額の切手を同封します。使用しなかった切手は、一緒に返却されます。

インターネットを利用して取得する方法

法務省の「かんたん証明請求」というインターネットのサービスを使い、申請書情報を登録した上で、発行手数料をネットバンキングの電子納付やATMなどで先払いすれば、パソコンから各種の証明書を取得できます。

郵送による申請と異なり、切手と返信用封筒を用意する手間がなく、郵便代も不要で便利です（登記所窓口で受け取ることもできます）。

利用時間は、平日午前8時30分～午後9時までになります。

【主な手数料（平成25年4月1日～）】

区　　　分		手数料額
登記事項証明書（謄抄本）	書面請求	600円
	オンライン請求・送付	500円
	オンライン請求・窓口交付	480円
登記事項要約書の交付・登記簿等の閲覧		450円
地図等情報	書面請求	450円
	オンライン請求・送付	450円
	オンライン請求・窓口交付	430円

登記情報提供サービスの活用

　登記簿の確認方法として、法務省が提供している「登記情報提供サービス」（https://www1.touki.or.jp/）があります。インターネット上から誰でもアクセスすることができ不動産の登記簿を確認することが可能です。地図・図面情報の利用時間は平日の午前8時半から午後9時までとなります。

　このサービスで提供している登記情報は利用者が請求をした時点において登記所が保有している登記情報と同じ情報となります。ただし、登記情報提供サービスはあくまでも「閲覧」と同等のサービスであるため、登記事項証明書とは異なり公印などは付加されません。

ポイント

　「登記事項証明書」は、簿冊形式（紙）で管理していた「登記簿謄本」をデータ化したもので証明内容は同じです。現在、「登記簿謄本」は、すべて「登記事項証明書」に置き換わりました。

　また、「登記事項証明書」には、「全部事項証明書」と「一部事項証明書」の2種類があります。現在の不動産の所有者は、どちらの証明書にも記載されますが、過去の所有者や、過去にその不動産を担保に融資を受けていたことなどは、「一部事項証明書」には記載されません。「全部事項証明書」には、過去の履歴が全部記載されていますので相続手続きの場合は「全部事項証明書」を取得しましょう。

【登記事項証明書交付申請書の記載例】

不動産用	登記事項証明書 登記簿謄本・抄本交付申請書

※ 太枠の中に記載してください。

	住　所　東京都千代田区霞が関１－１－１ Ⓐ	収入印紙欄
	フリガナ　ホウム　　　タロウ 氏　名　法務太郎	収入印紙 Ⓒ

※地番・家屋番号は、住居表示番号（〇番〇号）とはちがいますので、注意してください。

種　別 （レ印をつける）	郡・市・区	町・村	丁目・大字・字	地　番	家屋番号 又は所有者	請求通数	収入印紙
1 ☑土地 2 □建物	千代田区	霞ヶ関	一丁目	１番１	Ⓑ	1	
3 □土地							

※共同担保目録が必要なときは、以下にも記載してください。
次の共同担保目録を「種別」欄の番号＿＿＿＿＿＿番の物件に付ける。 Ⓓ
　　☑現に効力を有するもの　□全部（抹消を含む）□（＿）第＿＿＿＿＿号

※該当事項の□にレ印をつけ、所要事項を記載してください。 Ⓔ
☑　登記事項証明書・謄本（土地・建物）
　　専有部分の登記事項証明書・抄本（マンション名＿＿＿＿＿＿＿＿＿＿）
　　□ただし、現に効力を有する部分のみ（抹消された抵当権などを省略）

でここに貼ってくだ

（乙号・1）

Ⓐ　請求人の住所、氏名を記入します。

Ⓑ　土地の場合は地番、建物の場合は家屋番号を記入します。地番や家屋番号は通常、住居表示と異なるので、事前に固定資産税納税通知書等で確認しておきます。

Ⓒ　収入印紙は、登記所・郵便局・コンビニで購入できます。窓口で申請する場合は、貼らずに申請しても構いません。交付時にいくらの印紙を貼ればよいか登記所で教えてくれます。

Ⓓ　「現に効力を有するもの」をチェックし、共同担保目録付の登記事項証明書を申請します。共同担保目録から新たな不動産の存在が判明する場合があるからです。「全部」ではなく、「現に効力を有するもの」を申請します。「全部」で申請すると、証明書が大量になってしまう場合があります。ただし、チェックをつけて申請しても、共同担保がない場合は、証明書は発行されません。

Ⓔ　通常、一番上をチェックし、現時点での情報がすべて記載された証明書を請求します。

34

【地積測量図等の証明書申請書の記載例】

地図・各種図面用	地　　　　　図 の 証明書 申請書
	地積測量図等　　　閲　　覧

※ 太枠の中に記載してください。

窓口に来られた人 （申請人）	住　所　東京都千代田区霞が関１－１－１ フリガナ　ホウム　　タロウ 氏　名　法　務　太　郎	Ⓐ	収入印紙欄

※地番・家屋番号は、住居表示番号（〇番〇号）とはちがいますので，注意してください。

種　別 （レ印をつける）	郡・市・区	町・村	丁目・大字・字	地　番	家屋番号	請求通数	
1 ☑土地 2 □建物	千代田区	霞ヶ関	一丁目	１番１	１番	Ⓑ 各１ １	収入 印紙 Ⓓ 収入 印紙
3 □土地 4 □建物						Ⓒ	

（どちらかにレ印をつけてください。）

☑ 証明書　　　　☑ 閲　覧　　Ⓔ

※該当事項の□にレ印をつけ，所要事項を記載してください。

☑ 地図・地図に準ずる図面（公図）（地図番号：＿＿＿＿＿＿＿＿）

☑ 地積測量図・土地所在図
　☑ 最新のもの　□平成＿＿年＿＿月＿＿日登記したもの　Ⓕ

☑ 建物図面・各階平面図
　☑ 最新のもの　☑昭和16 年 6 月11 日登記したもの

□ その他の図面（　　　　　　　　　　　　　　　　　）

（乙号・４）

※収入印紙はここに貼ってください。

Ⓐ　請求人の住所、氏名を記入します。

Ⓑ　公図、地積測量図を請求する場合は、土地にチェックし「地番」を記入します。建物図面を請求する場合は、建物にチェックし「家屋番号」を記入します。

　　公図は１筆ごとの申請で、対象物件を中心とした図面となります。まとまった場所に複数の土地がある場合は、まず中心となる土地の公図を取得し、そこから外れた土地は追加で申請する手順で進めるとよいでしょう。

Ⓒ　別の不動産についても請求する場合は、同一申請書の２行目以降に記入します。

Ⓓ　収入印紙は、登記所・郵便局・コンビニで購入できます。

　　地積測量図、建物図面は、申請した結果、存在しない場合もありますので、収入印紙を貼らずに申請してもかまいません。

Ⓔ　「証明書」にチェックします。

Ⓕ　請求する図面にチェックし、地積測量図、建物図面のときは、「最新のもの」をチェックします。

「法定相続情報証明制度」の活用

　不動産の名義変更には手続きの期限や罰則が無いことから、長期間に渡り名義変更（相続登記）されずに先代名義のままになっていたり、年月の経過とともに相続が繰り返され、所有者不明の状態となって放置されてしまうものもありました。この場合、相続した不動産の売却などの手続きができなくなるなどの不都合が生じる可能性があります。実際には、最後に名義変更（相続登記）がされてから50年以上経過しているものが大都市地域で6.6％、中小都市・中山間地域で26.6％となっています（法務省調べ）。

　そのような事態から不動産の相続手続きを促進することを目的とし、手続きの簡素化を図るため法務省により平成29年５月29日から運用開始となった制度が「法定相続情報証明制度」です。

「法定相続情報証明制度」を活用するメリット

「法定相続情報証明制度」は相続の手続きに必要な戸籍謄本の原本を一式揃えるだけで、複数の手続きを同時に行うことができるので名義変更や解約の手続きを複数行う場合に手続きを簡素化できる制度です。「法定相続情報証明制度」を利用すると以下のような４つのメリットがあります。

① 戸籍謄本一式の代わりに１枚提出するだけでよい

　この制度を利用すると戸籍謄本に基づいて、被相続人と法定相続人に関する情報を一覧図にまとめた「法定相続情報一覧図の写し」が発行され、相続手続きの際に各所で提出が求められる戸籍謄本（原本）一式の代わりにこの「法定相続情報一覧図の写し」を１枚準備するだけで済みます。相続の際の不動産の名義変更だけでなく、金融機関での預金の払い戻しや名義変更、車の名義変更等などにも利用できます。

② 金銭的負担が軽減できる

　被相続人が複数の金融機関で口座を持っていたり、保険会社と契約をしていたり、不動産を所有していた場合などには、複数の相続手続きを行う必要があります。戸籍謄本は有料であるためたくさん準備をすると手数料の負担が多くなるため、一式だけ準備して順番に手続きをしていくこともあります。しかし、「法定相続情報証明制度」で発行される「法定相続情報一覧図の写し」は無料であることから何枚準

備しても金銭的な負担がかかりません。

③　同時に手続きを行いたいときに時間短縮できる

　複数の機関で相続手続きを行う際、戸籍謄本（原本）一式を提出して返却されるのを待ち、返却されたら別の機関へ提出して返却を待つといった形でひと通りの手続きが終わるまでに数か月もの時間を要することがあります。しかし、戸籍謄本（原本）一式の代わりとなる「法定相続情報一覧図の写し」を必要な枚数分用意しておけば、返却を待つこともなく複数機関の手続きを同時に進めることができ、大幅な時間短縮ができます。

　なお、相続税申告書への添付書類として利用する際には注意点があります（P39参照）。

■「法定相続情報証明制度」を利用するための注意点

「法定相続情報証明制度」の手続きの流れを確認する前に、この制度を利用する上で注意していただきたい点は次のとおりです。

①　被相続人と相続人が日本国籍を有していること

　「法定相続情報証明制度」の申出を行う際に戸籍謄本等の提出が必要となるため、亡くなられた方や相続人が全員日本国籍を有していない場合は、本制度は利用できません。

②　発行された「法定相続情報一覧図の写し」だけでは手続きは完結しない

　「法定相続情報一覧図の写し」は、あくまで戸籍謄本一式の代わりとなるもので、これだけあれば他の書類がすべて不要になるものではありません。手続きを行うための申請書や、遺産の分割内容が記載されている遺産分割協議書などは従来どおり必要となります。

■「法定相続情報証明制度」を利用する手続きの流れ

　相続時の不動産の登記（相続登記）や金融機関での預金の払い戻しの際に、戸籍謄本一式の代わりに使用できるのが「法定相続情報一覧図の写し」です。以下に「法定相続情報一覧図の写し」を受け取るまでの流れを説明します。

ステップ1：必要書類（戸籍・除籍謄本など）を集める

　被相続人と推定相続人全員の戸籍謄本を集めます（P14）。収集した戸籍謄本によって法定相続人が確認できたら、法定相続情報一覧図を作成します。

ステップ2：「法定相続情報一覧図」を作成する

　「法定相続情報一覧図」とは、被相続人と決定相続人の戸籍情報を1枚にまとめたもので、これをもとに登記所は「法定相続情報一覧図の写し」を作成します。

　法務省のホームページ（https://houmukyoku.moj.go.jp/homu/page7_000015.html）に、記入用フォーマットと記載例が掲載されていますので、参考にして作成することをおすすめします。法務省のフォーマットを使用せずに作成することも可能です。その際はA4サイズの白い用紙を使用し、パソコンを使用して入力するか、黒色インク、黒色ボールペンを使い文字は崩さずはっきりと記載するようにしましょう。

　「法定相続情報一覧図」は、収集した戸籍謄本等をもとに相続人（または司法書士や税理士等の専門家）が作成します。その際は以下の項目の記載が必須となります。

　①　被相続人について：氏名、生年月日、亡くなられた時の住所、死亡日
　②　法定相続人全員について：氏名、被相続人との続柄、生年月日
　　※住所は任意です。記載しない場合はフォーマットの「住所」を消します。
　　　記載する場合は住民票又は戸籍の附票の原本が必要です。こちらは戸除籍謄本とは異なり、原本還付の手続きをしないと原本が返却されません。
　③　その他：作成日、作成者の氏名、住所、申出人（または代理人）の記名押印

相続税申告書の添付書類に使う場合は続柄の記載に注意する

　平成30年4月より、法定相続情報一覧図の写しを相続税申告書の添付書類として利用できるようになりました。この場合には、続柄の記載方法に注意が必要です。

　具体的には、戸籍に記載されている続柄を記載する必要があります（P39参照）。

　お子さんの場合：長男・長女・養子など
　配偶者の場合：妻、夫

〈「法定相続情報一覧図」の記載上の留意点〉

①　続柄の記載について、お子さんを「子」、奥様を「配偶者」と記載することもできますが、この場合は相続税申告書の添付資料として利用することはできません。

②　相続放棄をした人がいる場合も、法定相続情報一覧図には他の相続人と同様に記載をします。相続する、しないに関わらず、被相続人が生まれてから亡くなるまでの戸籍関係を証明する一覧図を作成するためです。

③　法定相続情報一覧図を1枚にまとめることができないケースがあります。例えば、お父さまが亡くなられて、遺産分割協議が調う前にお母さまが亡くなられてしまうなど、相続が立て続けに起きてしまった場合（数次相続）は、亡くなられた方に対して1枚ずつ、すなわち2枚作成する必要があります。

【相続人が配偶者と子2人の場合の「法定相続情報一覧図」の記載例（法務省ホームページより抜粋、改変）】

最後の住所は、住民票の除票（又は戸籍の附票）により確認して記載する。（最後の本籍の記載は、申出人の任意であるが、住民票の除票等が市区町村において廃棄されている場合は、被相続人の最後の住所の記載に代えて最後の本籍を必ず記載する。）

被相続人　法務太郎　法定相続情報

被相続人の氏名を記載する。

最後の住所
〇県〇市〇町〇番地
最後の本籍
〇県〇市〇町〇番地
出生　昭和〇年〇月〇日
死亡　令和〇年〇月〇日
（被相続人）
法 務 太 郎

住所　〇県〇市〇町〇番地
出生　昭和〇年〇月〇日
（長男）
法 務 一 郎　（申出人）

申出人となる相続人には、「（申出人）」と併記する。

住所　〇県〇市〇町〇番地
出生　昭和〇年〇月〇日
（妻）
法 務 花 子

住所　〇県〇市〇町〇番地
出生　昭和〇年〇月〇日
（長女）
相 続 促 子

相続人の住所の記載は任意である。記載する場合は、住民票の写し等にあるとおり記載するとともに、その住民票の写し等を提出する必要がある。記載しない場合は、「住所」の項目を削除する。

以下余白

作成者は作成した日を記載し、自身の住所を記載の上、署名又は記名押印する。

作成日：令和〇年〇月〇日
作成者：〇〇〇士　〇市〇町〇番地
氏名　〇〇〇〇　　印

※法定相続情報一覧図は、A4縦の用紙を使用してください。なお、下から約5cmの範囲に認証文を付しますので、可能な限り下から約5cmの範囲には記載をしないでください。紙質は、長期保存することができる丈夫なものにしてください。また、文字は、直接パソコンを使用し入力するか、又は黒色インク・黒色ボールペン（摩擦等により見えなくなるものは不可）で、楷書ではっきりと書いてください。

ステップ３：登記所へ申出する（相続人または親族、代理人）

　書類の準備ができたら、登記所へ「法定相続情報証明制度」を利用する旨を申出します。所定の申出書に必要事項を記入し、収集した戸籍謄本一式と作成した「法定相続情報一覧図」を提出します。登記所に直接出向くか、郵送で行うこともできます。なお、窓口での受取の場合には、本人確認のため「申出人の表示」欄に記載した情報が確認できる公的書類（運転免許証等）を持参する必要があります。郵送での申出、受け取りを希望される場合は、申出の際に返信用封筒と切手を同封する必要があります。

〈「法定相続情報証明制度」の申出が可能な登記所〉
①　被相続人の本籍地
②　被相続人の最後の住所地
③　申出人の住所地
④　被相続人名義の不動産の所在地
　上記の場所を管轄するいずれかの登記所で申出ができます。

　また、所定の申出書は法務省のホームページ（https://houmukyoku.moj.go.jp/homu/page7_000014.html）からダウンロードすることが可能です。

　また、登記所への申出は、相続人とその親族そして次の資格者代理人が代理人として行うことができます。

　代理人が申出を行う際は委任状（P42参照）を提出しなければなりません。また親族が行う場合は、委任状に加えて申出人と代理人が親族関係にあることが分かる戸籍謄本が必要です。

〈親族以外の申出可能な資格者代理人〉
弁護士、司法書士、土地家屋調査士、税理士、社会保険労務士、弁理士、海事代理士、行政書士

【申出書の例（法務省ホームページより抜粋）】

別記第1号様式

法定相続情報一覧図の保管及び交付の申出書

（補完年月日　令和　　年　　月　　日）

申 出 年 月 日	令和　　年　　月　　日	法定相続情報番号	－　　　－
被相続人の表示	氏　　　名 最後の住所 生 年 月 日　　　　　年　　　月　　　日 死亡年月日　　　　　年　　　月　　　日		
申 出 人 の 表 示	住所 氏名　　　　　　　　　　　　㊞ 連絡先　　　　　　　－　　　－ 被相続人との続柄　　（　　　　　　　　　　）		
代 理 人 の 表 示	住所（事務所） 氏名　　　　　　　　　　　　㊞ 連絡先　　　　　　　－　　　－ 申出人との関係　　□法定代理人　　　□委任による代理人		
利 　 用 　 目 　 的	□不動産登記　□預貯金の払戻し　□相続税の申告 □その他（　　　　　　　　　　　　　　　　　　　　　　）		
必要な写しの通数・交付方法	通　　（　□窓口で受取　□郵送　　） ※郵送の場合，送付先は申出人（又は代理人）の表示欄にある住所（事務所）となる。		
被相続人名義の不動産の有無	□有 □無	（有の場合，不動産所在事項又は不動産番号を以下に記載する。）	
申出先登記所の種別	□被相続人の本籍地　　　　　□被相続人の最後の住所地 □申出人の住所地　　　　　　□被相続人名義の不動産の所在地		

　　上記被相続人の法定相続情報一覧図を別添のとおり提出し，上記通数の一覧図の写しの交付を申出します。交付を受けた一覧図の写しについては，相続手続においてのみ使用し，その他の用途には使用しません。
　　申出の日から3か月以内に一覧図の写し及び返却書類を受け取らない場合は，廃棄して差し支えありません。

　　　　　　（地方）法務局　　　　　　支局・出張所　　　　　　　　宛

※受領確認書類(不動産登記規則第247条第6項の規定により返却する書類に限る。)
戸籍（個人）全部事項証明書（　　通），除籍事項証明書（　　通）戸籍謄本（　　通）
除籍謄本（　　通），改製原戸籍謄本（　　通）戸籍の附票の写し（　　通）
戸籍の附票の除票の写し（　　通）住民票の写し（　　通），住民票の除票の写し（　　通）

受領	確認1	確認2	スキャナ・入力	交付		受取

【委任状の記載例（津地方法務局ホームページより抜粋）】

委 任 状

私は，○○市○○町○丁目○番地　法務太郎　に次の権限を委任します。

1　被相続人甲野一郎（○年○月○日死亡）の法定相続情報一覧図の保管及び交付の申出書を必要な書類と共に管轄登記所に提出すること
　　利用目的　　○○○のため，○○○のため
　　必要な写しの枚数　　○通

2　当該一覧図の写し及び返却書類を受領すること

3　申出書に不備がある場合に当該申出を訂正すること又は添付書類を補完すること

4　申出をとりやめること

5　上記 1 から 4 までのほか，法定相続情報一覧図の保管及び交付の申出に関し必要な一切の権限

　　令和　　年　　月　　日

　　　　　　　　　　　　　　　　　　　○○市○○町○番地

　　　　　　　　　　　　　　　　　　　甲 野 花 子　　印

ステップ４：「法定相続情報一覧図の写し」を受け取る

　登記所へ申出を行うと、提出した「法定相続情報一覧図」は登記所で保管され、戸籍謄本（原本）一式は返却されます。そして、「法定相続情報一覧図の写し」（P43）を受け取ることができます。

　なお、登記所で交付を受ける際には法定相続情報一覧図に押印した印鑑が必要です。

再交付は登記所で５年以内
「法定相続情報一覧図」は作成した年の翌年から５年間保管され、その期間内は申出人に限り何度でも「法定相続情報一覧図の写し」の再交付を受けることができます。

　相続人に変更や訂正がある場合は、再度申出を行わなければならず戸籍謄本一式をあらためて用意しなければなりません。例えば、相続人となるお子さんが生まれたり、相続人だった方が亡くなられた場合などは最新の戸籍謄本を取り寄せる必要があります。登記所では法定相続情報の訂正が行えないことにご留意ください。

【「法定相続情報一覧図の写し」の例（法務省ホームページより抜粋、改変）】

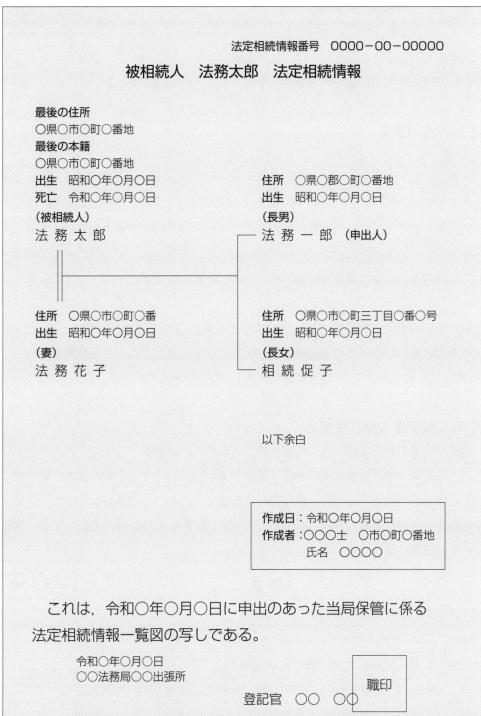

法定相続情報番号　〇〇〇〇-〇〇-〇〇〇〇〇

被相続人　法務太郎　法定相続情報

最後の住所
〇県〇市〇町〇番地
最後の本籍
〇県〇市〇町〇番地
出生　昭和〇年〇月〇日
死亡　令和〇年〇月〇日
（被相続人）
法務太郎

住所　〇県〇市〇町〇番
出生　昭和〇年〇月〇日
（妻）
法務花子

住所　〇県〇郡〇町〇番地
出生　昭和〇年〇月〇日
（長男）
法務一郎　（申出人）

住所　〇県〇市〇町三丁目〇番〇号
出生　昭和〇年〇月〇日
（長女）
相続促子

以下余白

作成日：令和〇年〇月〇日
作成者：〇〇〇士　〇市〇町〇番地
　　　　氏名　〇〇〇〇

　　これは，令和〇年〇月〇日に申出のあった当局保管に係る
法定相続情報一覧図の写しである。

　　　　　令和〇年〇月〇日
　　　　　〇〇法務局〇〇出張所

　　　　　　　　　登記官　〇〇　〇〇　　｜職印｜

注）本書面は，提出された戸除籍謄本の記載に基づくものである。相続放棄に
　　関しては，本書面に記載されない。また，相続手続以外に利用することはできない。

整理番号　S00000　1／1

金融資産を調べよう

　被相続人の金融資産については、まず通帳やキャッシュカード、郵便物などから取引のある可能性の高い銀行や証券会社を調べることからはじめます。

■ 預貯金の調査

　「被相続人がどこの銀行に、どれだけのお金を預けていたのか……？」

　残念ながら、被相続人の名義口座があるすべての金融機関を網羅的に調べる手続きはありません。

　預貯金の調査は、基本的に通帳、キャッシュカードで行います。被相続人がクレジットカードや通信販売などのサービスを利用していた場合は、それらの利用明細などに、引き落とし口座の情報が記載されていることもあります。

　預貯金の評価は、相続開始日（＝被相続人の死亡日）の残高が評価額となるため、被相続人名義の口座がある金融機関が判明した場合、速やかに、各金融機関に対して「証明日付を死亡日とする「預金残高証明書」」の発行を依頼します。

■ 残高証明書の発行手続き

　残高証明書の発行手続きは、相続手続き（解約・名義変更・払戻し）とあわせて行うこともできます（金融機関の相続手続き。P49参照）。また、定期預貯金等がある場合、残高証明書発行依頼時、未経過利息の計上もあわせて依頼しましょう（定期預金の評価。P124参照）。証明書の発行手続きに必要なものは次のとおりです（事前に各金融機関に確認するようにしてください）。

必　要　書　類	チェック欄
各金融機関の残高証明書発行依頼書	☐
被相続人の口座番号がわかるもの（通帳、キャッシュカード等）	☐
被相続人の「死亡の記載のある戸籍謄本（除籍謄本）」	☐
相続人（残高証明書を請求する人）の戸籍謄本（被相続人との関係がわかる戸籍）	☐
相続人（残高証明書を請求する人）の実印	☐
相続人（残高証明書を請求する人）の印鑑証明書	☐
相続人（残高証明書を請求する人）の本人確認書類（運転免許証など）	☐
発行手数料（各金融機関により異なる）	☐

預貯金口座の有無の確認

　通帳、キャッシュカードがなく、被相続人が利用していた金融機関が不明な場合は、家にあるカレンダーや粗品などを手がかりにして、利用していそうな金融機関を調べたり、近所や最寄り駅近くの金融機関等に連絡し、被相続人の口座の有無を確認してみましょう（現存照会）。

現存照会の手続き

　現存照会の費用は無料ですが、連絡が来るまでに1〜2週間程度がかかる場合があります。代理人による申請の場合は相続人作成の委任状が必要となります。

　現存照会では銀行に被相続人の口座があるかないかを調べることしかできません。口座があった場合には、別途「残高証明書」を請求することになりますが、こちらは有料です。必要書類は現存照会の場合と同様ですので、現存照会の結果を聞きに行く時に書類を持参すれば、口座が存在した場合にその場で残高証明の請求もできますので、二度手間を防げます。手続きに必要なものは以下のとおりです（事前に各金融機関に確認するようにしてください）。

　なお、照会や残高証明書の請求は、相続人全員で行う必要はなく、1人で行うことができます。

必　要　書　類	チェック欄
被相続人の「死亡診断書」または「死亡の記載のある戸籍謄本（除籍謄本）」	☐
相続人（窓口で照会をかける人）の戸籍謄本（故人の相続人であることを証明するため）	☐
相続人（窓口で照会をかける人）の印鑑（認印可）	☐
相続人（窓口で照会をかける人）の本人確認できる運転免許証など	☐

インターネット銀行の調査

　インターネット銀行（以下、ネット銀行）では通帳やカードが作られないことも多く、普通の銀行のように遺品整理をしていたら通帳が見つかって口座の存在に気づくといったこともありません。

　ネット銀行各社から届く郵便物が手がかりになりますが、そうタイミングよく郵便が届くこともないでしょう。そこで、遺品整理の際には以下のような確認を行うことも有効です。

① パソコンをインターネットに接続する

　ネット銀行の取引はインターネット上で行われますので、被相続人が頻繁に利用していた場合、「ブックマーク」や「お気に入り」にホームページが登録されている可能性があります。たとえ、ログインできず、残高などがわからなくても、口座の存在さえ確認できればあとは電話と郵送で手続きは進められます。

② パソコンのメールをチェックする

　ネット銀行では郵便物は送付しなくても、メールで宣伝や取引の案内を頻繁に送信してきますので、もし、ネット銀行に口座を持っていたらパソコンに届いたメールを確認することで取引口座が判明するかもしれません。

③ 現在見つかっている銀行の通帳を記帳してみる

　ネット銀行に入金するために既存の口座から振込みを行っている場合があります。現在見つかっている通帳を記帳することによって、ネット銀行への振込みが判明する場合があります。

　調査をしても、すべての口座が漏れなく判明するとは限りません。金融機関から届く郵便物などをきっかけに、思わぬ銀行口座が判明することもあります。しかし、判明しない口座が残っている可能性があるからといって、遺産分割をいつまでも先延ばしにするわけにはいきません。そういった場合は遺産分割協議書で「別の口座が判明した場合は、別途協議する」旨を定めておくとよいでしょう。

預貯金の取引履歴

　口座が判明したものの、預金残高が思いのほか少ない場合があります。

　「誰が引き出したのか履歴を確認したいが、通帳が見当たらない」という場合には、金融機関に申請すると、預貯金の取引履歴（出金、入金の履歴）を確認することができます。以前は相続人全員の同意がなければ銀行の取引履歴を見ることはできませんでしたが、現在は、単独の相続人でも、取引履歴の照会ができるようになりました。

　取引履歴から、過去に多額の出金が判明した場合や、不動産などを売却して多額の入金があったのに取引履歴に反映されていない場合などは、タンスの中や貸金庫に現金を保管していることが考えられます。

　なお、取引履歴の請求手数料は、金融機関によって異なります。取引期間ごとに手数料を加算する銀行もあり、場合によっては１万円前後かかることがあります。

株式・有価証券の調査

　株式や債券などの有価証券を所有していた場合は、取引していた金融機関や証券会社などに「残高証明書」の発行を依頼します。金融機関や証券会社から送付されてく

る取引報告書や、預金通帳の入出金の内容から取引金融機関等を把握できることも多々あります。

残高証明書の発行に必要なものは、預貯金等と変わりありません（P44参照）。

▦ 名義財産（名義預金、名義株等）

形式的には配偶者や子・孫などの名義で預金・投資等をしていても、収入等から考えれば、実質的には別の所有者がいる、つまり、それら親族に名義を借りているにすぎない被相続人の財産（預金・有価証券等）を名義財産といいます。

この名義財産の一番の問題は、その財産が贈与されたものであるかどうかということです。贈与されていないと判断された場合には名義財産として被相続人の相続財産に該当します。

結婚して生活を共にしている場合、生活費としてお互いに出し合ったり、専業主婦であれば夫の給与から生活費を支出していることが多いでしょう。

しかし、日本の税制上では、夫婦共有の財産という考え方はありません。専業主婦であれば、基本的に収入はすべて夫の給与になるので、妻に独自の財産はないと考えられています。したがって、妻名義の預金も名義預金として取り扱われ、夫の財産とみなされる場合があります。

ただし、妻が結婚後に短期間でもパート就労により収入を得ていた場合の収入、妻の両親等から相続財産及びその運用益、公的年金等は妻固有の財産と考えられます。

名義財産であるかの判断は、税務調査でも問題になるところです。実務においては、次のような複数の基準で、贈与財産か名義財産かの判断を総合的に行っています。

生前贈与や名義財産については事実認定の問題があるため、不安がある場合には、安易に判断して処理してしまわずに、専門家である税理士に相談しつつ、慎重に対応することが必要です。

① 預金、株等の管理、運用

預金通帳や預金証書の管理、たとえば、定期預金の書換え、解約、新規設定等の手続きを誰が行っていたかで判断が分かれます。

イ 被相続人が行っていた場合

名義預金（相続人等の名義だけ借りている預金）として相続財産に加算したうえで税額を算出することとなります。

原則として、名義が相続人等であっても、被相続人の財産と判断されます。

ロ 名義人等が行っていた場合

名義人への贈与が済んでいる財産として相続財産から除外されます（相続開始前一定期間内の贈与の場合には相続財産に加算されます）。

　　　　贈与を受けた方の固有の預金等と判断される可能性が高くなります。

② 　銀行や証券会社の口座開設時の届出印

　イ 　被相続人と同じ印鑑を使用している場合

　　　　預金等の名義が相続人等であっても、被相続人の財産と判断される可能性が高くなります。

　ロ 　贈与を受けた方が、本人の印鑑を使用している場合

　　　　贈与を受けた方の預金等と判断される可能性が高くなります。

③ 　預金等の所有の認識

　イ 　名義人が預金の存在を知らなかった場合

　　　　被相続人が相続人等の名義で預金等を行っていることを、相続人等が相続開始前に知らない場合は、名義が相続人等であっても被相続人の財産と判断されます。

　ロ 　名義人が贈与を受けた認識がある場合

　　　　贈与を受けた方の預金等と判断される可能性が高くなります。贈与契約書等があり、当事者間の認識が確認できればより有効です。

　　次のような場合にも名義預金と判断されるため、相続財産に含めて相続税を計算する必要があります。

① 　預金、株式等の名義が相続人等であっても、預金等の利息、株式の配当等の入金口座が被相続人の口座である場合、基本的には被相続人の財産と判断されます。

② 　相続人等の銀行口座等の届出地が、被相続人の住所になっており、実際には相続人等は転勤や結婚等でその届出地にいない場合、それらの預金は、原則として被相続人のものと判断されます。

③ 　主婦・未成年者等の収入のない方の預金等は、原則として被相続人のものと判断されます。

こんなケースは専門家に相談しよう！

■名義財産にご注意！

　国税庁の発表によると、令和４年に相続税の税務調査を実施した件数のうち、申告漏れ等の件数は約85.8％という結果になっています。そのうち、最も申告漏れ等の金額が大きかったのは、現金・預貯金等で全体のうちの31.5％、次いで土地が13.0％、有価証券が11.9％となっています。ここで注目したいのは、調査があった場合、約86％が修正申告をし、その中で最も指摘が多いのが現金・預貯金、つまり「相続直前に引き出された預金」と「名義預金」であるという事実です。

　こうした事案については専門家による対応が必要となるケースが多いため、素人判断で進めてしまわないことが肝要です。

金融機関への相続発生後の手続きの流れ

ステップ1：各金融機関への連絡

被相続人の預貯金等の金融資産が、どの金融機関にあるかが判明したら、取引支店へ連絡し、相続が発生（被相続人が死亡）したことを伝えます。

各金融機関における相続手続きは、その金融資産をどのように分けるか、相続人間で遺産分割協議が合意してから始まりますが、相続の発生連絡と同時に相続手続き書類一式の送付を依頼するとよいでしょう。「預金残高証明書」の発行に必要な書類もあわせて依頼します。金融機関から確認を求められる項目はおおむね以下のとおりです。

① 被相続人（亡くなった方）の氏名・生年月日
② 相続発生日（亡くなった日）
③ 口座番号
④ 被相続人との続柄
⑤ 手続き書類送付先の住所
⑥ 平日9時から17時までに連絡がつく電話番号

電話連絡と同時に、亡くなられた人（被相続人）の口座の取引は制限されます。口座が凍結され、入出金ができなくなります。書類取得等で金融機関へ出向く場合、相続発生直前の入出金を確認するため、通帳の記帳をしてください。

ステップ2：必要書類の準備

　金融機関での相続手続きに必要な書類の準備をします。

　金融機関と被相続人が生前取り交わしていた契約の内容によっては、必要書類が異なる場合がありますので事前に確認することをお勧めします。

【相続手続きに必要な書類〈銀行〉】

必 要 書 類	備　考	チェック欄
被相続人の戸籍（除籍・改製原戸籍）	**出生～死亡**までのもの	☐
相続人全員の戸籍謄本	現在のもの	☐
相続人全員の印鑑証明書	※**3か月以内**のもの	☐
被相続人名義の通帳・証書・キャッシュカード・鍵　等		☐
遺産分割協議書	必須ではありません	☐
遺言書※	必須ではありません	☐
裁判所の遺産分割審判等書類	必須ではありません	☐
銀行所定の「相続に関する依頼書」		☐
委任状	代理人が請求される場合	☐

※　法務局の自筆証書遺言保管制度を利用していない自筆証書遺言書は、家庭裁判所での「検認」手続きを受ける必要があります。

ステップ3・4：書類の提出及び解約・払戻し等の手続き

　書類の提出、解約・払戻し等の手続きの際は下記のことに注意してください。

① 　手続きの際には、必ず「実印」を持っていく。

② 　請求者本人の身分証明書等（運転免許証等）を持っていく。

③ 　事前に残高証明書を請求している場合、その申請と重複する書類は不要な金融機関もあるので確認する。

④ 　戸籍（除籍）謄本は、その他の手続きでも使用するので、原本を還付してほしい旨を伝える。

> ▶ **コラム**　　亡くなったことがわかると預金は凍結されてしまう
>
> 　金融機関に被相続人が亡くなったことが伝わると預金は凍結されてしまいます。そうすると、電気やガス、水道、NHK受信料といった公共料金をはじめ、クレジットやローンの返済などの口座引き落としを利用していた場合、口座が凍結されてしまうと引き落としができなくなってしまいます。金融機関に亡くなったことを話さないといった方もいらっしゃるようですが、できれば早めに電力会社等に連絡をして契約者の変更と引き落とし口座の変更を行いましょう。

各種保険の調査

　被相続人が生命保険などに加入している場合、「保険証券」や「生命保険料控除証明書」などの書類があるはずです。

　書類が見つからない場合には、通帳を確認してみましょう。口座から保険料が引き落とされている記録が残っていれば、加入している保険会社がわかります。また、被相続人が会社員であった場合には、保険料を給料から天引きする「団体扱」となっている場合もありますので、勤務先に確認してみるといいでしょう。

　それでもわからない場合には、遺品の中に保険会社から送られてきたカレンダーやタオル、ティッシュなどの小物がないか調べてみましょう。遺品整理の際に注意したいポイントです。

　生命保険契約に関する手がかりがない場合には、令和3年7月1日から始まった生命保険協会が行う「生命保険契約照会制度」で、被相続人やご親族が保険契約者または被保険者となっている生命保険契約の有無を確認することができます。1照会あたり3,000円（税込み）の利用料がかかりますが、2週間程度で結果がわかります。保険金の受取りはもちろんのこと、適切な税務申告を行うためにも、保険契約の加入状況が不明な場合には活用を検討しましょう。

　保険金の請求は、保険金の受取人が指定されている場合には、原則としてその受取人が単独で手続きを行うことができます。受取人が具体的に指定されていない場合等は、相続人全員の署名・押印が求められることがあります。

退職金・弔慰金の調査

死亡退職金の取扱い

　被相続人の勤務先に退職金の支給規定がある場合、在職中に死亡したことにより退職することとなった従業員に対して退職金が支払われます。これを「死亡退職金」といいます。

　死亡退職金は、就業規則で規定された相手にのみ受け取る権利があるものとされているため、死亡保険金と同じく民法上の相続財産ではありません。

　しかし、死亡退職金も死亡を原因として財産を受け取ったということと事実上なんら変わりはありませんので、「みなし相続財産」として相続税の課税対象になりますが、被相続人に所得税は課税されません。

　100万円超の死亡退職金が支払われた場合には、その退職金を支払った会社は、「退職手当金等受給者別支払調書」を税務署に提出しなくてはならないこととなっています。死亡退職金が支払われた場合には、この「退職手当金等受給者別支払調書」を勤務先に依頼して取得するとよいでしょう。

　また、在職中に死亡した場合、死亡退職金以外に給与の精算などが発生します。勤務先に連絡して、振り込まれた金額の内訳がわかる書類もあわせて送ってもらうようにしましょう。

■ 弔慰金の取扱い

　退職金規定とは別に慶弔規定などがあり、弔慰金、花輪代、葬祭料などが支払われる場合があります。これらの弔慶金等はその性格に照らし、基本的には相続税の課税対象にはならず、「退職手当金等受給者別支払調書」の提出の対象にもなりませんが、弔慰金等の名目で相続人に支給されるものでも、実質上、退職金に代えて支払われたと認められる場合は、みなし相続財産（退職手当金）として、相続税の課税価格に算入されるとともに、支払調書の提出の対象となります。

財産・債務を調べよう

債務を調べよう

「相続」と聞くとプラスの財産をイメージしがちですが、相続財産には借入金や未払金のようなマイナスの財産、つまり債務も含まれます。相続税の計算においてはこのマイナスの財産はプラスの財産から差し引くことができます。

　財産調査をした結果、マイナスの財産が明らかに多かった場合は、「相続放棄」の手続きをするほうが有利な場合もあります。

　また、葬式などに要した費用は被相続人の死亡後に発生する費用なので、本来は被相続人の債務とはなりませんが、相続税の申告上は、一定の範囲で相続財産から控除することができることとされています。

① 債務

▦ 銀行からの借入金の調査

　通常は、通帳の内容から、借入金返済の事実がわかりますので、銀行で確認ができると思います。取引のある銀行については、預金の残高等の確認とあわせて念のため借入金の有無を調べておくとよいでしょう。

▦ 銀行以外の借金の調査

　財産調査のなかで、もっとも難しいのが銀行以外の借金の調査です。借金していることを家族に知られたくないという思いから、被相続人が隠している場合があるからです。まずは被相続人の部屋や大切なものを保管していそうな場所から、契約書やキャッシュカード、利用明細書などがないかを調べてみる必要があります。

▦ 未払金の調査

　相続税の計算をする際には、亡くなった後に支払った税金や医療費なども、被相続人の債務として控除することができます。このように、生前に被相続人が購入したり使用したもので、亡くなった後で代金を精算した場合には、その請求書や支払った時の領収証を捨てずに保管しておきましょう。

預り敷金の調査

　被相続人がアパートなどを所有していた場合、預り敷金も債務として控除できるので、賃貸借契約書で敷金の預りがないか確認しましょう。

2 葬式費用

　葬式費用は、被相続人の債務ではありません。しかし、相続税の計算をする際には、通夜、葬儀の費用は控除の対象となります。ですから、葬式費用の領収証も保管しておきましょう。また、お布施などの領収証がないものも、控除の対象となりますので、いくら支払ったのかをメモを残しておくとよいでしょう。

　ちなみに、通夜・葬儀の費用の他に埋葬、火葬、納骨費用、遺骨の運搬費用は控除できます。一方、香典の返戻費用、初七日や四十九日の法要にかかる費用は控除の対象にはなりません（P68参照）。

財産・債務を調べよう

2-3 財産目録の作成

■ 財産目録の意義

　財産目録には、被相続人が所有していた土地や建物などの不動産の評価額、預貯金の額、株式や債券などの有価証券の額のほか、自動車や絵画・宝飾品などの動産の評価額などを記載していきます。そういった「プラスの財産」だけでなく、借金や税金、未払いの医療費などの「マイナスの財産」も正確に調べて、記載しておく必要があります。

　被相続人が遺言書を残している場合であっても、財産目録が用意されていない場合には、財産を正しく調べて、財産目録を作成するようにしましょう。

　なお、財産目録は法律で作成を義務付けられているものではありません。しかし、相続するか放棄するかの判断の目安にもなりますし、遺産分割協議や相続税対策などの場面では、財産目録の有無によって、手続きの進行や結果に大きな差が出ることがあります。書式についての決まりもありませんので、相続人全員がわかりやすいようにまとめておけば大丈夫です。

【財産目録の例】

『財産目録』

被相続人　　　大蔵　太郎
相続開始年月日　R6年4月1日

1　不動産

土地、建物の区別	所在・地番	地目種類	地積床面積	備考（共有の場合には共有者など）
土地	千代田区三番町	宅地	150.00 ㎡	
建物	千代田区三番町	木造2階建て	100.00 ㎡	
			㎡	

2 預貯金（普通・定期・定額・積立等）・現金（高額貨幣・金等を含む）

種　別	銀行・支店名	口座番号	金　額	備　考 （保管者など）
普通預金	A銀行〇〇支店	123456	3,000,000 円	
定期預金	A銀行〇〇支店	850028	50,000,000 円	
普通預金	B銀行△△支店	132131	5,000,000 円	
			円	
		合計額	28,000,000 円	

3 株式・投資信託

種　別	銀行 証券会社	所有銘柄等	株式番号等	数　量	備　考 （現在の時価など）
上場株式	C証券会社	△△株式会社	00222	10,000 株 口	
				株 口	

4 保険関係

保険種類	保険会社等	証券番号	保険金額	備　考 （保管者など）
生命保険	D保険　担当　〇〇さん	820A15278	10,000,000 円	
			円	
		合計額	10,000,000 円	

5 借入金関係

種　別	支払いや返済をする相手の氏名・住所等	金　額	備　考 （保管者など）
借入金	E銀行△△支店	2,500,000 円	
		円	
	合計額	2,500,000 円	

6 その他の財産及び債務

財産・債務 の区別	内容（相手先の氏名・住所等）	種　別	金額 （債務はマイナス）	備　考
財産	車（H24年式）		円	
債務	F病院	医療費	150,000 円	
債務	千代田区固定資産税	税金	150,000 円	
葬式費用	G葬儀社	通夜・葬儀代	1,000,000 円	
葬式費用	H寺	お布施	500,000 円	
		合計額	1,800,000 円	

財産・債務を調べよう

2-4 財産調査資料と相続税申告に必要な書類の関連性

　相続税を申告する際には、さまざまな検討資料が必要となります。とりわけ、税制上の特例や軽減措置を適用する際には、提出が必要となる書類が多くありますので、注意が必要です。財産調査時に取得した書類と重複する書類がある場合には、申告の際に重ねて取得する必要はありません。

　戸籍や財産を調査する際に書類のことを意識しておくと、後々提出が必要となった際に改めて用意する手間が省けます。ただし、すべての資料を揃えるのは時間がかかりますので、何が揃ったかチェックし、適切に管理していくことが大切です。

【相続税申告にあたって必要となる書類】

	必　要　書　類	備　考	収集場所等	チェック欄
被相続人に関する必要資料	遺言書 ・公正証書遺言 ・自筆証書遺言（保管制度利用の場合） ・自筆証書遺言（保管制度未利用の場合）		公証役場 法務局 自宅等	☐
	戸籍謄本	出生から死亡まで	本籍地の市区町村役場	☐
	住民票の除票		住所地の市区町村役場	☐
	所得税の確定申告書	過去3年分	自宅等（※）	☐
	前の相続時の相続税申告書	相次相続控除適用時	自宅等（※）	☐
相続人に関する必要資料	全員の戸籍謄本	遺産を相続しない人も含む	本籍地の市区町村役場	☐
	全員の印鑑証明書		住所地の市区町村役場	☐
	全員の個人番号（マイナンバー）		自宅等（※）	☐
	生前の贈与税申告書		自宅等（※）	☐

不動産に関する必要資料	固定資産税課税明細書または名寄帳	被相続人所有のすべての不動産	所在地の市区町村役場	☐
	登記事項証明書		法務局	☐
	公図		法務局	☐
	地積測量図		法務局・自宅等（※）	☐
	建物図面		法務局	☐
	住宅地図		図書館ほか	☐
	賃貸借契約書	被相続人が賃貸しているもの、賃借しているものすべて		☐
預貯金に関する必要資料	残高証明書	相続開始日のもの	金融機関	☐
	通帳	相続前5年分	自宅等（※）	☐
	定期性預貯金証書		自宅等（※）	☐
	定期預金等の利息計算書	相続開始日の税引後解約利息	金融機関	☐
	家族名義の通帳	被相続人に帰属するもの		☐
上場株式に関する必要資料	残高証明書	相続開始日のもの	証券会社	☐
	取引報告書		自宅等（※）	☐
	配当金通知書		自宅等（※）	☐
非上場株式に関する必要資料	法人申告書一式	直前3期分	発行会社	☐
生命保険金に関する必要資料	保険金支払明細書		保険会社	☐
	保険証券	被相続人が保険料を負担しているものすべて	自宅等（※）	☐
	解約返戻金証明書	相続開始日のもの	保険会社	☐
退職手当金に関する必要資料	退職金支払調書		勤務先	☐

その他財産に関する必要資料	現物、契約書等	ゴルフ会員権、書画骨董	自宅等（※）	☐
債務に関する必要資料	借入金残高証明書 返済予定表		金融機関	☐
	税金等の納税通知書、納付書	所得税、住民税、固定資産税　他	自宅等（※）	☐
	医療費等の領収書		自宅等（※）	☐
	その他請求書	相続開始日未払いのもの	自宅等（※）	☐
葬式費用に関する必要資料	葬式費用の明細、領収書		自宅等（※）	☐
	戒名料、お布施等のメモ		自宅等（※）	☐

※　自宅で見つけられなかった場合は、関係機関に問い合わせをしてみましょう。

3 申告の要否判定

1 判定の流れと基礎控除

　相続税の申告の要否を判断するには、順を追って判断に必要な要素を確定していかなければなりません。大まかには、以下のフローチャートに示すような手順で要否判断を下すための準備をする必要があります。

【申告要否の判断フローチャート】

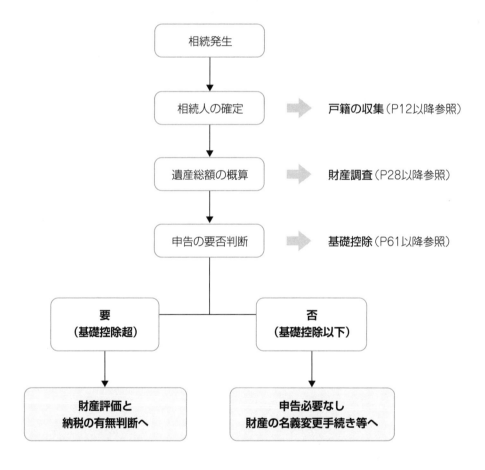

相続発生	
↓	
相続人の確定	➡ 戸籍の収集（P12以降参照）
↓	
遺産総額の概算	➡ 財産調査（P28以降参照）
↓	
申告の要否判断	➡ 基礎控除（P61以降参照）

要（基礎控除超） — 財産評価と納税の有無判断へ

否（基礎控除以下） — 申告必要なし　財産の名義変更手続き等へ

基礎控除額の計算

　相続税の申告要否を判定する際の重要な指標となるのが「基礎控除額」です。「基礎控除額」とは、相続税の総額を計算する際に相続税の課税価格の合計額から差し引く控除額で、税法で定められた課税最低限度額です。相続する遺産総額が「基礎控除額」を超えていなければ、相続税額は生じないこととなりますし、相続税を申告する必要もありません。

遺産総額が**基礎控除額以下**であれば、**相続税を申告する必要はありません。**

遺産総額が**基礎控除額を超えて**いれば、**相続税を申告する必要があります。**

「基礎控除額」は、以下の算式により求められます。

> 基礎控除額　＝　3,000万円　＋　（600万円　×　法定相続人の数）

　この「基礎控除額」を超えるか超えないかは、相続税の申告に関して、とても重要なポイントになってきます。そして、この「基礎控除額」を正しく把握するためには、被相続人の出生から死亡までの戸籍を取得して法定相続人の数を確定し、相続財産を適切に評価する必要があります（P12以降参照）。

申告の要否判定

3
2

法定相続人の数

「法定相続人の数」がわからないと、基礎控除額は計算できません。ここでは、相続税の基礎控除額を計算する際の「法定相続人の数」について確認していきます。

▓ 相続税法上の法定相続人の数

民法上の「法定相続人の数」と、相続税を計算する上での「法定相続人の数」は、通常は一致しますが、一致しない場合もあります。

以下のような場合、法定相続人の数は民法上の規定とは別に、相続税法の規定により制限されることとなるため、注意が必要です。

たとえば法定相続人が配偶者と養子10人であった場合、法定相続人は合わせて11人で、民法上の「法定相続人」をそのまま基礎控除額の計算式にあてはめると、3,000万円＋600万円×11人＝9,600万円となり、養子を増やせば増やすほど、基礎控除額を大きくすることができてしまいます。

こうした養子縁組を利用した節税を抑制する意図から、相続税法では「法定相続人の数」の取扱いについて、一定の制限を設けています。相続税法には独自の規定があるので、このような場合には、ご自身で判断せずに、専門家に相談したほうがよいでしょう。

▶ **コラム** 「法定相続人の数」を使う場面

「法定相続人の数」は基礎控除額を算出する際に必要となる重要な指標ですが、それ以外にもたびたび使われます。「法定相続人の数」に基づいて計算される項目には次のものがあります。
- ■相続税の基礎控除額
  - ＝ 3000万円 ＋ 600万円 × 法定相続人の数（P61参照）
- ■生命保険金の非課税限度額
  - ＝ 500万円 × 法定相続人の数（P130参照）
- ■死亡退職金の非課税限度額
  - ＝ 500万円 × 法定相続人の数（P135参照）
- ■相続税額の計算（P184以降参照）

こんなケースは専門家に相談しよう！

■相続を放棄した者がいる場合

　民法上の「法定相続人」のうち相続を放棄した者があるときは、その放棄がなかったものとして計算します。

■養子がいる場合

　養子がいる場合には、次のように法定相続人の数を数える算入制限があります。

　・実子がいる場合……養子1人まで

　・実子がない場合……養子2人まで

　ただし、次の養子は実子とみなされ、養子の数の算入制限の対象にはなりません。

　・特別養子（実親との親子関係が法律上消滅する養子）

　・配偶者の子を養子とした場合のその子

　・配偶者の特別養子を養子とした場合のその子

　・実子もしくは養子又はその直系卑属の代わりに法定相続人となったその者の直系卑属

　また、相続人が代襲相続人かつ被相続人の養子である者の取扱いは次のようになっています。

　・相続分は二重に有する。

　・法定相続人の数は、実子1人として計算する。

　なお、特別養子は実親の相続財産を相続する権利は持ちません。

3 遺産総額の計算

相続税の申告が必要かどうかは、遺産総額が基礎控除額を超えているかどうかにより判断されます。したがって、「基礎控除額」の次に「遺産総額」を確定しなければなりません。

1 遺産総額の算式

「遺産総額」は以下の算式により求めます。

遺産総額 ＝ 〔・本来の相続財産 ・みなし相続財産 ・生前贈与財産〕 － 〔・債 務 ・葬式費用〕

被相続人の財産や債務は、相続あるいは遺贈により引き継がれますが、相続税の計算をするうえで、すべてが相続税の課税対象となるわけではありません。

また反対に、相続や遺贈で取得した財産以外にも、生前に贈与を受けていた財産や、みなし相続財産といって、本来の民法上の相続財産ではないものも、相続税の課税対象に含まれます。

遺贈とは

遺贈とは、遺言によって財産を無償で譲り渡すことをいい、遺言による贈与と考えることができます。相続の対象となるのが法定相続人に限られるのに対し、遺贈は対象者に制限がありません。したがって、法定相続人をはじめ、それ以外の者や法人等を対象にすることができるので、法定相続人以外の者に財産を譲り渡すことを希望する場合に用いられます。

　ただし、遺言者よりも先に受遺者（遺贈を受ける人）が先に亡くなっていた場合は、その受遺者に対する遺贈は無効になります。その場合、受贈者が受け取る予定だった遺産は相続人間で分割することになります。

　なお、相続と遺贈では相続税額や相続手続きに違いがあることに加え、相続人からの遺留分侵害額請求権への対応も考慮する必要があるので、専門家に相談しましょう。

▶ **コラム**　　**遺贈の種類**

○包括遺贈

　「遺産のすべてを孫である△△に遺贈する。」や「相続財産全体のうち、3分の1を財団法人△△に遺贈する。」というように、具体的な相続財産ではなく全財産に対する遺贈割合が示されている遺贈です。

　包括遺贈によって財産を受け取る人のことを「包括受遺者」といい、相続人ではありませんが、実質的に相続人と同等の権利義務を負うとことになります。したがって、遺産分割協議に参加し、相続財産の分割について相続人とともに話し合うこととなります。

○特定遺贈

　「○○県○○市○○町○○番地にある○○㎡の土地を長男の配偶者である△△に遺贈する。」というように、遺産のうち、遺贈する財産及び受遺者が具体的に指定されている遺贈です。包括遺贈とは違い、指定された財産の取得になるので、特定受遺者は遺産分割協議に参加することはできません。

▨ 相続税のかかる財産

① 本来の相続財産

- ・不動産
- ・現金・預貯金
- ・有価証券
- ・生命保険契約に関する権利
- ・貸付金
- ・家庭用財産
- ・貴金属・書画・骨董
- ・その他金銭に見積もることのできる経済的価値　など

② みなし相続財産

- ・生命保険金（非課税枠あり。下記の「相続税のかからない財産」参照）
- ・死亡退職金（同上）

③ 贈与財産

- ・相続開始前一定期間内の贈与財産
- ・相続時精算課税適用の贈与財産

　※　相続時精算課税とは、親から子、または祖父母から孫へ行う生前贈与について、通常の贈与に比べ贈与時の税負担を軽くする代わりに、相続時に、贈与財産も含めて相続税を計算し、納付済の贈与税額を相続税から差し引いて精算する制度です。
　※　詳しくはＰ142以降をご参照ください。

▨ 相続税のかからない財産

　以下の財産については相続税がかからないので、遺産総額に含める必要はありません。

- ・墓所、位牌、仏壇、仏像など
- ・公益事業を目的とする人が受け継いだ公益事業用の財産
- ・生命保険金・死亡退職金の非課税枠（500万円×法定相続人の数）
- ・相続税の申告期限までに国や地方公共団体等に寄附した財産
- ・心身障害者共済制度に基づく給付金の受給権

▨ 債務

　相続税の計算をする際に、被相続人の債務は遺産総額から控除することができます。

ただし、下記のように控除できるものとできないものがあります。

① 債務控除できるもの

　　相続税の計算において、相続財産から差し引くことのできる債務は、相続開始の日にある債務で確実と認められるものになります。一般的には、銀行からの借入金や死亡日時点で未払いの医療費、未払所得税（P139コラム参照）、未払住民税、未払固定資産税等です。

② 債務控除できないもの

・墓地の購入代金など、相続税がかからない財産に対する債務
・遺言執行費用、弁護士費用など、相続開始後に生ずる債務
・相続人等の責任により生じた延滞税や加算税など
・相続開始日において消滅時効が完成した債務
・保証債務、被相続人負担部分以外の連帯債務

③ 控除対象者

　　債務を相続財産から控除できるのは、下記1または2に該当する人で、その債務を負担することになる相続人や包括受遺者（P65コラム参照）です。したがって、相続を放棄した相続人や、法定相続人でない人が遺贈により特定の財産を取得した場合には、債務控除することはできません。

1　相続や遺贈で財産を取得した時に日本国内に住所がある人（一時居住者で、かつ、被相続人が一時居住被相続人または非居住被相続人である場合を除きます。）

2　相続や遺贈で財産を取得した時に日本国内に住所がない人で、次のいずれかに当てはまる人

　イ　日本国籍を有しており、かつ、相続開始前10年以内に日本国内に住所を有していたことがある人

　ロ　日本国籍を有しており、かつ、相続開始前10年以内に日本国内に住所を有していたことがない人（被相続人が、一時居住被相続人または非居住被相続人である場合を除きます。）

　ハ　日本国籍を有していない人（被相続人が、一時居住被相続人、非居住被相続人または非居住外国人である場合を除きます。）

　　なお、相続人や包括受遺者であっても、上記の1または2に該当しない人は、遺産総額から控除できる債務の範囲が限られ、葬式費用も控除することはできません。

葬式費用

葬式費用は被相続人の債務ではありませんが、遺産総額から差し引いて相続税を計算することができます。具体的には以下のとおりです。

① 葬式費用として控除できるもの

　　・通夜、葬儀にかかった費用

　　・お布施

　　・火葬、納骨、遺骨の回送費用

　　　など通常葬式に伴う費用

② 葬式費用として控除できないもの

　　・香典返しの費用

　　・初七日や四十九日などの法事費用

　　・墓石や墓地の購入費用

③ 控除対象者

　　葬式費用を相続財産から控除できるのは、葬式費用を実際に負担した人です。

　　相続放棄者は、債務控除はできませんが、実際に葬式費用を負担した場合は控除が可能です。

　　ただし、P67③の１または２に該当しない人は、葬式費用を控除することはできません。

2　財産（遺産）の価額と評価

次に、財産の評価額を求めます。財産は定められた方法によってその評価額を求める必要があります。ここでは、主な相続財産がご自宅と金融資産のみといった一般的なケースについて、簡単に説明します。

■ 金融資産の価額

預貯金については、通帳等で相続開始日の残高を確認します。借入金などの残高を含めて確認します。

有価証券については、証券会社からおよそ四半期ごとに送られてくる取引明細等から相続開始時に保有していた銘柄を確認します（P125参照）。

土地の評価額

　通常、市区町村から毎年４～５月頃に送られてくる固定資産税の納税通知書等により、不動産の評価額（固定資産税評価額）を確認します。下記のコラムにもあるように、固定資産税評価額の７分の８で概算の相続税評価額が算定されます。

> ### コラム　　土地は一物四価
>
> 　相続に関する土地の評価額は、基本的には「路線価」または「固定資産評価額」を基に算出します。
>
> 　国税庁が相続税や贈与税の計算をするために定めた「路線価」は、基本的に公示価格と同水準の価格の８割程度で評価されています。
>
> 　公示価格とは、国土交通省が定めた不動産売買の円滑化のための基準となる価格で、土地の実際の売買金額（＝時価）に近いものとされています。
>
> 　また、固定資産税評価額は、固定資産税や不動産取得税、登録免許税を計算する際に基準とされ、公示価格の７割程度に設定されています。
>
>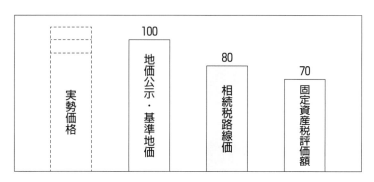
>
> 　このようなことから、土地の評価額の概算を求めたいときには、
>
> | 固定資産税評価額　　×　　8／7 |
> |---|
>
> という計算式で、簡便的に計算する場合もあります。

■ 家屋の評価額

　家屋の評価は、土地の評価ほど複雑ではありません。基本的にご自宅の評価額は、固定資産税評価額と同じとなります。

$$家屋の評価額　＝　固定資産税評価額　×　1.0$$

【課税明細書　見本】

令和　　年度固定資産税・都市計画税課税明細書

　本年度課税された、1月1日現在あなたが所有している固定資産（土地・家屋）の明細をお知らせします。記載内容等については、同封のチラシをご覧ください。

土　地　の　所　在	登 記 地 目	登 記 地 積㎡	価　　格　　円	固定前年度課標等㎡	都計前年度課標等㎡
	現 況 地 目	現 況 地 積㎡	固定本則課税標準額㎡	固定課税標準額㎡	都計課税標準額㎡
	非課税地目	非 課 税 地 積㎡	都計本則課税標準額㎡	固定資産税(相当)額㎡	都市計画税(相当)額㎡
●●●町二丁目1番1	宅地	150.00	45,000,000	6,750,000	14,700,000
	宅地	150.00	7,500,000	7,125,000	15,000,000
			15,000,000	99,750	22,500

一筆全体の価格です

小 規 模 地 積㎡	負担水準（％）		固定小規模課標㎡	都計小規模課標㎡	小規模軽減額(都)㎡	摘　　　要
一 般 住 宅 地 積㎡			固定一般住宅課標㎡	都計一般住宅課標㎡	減額税額(固・都)㎡	
非 住 宅 地 積㎡	固　定	都　計	固定非住宅課標㎡	都計非住宅課標㎡	減免税額(固・都)㎡	
150.00	90	98	7,125,000	15,000,000	22,500	都市計画税軽減 小規模住宅用地

家　　屋　　の　　所　　在	区分家屋 物件番号	家 屋 番 号	種類・用途	構　　造	地上
			建 築 年 次	屋　　根	地下
●●●町二丁目1番1		1-1	居宅	木造	2
	10001		平20年	瓦葺	0

登 記 床 面 積㎡	価　格　円	固定課税標準額㎡	固定資産税(相当)額㎡	減 額 税 額（固）㎡	摘　　　要
現 況 床 面 積㎡		都計課税標準額㎡	都市計画税(相当)額㎡	減免税額(固・都)㎡	
100.00	6,000,000	6,000,000	84,000		
100.00		6,000,000	18,000		

一棟全体の価格です

区分所有家屋の場合、この欄に各戸の価格が記載されます。

（出典：東京都主税局）

　上記の場合、相続税評価額の概算は次のとおりです。

　土地　固定資産税評価額　45,000,000×8/7＝51,428,571円

　家屋　固定資産税評価額　6,000,000×1.0＝　6,000,000円

　（※区分所有家屋（マンション）についてはP109、119参照）

■ その他の財産の価額

　死亡保険金が支払われた場合や、被相続人の勤務先から死亡退職金が支給されている場合は、その金額を確認します。また、相続等により財産を取得した人がその相続前一定期間内に被相続人からの贈与により財産を取得したことがある場合には、相続財産の計算上、その贈与財産が相続財産に加算されます（P150参照）ので、関係資料から贈与額を確認します。その際、贈与税申告書、贈与契約書等があれば、その内容もよく確認します。

3

4

申告の要否判定

申告要否の判定シート

最後に、相続税の申告要否の判定手順をまとめると、以下のようになります。

◆　**法定相続人を確定する**

　　法定相続人の数　……　[　　　　　　人　]　……①

◆　**基礎控除額を求める**

　　基礎控除額　……　3,000万円　＋　600万円　×　①＿＿＿＿＿人

　　　　　　　　＝　[　　　　　　　　円　]　……②

◆　**遺産総額を計算する**

プラスの相続財産		マイナスの相続財産	
不動産　……＿＿＿＿＿円		債務　……＿＿＿＿＿円	
預貯金　……＿＿＿＿＿円		葬式費用　……＿＿＿＿＿円	
有価証券　……＿＿＿＿＿円		小計＿＿＿＿＿円　……④	
その他　……＿＿＿＿＿円			
小計＿＿＿＿＿円　……③			

　　③－④＝[合計　　　　　　円]　……⑤

◆　**申告要否を判定する**

　　遺産総額⑤　≦　基礎控除額②の場合　⇒　申告不要

　　遺産総額⑤　＞　基礎控除額②の場合　⇒　申告必要

---

4 申告要否の目途がついたら（財産の評価と特例適用の可否判断）

◾ 遺産額が基礎控除額を大幅に下回っている場合

　前述したとおり、遺産総額が基礎控除額を下回れば相続税の申告をする必要はありません。主な相続財産が自宅と金融資産のみといった一般的な方の場合、遺産総額が相続税の基礎控除額を超えず、相続税の申告の必要がない方も少なくないでしょう。相続税の申告が必要なければ税務署へ申告書を提出せずに済みますし、揃えなければならない書類も複雑ではありません。

◾ 遺産額が基礎控除額を少し下回っている場合

　➡課税のリスクが残り、詳細に評価する必要あり

　本来、正確に申告の要否を判定するためには、財産をより詳細に評価し、正確な遺産総額を確定する必要があります。ここまでの段階では、土地の評価についても、固定資産税の評価額を基にした概算額であったり、路線価に面積を乗じた単純な評価しかしていません。そのため、正確に評価すると基礎控除を超え相続税がかかるリスクが残っています。

◾ 遺産額が基礎控除額を少し上回っている場合、または大きく上回っている場合

　➡詳細な評価や特例適用で評価額（税額）が下がる可能性あり

　土地はその所在や形状といった要因に対応した個別の評価方法により、詳細に評価することが必要かつ有利なケースもあります。また、もし、遺産総額が基礎控除額を超えて納税が必要となった場合なども、専門家による評価によって申告納税を有利に進めることができるケースも出てきます。さらに、税制上設けられているさまざまな特例措置が適用できれば、一層、相続手続きを有利に運ぶことも可能です。

　こうした財産の詳細な評価や特例の適用可否判断などは、かなり難易度の高い作業となります。とりわけ土地の評価方法は複雑多岐にわたり、専門家に委ねたほうが有利となるケースが多いのが通常です。

　第1編では、相続税申告の要否判定にかかる一般的（概略的）なケースについて説明してきましたが、第2編では、専門家に委ねた場合、財産をどのように評価し、特例の適用可否判断をどのように行うか、専門家の作業によって最終的な納税や申告にどのような相違やメリットが生じてくるか、説明していきます。

　ご自身の相続税申告が、専門家に委ねたほうがリスクが回避され有利となるケースであるか否かを判断いただく際の目安となれば幸いです。

財産評価、税制上の特例
―専門家対応編―

財産の評価

はじめに

　相続税の申告の要否や税額の有無を判断するためには、正しく財産を評価することが必要です。評価の方法により、税額が大きく変わるケースもあります。財産の評価は国税庁が公表している「財産評価基本通達」に従って行います。この「財産評価」という作業は相続税の申告・納税手続きの中でも最も重要な作業です。相続税額を計算する上で、なかでも不動産等の評価はとりわけ金額が大きく、課税価額への影響が大きいうえに評価方法が複雑であることから、大変重要なものとなります。

　財産評価は高度かつ専門的な知識が必要とされることが多いため、専門家の助力を得たほうがより安全です。税額を軽減する特例の正確な適否判断を行うことで適切な節税が可能となる、あるいは納税者の皆様が自己判断で行う申告・納税に伴うリスク（追加で負担する相続税、加算税、延滞税など）を回避する等のメリットを享受できます。また、不動産等の評価は一般的には詳細に評価すればするほど、評価額は下がり、結果として相続税額も減少します。

　とりわけ下記に掲出したケースに該当するような場合には、専門家である税理士に相談したほうがよいでしょう。

【評価額が減少する可能性があるケース】

土　地	説　明
形の悪い土地（不整形地）	評価の基準となる路線価等は、整形地（正方形や長方形などの形のよい土地）をベースに決められています。そのため形が悪い不整形な土地の場合は減額ができます。
路線価のある道路に接していない土地（無道路地）	無道路地は、基本的に建物の建築ができません。そのため、減額の対象となります。
がけ地部分のある土地	がけ地部分は建物の建築に制限を受けますので減額ができます。
容積率の異なる2以上の地域にわたる土地	たとえば対象地の面している道路から奥行20mまでは容積率が200％、20mを超えた部分は100％といったケースです。路線価は容積率200％を基準に決められているため、100％の容積率となる土地部分について減額調整できます。

地積規模の大きな宅地 （平成30年１月１日以後の相続等に適用）	三大都市圏においては500㎡以上の地積の宅地、三大都市圏以外の地域においては1000㎡以上の地積の宅地で、一定の要件を満たすものをいいます。地積規模の大きな宅地に該当すれば、およそ２割から３割減額でき、かつ、不整形地などの減額も併用が可能です。なお、この評価方法の新設に伴い、広大地の評価は廃止されました。
セットバックを必要とする宅地	４m未満の道路に接している土地は建物の建築の際に道路の中心線から２mに達するまで後退しなければなりません。その後退した部分（家を建てられない部分）は、通常の評価の30％となります。
都市計画道路予定地の区域内にある宅地	都市計画道路予定地の場合、建物の建築に制限を受けますので評価額を減額できます。
周知の埋蔵文化財包蔵地内にある土地	評価対象地に文化的に価値のあるものが埋まっている場合、その発掘費用を負担しなければならないケースもあることから、評価額を減額できます。

【評価誤りのリスクがあるケース】

土　地	説　明
利用の状況が複雑な場合	たとえば、１つの広い土地を自宅や貸家の敷地、畑等で利用している場合、どのように土地を区分し評価するのかの判断の相違により、評価額、相続税額に差異が生じます。
定期借地権などが含まれる土地	一定期間借地権が設定される土地で、相続開始の時期により評価計算が異なります。
無償返還届出書を税務署に提出している場合	たとえば、個人の土地に同族法人が建物を所有している場合などには、無償返還届出書の提出（借地権を生じさせない手続き）の有無や、その提出があった場合でも地代の収受の有無によって、宅地の利用形態が異なるため、判断の誤りによって評価額、相続税額に大きな差異が生じます。
被相続人が農業を行っている場合で、納税猶予の適用を受けるケース	農家には、納税猶予（相続税の納付を猶予する制度）という非常に有利な特例がありますが、通常の計算のほか、農地を特殊な計算方法で計算することも必要となります。また、農業委員会から証明書を取得したり、税務署に担保を提供するための手続きも必要になり煩雑です。
有価証券等	説　明
同族会社の株式	上場株式のような相場がないため別途決められた評価方法がありますが、相続する方の持株数等により評価方法が異なり、判断の誤りによって評価額、相続税額に大きな差異が生じます。
回収が困難な貸付金	回収可能額で評価しますが、回収可能性の判断が困難です。
その他	説　明
名義財産	相続人や孫名義の預金や株式であっても、被相続人の資金で作られた（購入された）場合は、基本的に相続財産となります。ただし、相続人や孫に贈与済みであれば相続財産には入りません。名義を借りたものか、贈与済みかの判断の相違により、相続税額に差異が生じます。

1
2　土地の評価（評価区分）

　はじめに、評価の仕方によっては相続税額に大きな影響を及ぼす土地の評価について、その概略を説明します。

　原則として土地の評価は、宅地、田、畑、山林などの地目ごとに行います。

　地目の判断は、登記簿上の地目にかかわらず、現況（実際の状況）により判断します。

　地目とは、不動産登記法に定められた土地の区分で、現況の用途、利用目的などによっていずれかに分類されることになっています。不動産登記法（不動産登記規則99条）によって規定されている地目は、全部で23種類です。

　一方、財産評価をする場合の地目は、宅地、田、畑、山林、原野、牧場、池沼、鉱泉地及び雑種地の９種類の地目(※)に分かれ、これらの土地の地目は課税時期（相続開始時）現在の現況（実際の状況）に基づいて判定します。

　つまり、評価の際には、登記地目ではなく、課税時期（相続開始時）現在の現況地目により、評価上の区分が確定することになるのです。

　たとえば、現況では建物が建っている土地でも、登記簿の地目は、「田」となっている場合があります。この場合、評価区分は、「田」ではなく「宅地」として評価します。

　また、自宅敷地の一部ががけになっていたり、山林となっている場合などは、どのように地目を考えるのかなど、地目の判定は一筋縄ではいかないケースもあります。まずは、専門家の現地調査（P85参照）により現状を確認するところから始めなければならない場合もあるでしょう。

　地目が定まったところで個別の評価へと進みますが、その評価の方法は複雑多様であるため、本書では、その中心（大部分）となる「宅地」の評価について説明します。

　※　登記法上の地目は財産評価上の地目に比較し細かく区分されますが、その多くの地目は財産評価上の雑種地に集約されています。

財産の評価

1-3 土地の評価（宅地の評価単位）

　宅地には「筆」と「画地」という2つの単位があります。

　「筆」とは「不動産の権利のまとまり」を意味し、不動産は「権利のまとまり」ごとに登記されています。つまり、「1筆」というのは、不動産登記をするために区切られた単位（不動産の権利の1つのまとまり）を指しています。

　一方、相続税における「宅地」の評価には「画地」という単位を用います。「画地」とは登記上の権利とは別に「利用の単位」により区切られた土地の単位です。

　「利用の単位」とは自宅敷地や貸家、アパートの敷地、駐車場などといった利用状況による単位を示し、原則として、以下のように判定することとされています。

　　①　宅地の所有者による自由な使用収益を制約する他者の権利（原則として使用貸借による使用借権を除く）の存在の有無により区分する。

　　②　他者の権利が存在する場合には、その権利の種類及び権利者の異なるごとに区分する。

　難しそうですが、これにより土地の利用形態は、大まかに「自用地」「借地権」「貸宅地」「貸家建付地（アパート敷地）」等に類別されます（P114～117参照）。

　したがって、登記上2筆以上からなる宅地でも、利用の単位が1つであれば「1画地」として評価されます。また、登記上は「1筆」として登記されている場合でも、利用の単位が複数からなる（2画地以上の）宅地の場合は区分して評価します（次頁参照）。登記上の「1筆」がすなわち「1画地」となるわけではない点に注意が必要です。

　以下にその具体例を見ていきましょう。

> ### コラム　使用貸借とは？
>
> 　親の敷地に子が自宅を建設する場合は、基本的に子が親に地代を払ったり、権利金を払ったりすることは多くはありません。このように、地代も権利金も支払うことなく土地を借りることを「使用貸借」といいます。
> 　「使用貸借」の場合、子（借主）の土地の使用権としての価額は0円として取り扱われ、親（貸主）の土地の価額も自用のものであるとした場合の価額（100%評価・減額なし）で評価します。

▓ １筆の土地上でも２つの画地として評価する場合

右図のＡ宅地とＢ宅地は登記上１
つの筆からなっていますが、その敷
地の上には自宅と貸家が建っていま
す。自宅の敷地と貸家の敷地で利用
単位が異なるので、この場合、Ａ宅
地とＢ宅地は別々の宅地として「２
画地」の評価を行います。

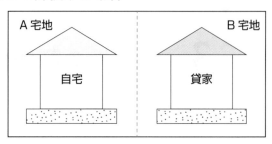

▓ ２つの宅地を合わせて１画地として評価する場合

① 自宅敷地

右図のＡ宅地とＢ宅地は別々
の筆で、登記上は２つの筆から
なっています。その２つの敷地
の上に自宅が建っていて、２つ
あわせて自宅の敷地として利用

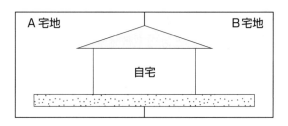

しています。この場合、Ａ宅地とＢ宅地は一体で利用されているため、「１画地」
で評価します。

② 使用貸借（Ａ・Ｂは１筆の土地）

右図のＡ宅地とＢ宅地は登記
上１筆で、土地全体が父の所有
です。自宅の敷地の一部を「使
用貸借」（Ｐ79コラム参照）で
息子に貸し付け、息子がそこに
自宅を建てているような場合は

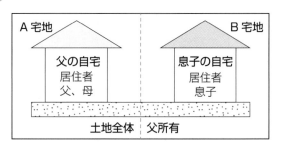

父の自宅と息子の自宅の２つの建物があったとしても、所有する宅地全体を父が
単独で使用している扱いになります（子の使用を考慮しない）。そのため、全体
を「１画地」として評価することになります。

1-4 土地の評価（宅地の評価方法の概要）

財産の評価

「宅地」の評価方法には「路線価方式」と「倍率方式」があります。いずれも相続発生時の土地の価額を基に評価額を算出します。

　土地の価額は、国土交通省が公表している「公示価格」や各自治体が公表している「固定資産税評価額」など、1つの土地に対して様々な価額が付されていますが、相続税・贈与税の申告では国税庁が毎年7月1日に公表している「路線価」または「評価倍率」を基に評価額を算出します。

　したがって、令和6年1月に相続が発生した場合には、令和6年7月に公表される「路線価図」または「評価倍率表」の公表を待って評価額を算出することになります。

■ 路線価方式

「路線価方式」とは、「路線価」が定められている地域で用いる評価方法です。「路線価」とは、道路に面する標準的な宅地の1㎡あたりの価額です。路線価をその土地の形状等に応じた各種補正率（P87〜90参照）で補正した後に、その土地の面積を乗じて評価額を算出します。

> 土地の評価額　＝　路線価　×　奥行価格補正率　×　面積（㎡）

　路線価が設定されていない地域の場合には、次の「倍率方式」で評価します。

■ 倍率方式

「倍率方式」は、路線価が設定されていない地域の評価方法です。評価対象地の固定資産税評価額に、評価倍率表に記載された倍率を乗じて価額を求めます。

> 土地の評価額　＝　固定資産税評価額　×　評価倍率表に記載された倍率

　固定資産税評価額は、毎年6月前後に都税事務所や市区町村役場から送られてくる

固定資産税・都市計画税の納税通知書に同封されている「固定資産税・都市計画税の課税明細書」で確認できます。課税明細書がない場合には、固定資産評価証明書を取得しなければなりません。固定資産評価証明書は、不動産を管轄する都税事務所や市区町村役場で発行しています。

　なお、この評価証明書は、当該不動産を将来的に売却する、あるいは贈与等で名義を変える登記を申請する際にも添付資料として必要となります。

【路線価図の見方】

　路線価を含めて見本となりますので、該当する地域の最新の情報を国税庁ホームページ等で確認してください。

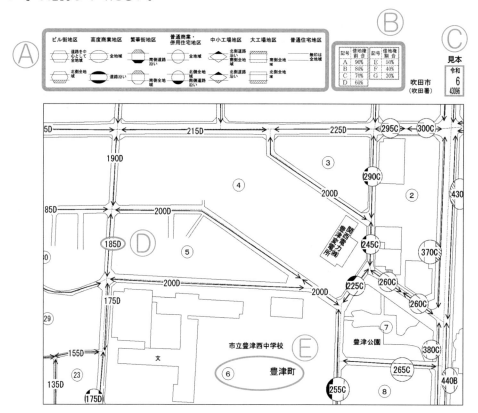

Ⓐ　地区及び地区と借地権割合の適用範囲を示す記号

Ⓑ　借地権割合を示しています。借地権割合は、賃借している土地の評価に使用します。

Ⓒ　路線価図の年分およびページ数

Ⓓ　1㎡あたりの価額を千円単位で表示しています。路線価の後ろに表示されているアルファベットは、借地権割合を表す記号です。

　　この場合、普通住宅地区で、路線価は185,000円、借地権割合は60％であるこ

とを示しています。

Ⓔ 住所を示しています。

【評価倍率表の見方】

倍率も含めて見本となりますので、該当する地域の最新の情報を国税庁のホームページ等で確認してください。

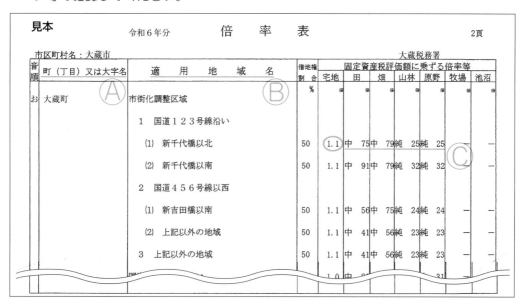

Ⓐ 町（丁目）または大字名は、市区町村ごとに50音順に記載されています。

Ⓑ 市街化調整区域など「適用地域名」がわからない場合は、市役所などに電話で確認します。

Ⓒ 「中」は中間農地、中間山林、中間原野、「純」は純農地、純山林、純原野の略です。

コラム　なぜ宅地の倍率は固定資産税評価額の1.1倍？

「路線価」は公示価格の8割程度、「固定資産税評価額」は公示価格の7割程度に設定されています。「倍率表」の宅地の倍率はそのほとんどが「1.1倍」です。これは、8（路線価）／7（固定資産税評価額）≒1.1という算式により計算された倍率です。

つまり、固定資産税評価額が公示価格に対して7割という水準であるものを、路線価の8割という水準に引き上げていることになります。

財産の評価

1 5 土地の評価 （専門家による宅地の評価）

　国税庁によると、令和4年中に亡くなられた方の相続財産の構成比は、土地32.3%、現金・預貯金等34.9%、有価証券16.3%の順となっています。この数字から、土地（中心は宅地）の評価が重要なポイントであることが読み取れます。

　専門家による宅地の評価は、単純に路線価に宅地の面積を乗じるだけではありません。土地の形状や利用状況にあわせて、何種類もの資料を収集し、減額できる要素があるかどうかを見極めていきます。

　専門家が宅地の評価をする際には、以下に示すような細かい作業を丁寧に行っています。専門家に依頼するメリットは、すなわち、これらの作業を通じ細大漏らさず減額要素を見出し、評価額を下げ、結果として相続税額を減少させることにあります。

資料収集

　宅地の評価をする場合、まずは名寄帳（もしくは固定資産課税明細書）や全部事項証明書などの資料を収集することから始まります（P29以降参照）。

必要書類	取得目的	取得場所	チェック欄
名寄帳 （固定資産課税明細書）	固定資産特定のため	都税事務所、市区町村役場	☐
全部事項証明書	所有者の確認 共有者・共有割合の確認 分筆・合筆の経緯の確認 取得経緯の確認 抵当権・地役権等の確認	法務局	☐
公図	土地の形状・場所の確認 赤道・水路の確認	法務局	☐
地積測量図	土地評価の図面として利用	法務局	☐
その他測量図 （確定測量図、現況測量図、建築図面等）	土地評価の図面として利用 （地積測量図がない場合）		☐
住宅地図	場所の確認 対象地の近隣の状況確認	インターネット 図書館など	☐

路線価図、評価倍率表	路線価・評価倍率の確認	国税庁ホームページ	☐
都市計画図	容積率・建蔽率・都市計画道路等の確認	市区町村役場の都市計画課（インターネットでも取得可）	☐

■ 道路調査

　市区町村役場で、主に建築基準法による道路種別を確認します。道路の幅員が４ｍ未満である「２項道路」はセットバック^{（※）}の対象となるため、道路の幅員を調査します。

　※　４ｍ未満の道路に接している土地は、建物の建築の際に道路の中心線から２ｍに達するまで後退しなければなりません。その後退した部分（家を建てられない部分）は、通常の評価の30％となります。

■ 道路種別とは？

　建築基準法で定める「道路」とは、建築基準法第42条に規定されており、次の道路が該当します。これらの道路に２ｍ以上接していない場合、建物を建築することはできません。

種　類	概　要	幅　員
42条１項１号	道路法による道路（国道・県道・市町村道で幅員４ｍ以上のもの）	４ｍ以上
42条１項２号	都市計画法・土地区画整理法等の法律に基づいて造られた道路（開発道路）	４ｍ以上
42条１項３号	その地域が都市計画区域に指定された時に幅員が４ｍ以上であった道路	４ｍ以上
42条１項４号	各種法律による新設又は変更の事業計画のある道路で、２年以内にその事業が執行される予定のものとして特定行政庁が指定したもの	４ｍ以上
42条１項５号	土地所有者等が築造し、特定行政庁からその位置の指定を受けた道路（位置指定道路）	４ｍ以上
42条２項	みなし道路（セットバックの減額の適用があります。）	４ｍ未満

■ 現地調査

　実際に現地へ赴き、土地の評価単位や利用状況などを確認するほか、測量図がない場合には、簡易測量を行うこともあります。相続人がそれらのことを確認し、補正率を調べ、加算・控除等を行うなどして計算し、申告することももちろん可能ですが、特例を正しく適用できずに評価を下げ損なったり、誤った計算をするなどした場合、後々修正申告が必要となるなどのリスクも生じます。

6

財産の評価

土地の評価
（路線価を使った自用地の評価）

　宅地の評価は路線価が定められた地域であれば、路線価を用いて行います。

　一般的に、整った形をしている土地であれば評価額は高くなります。もっとも単純な宅地の評価は、宅地面積に路線価を乗じることで求められますが、これだけでは適正な評価額を求めることはできません。現実にはそのような整形地は稀であり、何かしらのマイナスの要因（ときにプラス要因）を抱えている土地が大半です。また、宅地が路面に接している状況によって、その評価額は変わります。

　専門家による詳細な宅地の評価では、次頁に示す「土地及び土地の上に存する権利の評価についての調整率表」（以下、「調整率表」といいます）を用いて行われます。

　宅地の価額はその宅地の面する路線のうち、正面路線の価額をもとに、奥行きによる補正、面している路線の数に応じた加算調整、不整形による補正等を行って求めます。

　この調整率表に示された項目は、土地評価に係るマイナス要因（ときにプラス要因）を調整率によって適正な価額に引き直すために定められた項目です。専門家による作業の主眼は、この調整率表を用いることが可能な減額（ときに増額）要素を漏らさず見つけ出し、適正な補正評価を行うことにあります。

　こうした専門家の作業による評価の実際を、以下にケーススタディで説明します。各事例とも正面路線価（普通住宅地、150,000円）および地積（180㎡）は同じですが、調整率に基づく適正な補正評価によって評価額が変わってくる点を注意してください。

::: 土地及び土地の上に存する権利の評価についての調整率表
（平成31年１月分以降用）

① 奥行価格補正率表

奥行距離m ＼ 地区区分	ビル街	高度商業	繁華街	普通商業・併用住宅	普通住宅	中小工場	大工場
4未満	0.80	0.90	0.90	0.90	0.90	0.85	0.85
4以上　6未満		0.92	0.92	0.92	0.92	0.90	0.90
6 〃　8 〃	0.84	0.94	0.95	0.95	0.95	0.93	0.93
8 〃　10 〃	0.88	0.96	0.97	0.97	0.97	0.95	0.95
10 〃　12 〃	0.90	0.98	0.99	0.99		0.96	0.96
12 〃　14 〃	0.91	0.99				0.97	0.97
14 〃　16 〃	0.92		1.00	1.00	1.00	0.98	0.98
16 〃　20 〃	0.93					0.99	0.99
20 〃　24 〃	0.94						
24 〃　28 〃	0.95				0.97		
28 〃　32 〃	0.96	1.00	0.98		0.95		
32 〃　36 〃	0.97		0.96	0.97	0.93		
36 〃　40 〃	0.98		0.94	0.95	0.92		
40 〃　44 〃	0.99		0.92	0.93	0.91	1.00	
44 〃　48 〃			0.90	0.91	0.90		
48 〃　52 〃		0.99	0.88	0.89	0.89		
52 〃　56 〃		0.98	0.87	0.88	0.88		
56 〃　60 〃		0.97	0.86	0.87	0.87		
60 〃　64 〃		0.96	0.85	0.86	0.86	0.99	1.00
64 〃　68 〃		0.95	0.84	0.85	0.85	0.98	
68 〃　72 〃	1.00	0.94	0.83	0.84	0.84	0.97	
72 〃　76 〃		0.93	0.82	0.83	0.83	0.96	
76 〃　80 〃		0.92	0.81	0.82			
80 〃　84 〃		0.90		0.81	0.82	0.93	
84 〃　88 〃		0.88					
88 〃　92 〃		0.86	0.80				
92 〃　96 〃	0.99	0.84		0.80	0.81	0.90	
96 〃　100 〃	0.97	0.82					
100 〃	0.95	0.80			0.80		

88

② 側方路線影響加算率表

地区区分	加算率	
	角地の場合	準角地の場合
ビ ル 街	0.07	0.03
高度商業、繁華街	0.10	0.05
普通商業・併用住宅	0.08	0.04
普通住宅、中小工場	0.03	0.02
大 工 場	0.02	0.01

③ 二方路線影響加算率表

地区区分	加算率
ビ ル 街	0.03
高度商業、繁華街	0.07
普通商業・併用住宅	0.05
普通住宅、中小工場 大 工 場	0.02

④ 不整形地補正率を算定する際の地積区分表

地区区分＼地積区分	A	B	C
高 度 商 業	1,000m²未満	1,000m²以上 1,500m²未満	1,500m²以上
繁 華 街	450m²未満	450m²以上 700m²未満	700m²以上
普通商業・併用住宅	650m²未満	650m²以上 1,000m²未満	1,000m²以上
普 通 住 宅	500m²未満	500m²以上 750m²未満	750m²以上
中 小 工 場	3,500m²未満	3,500m²以上 5,000m²未満	5,000m²以上

⑤ 不整形地補正率表

かげ地割合＼地区区分・地積区分	高度商業、繁華街、普通商業・併用住宅、中小工場			普通住宅		
	A	B	C	A	B	C
10%以上	0.99	0.99	1.00	0.98	0.99	0.99
15% 〃	0.98	0.99	0.99	0.96	0.98	0.99
20% 〃	0.97	0.98	0.99	0.94	0.97	0.98
25% 〃	0.96	0.98	0.99	0.92	0.95	0.97
30% 〃	0.94	0.97	0.98	0.90	0.93	0.96
35% 〃	0.92	0.95	0.98	0.88	0.91	0.94
40% 〃	0.90	0.93	0.97	0.85	0.88	0.92
45% 〃	0.87	0.91	0.95	0.82	0.85	0.90
50% 〃	0.84	0.89	0.93	0.79	0.82	0.87
55% 〃	0.80	0.87	0.90	0.75	0.78	0.83
60% 〃	0.76	0.84	0.86	0.70	0.73	0.78
65% 〃	0.70	0.75	0.80	0.60	0.65	0.70

⑥　間口狭小補正率表

地区区分／間口距離m	ビル街	高度商業	繁華街	普通商業・併用住宅	普通住宅	中小工場	大工場
4未満	—	0.85	0.90	0.90	0.90	0.80	0.80
4以上 6未満	—	0.94	1.00	0.97	0.94	0.85	0.85
6 〃 8 〃	—	0.97		1.00	0.97	0.90	0.90
8 〃 10 〃	0.95	1.00				0.95	0.95
10 〃 16 〃	0.97				1.00	1.00	0.97
16 〃 22 〃	0.98						0.98
22 〃 28 〃	0.99						0.99
28 〃	1.00						1.00

⑦　奥行長大補正率表

地区区分／奥行距離／間口距離	ビル街	高度商業	繁華街	普通商業・併用住宅	普通住宅	中小工場	大工場
2以上3未満	1.00	1.00				0.98	1.00	1.00
3 〃 4 〃		0.99				0.96	0.99	
4 〃 5 〃		0.98				0.94	0.98	
5 〃 6 〃		0.96				0.92	0.96	
6 〃 7 〃		0.94				0.90	0.94	
7 〃 8 〃		0.92					0.92	
8 〃		0.90					0.90	

⑧　規模格差補正率を算定する際の表

イ　三大都市圏に所在する宅地

地区区分／地積㎡／記号	普通商業・併用住宅 普通住宅 Ⓑ	Ⓒ
500以上1,000未満	0.95	25
1,000 〃 3,000 〃	0.90	75
3,000 〃 5,000 〃	0.85	225
5,000 〃	0.80	475

ロ　三大都市圏以外の地域に所在する宅地

地区区分／地積㎡／記号	普通商業・併用住宅 普通住宅 Ⓑ	Ⓒ
1,000以上3,000未満	0.90	100
3,000 〃 5,000 〃	0.85	250
5,000 〃	0.80	500

⑨　がけ地補正率表

がけ地地積／総　地　積＼がけ地の方位	南	東	西	北
0.10以上	0.96	0.95	0.94	0.93
0.20　〃	0.92	0.91	0.90	0.88
0.30　〃	0.88	0.87	0.86	0.83
0.40　〃	0.85	0.84	0.82	0.78
0.50　〃	0.82	0.81	0.78	0.73
0.60　〃	0.79	0.77	0.74	0.68
0.70　〃	0.76	0.74	0.70	0.63
0.80　〃	0.73	0.70	0.66	0.58
0.90　〃	0.70	0.65	0.60	0.53

⑩　特別警戒区域補正率表

特別警戒区域の地積／総　地　積	補正率
0.10以上	0.90
0.40　〃	0.80
0.70　〃	0.70

1 路線に面している宅地の評価

　1つの道路に面している宅地を評価する際には、路線価にその宅地の奥行距離に応じた奥行価格補正率を乗じ、1㎡あたりの価格の補正評価を行います。算式は、以下のようになります。奥行価格補正率とは、宅地の奥行距離に応じて定められた補正率です。標準的な宅地に比べて奥行が極端に短かったり（普通住宅地区の場合は10m未満）長かったり（普通住宅地区の場合は24m以上）すると、利用しにくく用途も限られます。そのような場合には補正率が高くなり、評価額は下がります。

> ⓐ　路線価　×　奥行価格補正率（1円未満切捨て）
> ⓑ　ⓐ　×　地積

【1路線に面している宅地の評価の計算例】

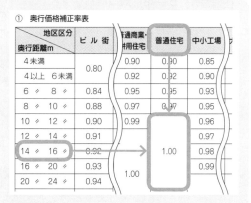

ⓐ　正面路線価 150,000円　×　奥行価格補正率 1.00　＝　150,000円
ⓑ　ⓐ　×　地積 180㎡　＝　27,000,000円

> 参考
>
> 　たとえば、間口20m、奥行き9mの宅地の場合は、路線価(150,000円)および地積(180㎡)は上記と同じであったとしても、奥行価格補正率は0.97となり、評価額は約81万円も下がります。
>
> ⓐ　正面路線価　150,000円　×　奥行価格補正率 0.97　＝　145,500円
> ⓑ　ⓐ　×　地積 180㎡　＝　26,190,000円
>
> 測量図などを取得し、正確に間口、奥行を測ることが重要です。

【評価明細書記載例】

登記上の地番を記載

土地及び土地の上に存する権利の評価明細書（第1表）

| 局（所） | 署 | 6 年分 | ○ ページ |

使用した路線価図の情報を記載します。

土地や使用した路線価の情報を記載します。

（平成三十一年一月一日以降用）

（住居表示）	（　）			住　所 （所在地）		使用者	住　所 （所在地）	
所在地番	千代田区三番町 ×丁目△番	所有者	氏　名 （法人名）				氏（法	

地　目		地　積	路　　　　　線　　　　　価					地形図及び参考事項
宅　地　山　林 田　　雑種地 畑		180 ㎡	正　面 （奥行15.00m）円 150,000	側　方 円	側　方 円	裏　面 円	
間口距離	12 m	利 用 区 分	自　用　地　私　道 貸　宅　地　貸家建付借地権 貸家建付地　転　貸　借　地　権 借　地　権（　　　　）		地区区分	ビル街地区　普通住宅地区 高度商業地区　中小工場地区 繁華街地区　大工場地区 普通商業・併用住宅地区	
奥行距離	15 m						

	1　一路線に面する宅地			（1㎡当たりの価額）円		A
自	（正面路線価） 150,000 円 ×	（奥行価格補正率） 1.00		150,000		
用	2　二路線に面する宅地 （A）	［側方・裏面 路線価］ 円 ＋ （　　　円 ．	（奥行価格補正率） ×	［側方・二方 路線影響加算率］ 0. ）	（1㎡当たりの価額）円	B
地	3　三路線に面する宅地 （B）	［側方・裏面 路線価］ 円 ＋ （　　　円 ．	（奥行価格補正率） ×	［側方・二方 路線影響加算率］ 0. ）	（1㎡当たりの価額）円	C
1	4　四路線に面する宅地 （C）	［側方・裏面 路線価］ 円 ＋ （　　　円 ．	（奥行価格補正率） ×	［側方・二方 路線影響加算率］ 0. ）	（1㎡当たりの価額）円	D
平	5-1　間口が狭小な宅地等 （AからDまでのうち該当するもの）	（間口狭小補正率） 円 × （　　．	（奥行長大補正率） × ． ）		（1㎡当たりの価額）円	E
方	5-2　不整形地				（1㎡当たりの価額）円	F

一路線にのみ接する土地の場合は、その路線価が正面路線価となります。

正面路線価に奥行価格補正率を乗じた価額が1㎡当たりの価額（A欄）となり、他の調整（明細書のB～J）がなければ、その価額をK欄に記載し、地積を乗じて自用地の評価額を計算します。

メ	6　地積規模の大きな宅地 （AからFまでのうち該当するもの）	規模格差補正率※ 0.		（1㎡当たりの価額）円	G
	※規模格差補正率の計算 （地積（Ⓐ）（Ⓑ）（Ⓒ）（地積（Ⓐ）（小数点以下2位未満切捨て） {（　㎡× ＋ ）÷ ㎡}× 0.8 ＝ 0.				
ト	7　無　道　路　地 （F又はGのうち該当するもの）	（※） 円 × （ 1 － 0. ）		（1㎡当たりの価額）円	H
ル	※割合の計算（0.4を上限とする。） （正面路線価）（通路部分の地積）（F又はGのうち該当するもの）（評価対象地の地積） （　円 × ㎡）÷ （　円 × ㎡）＝ 0.				
当	8-1　がけ地等を有する宅地　［南　、　東　、　西　、　北　］ （AからHまでのうち該当するもの）（がけ地補正率） 円 × 0.			（1㎡当たりの価額）円	I
た	8-2　土砂災害特別警戒区域内にある宅地 （AからHまでのうち該当するもの）特別警戒区域補正率※ 円 × 0.			（1㎡当たりの価額）円	J
り	※がけ地補正率の適用がある場合の特別警戒区域補正率の計算（0.5を下限とする。） ［南、東、西、北］ （特別警戒区域補正率表の補正率）（がけ地補正率）（小数点以下2位未満切捨て） 0. × 0. ＝ 0.				
の	9　容積率の異なる2以上の地域にわたる宅地 （AからJまでのうち該当するもの）（控除割合（小数点以下3位未満四捨五入）） 円 × （ 1 － 0. ）			（1㎡当たりの価額）円	K
価	10　私　　道 （AからKまでのうち該当するもの） 円 × 0.3			（1㎡当たりの価額）円	L
自用地の評価額額	自用地1平方メートル当たりの価額 （AからLまでのうちの該当記号） （ A ） 150,000 円	地　積 180 ㎡	総　　　　額 （自用地1㎡当たりの価額）×（地　積） 27,000,000 円		M

（注）1　5-1の「間口が狭小な宅地等」と5-2の「不整形地」は重複して適用できません。
　　　2　5-2の「不整形地」の「AからDまでのうち該当するもの」欄の価額について、AからDまでの欄で計算できない場合には、（第2表）の「備考」欄等で計算してください。
　　　3　「がけ地等を有する宅地」であり、かつ、「土砂災害特別警戒区域内にある宅地」である場合については、8-1の「がけ地等を有する宅地」欄ではなく、8-2の「土砂災害特別警戒区域内にある宅地」欄で計算してください。

（資4-25-1-A4統一）

❷　角地（正面と側方に道路がある宅地）の評価

　宅地が角地である場合には、正面と側方の２つの道路に面することとなり、２路線に面した宅地の評価を行うこととなります。このような場合には、側方路線影響加算率を用いて補正評価を行います。

　側方路線影響加算率は、増額補正を行うために定められた調整率です。１路線だけに面している土地よりも、側方路線にも面している土地のほうが評価額は高くなることから、その土地が角地または準角地の場合は、側方路線影響加算率表に基づいて計算した額を一部加算します。

> ⓐ　正面路線価　×　奥行価格補正率（１円未満切捨て）
>
> ⓑ　側方路線価　×　奥行価格補正率　×　側方路線影響加算率（１円未満切捨て）
>
> ⓒ　（ⓐ　＋　ⓑ）　×　地積

　算式中の「正面路線価」とは、「路線価×奥行価格補正率」により計算した１m²あたりの価額のいずれか高いほうをいいます。

　たとえば、評価対象地が路線価が同じ２路線に面している場合、その宅地の利用形態に関係なく各路線価に各奥行価格補正率を乗じたものを比較し、高いほうが「正面路線価」となります。

　「角地」とは、２つの道路に囲まれて、２方向に抜けられる土地をいいます。同じように２つの道路に囲まれていても、１方向にしか抜けられない土地を「準角地」といいます。

① 側方影響加算率における角地

　　下記のような、２つの道路からなる場合には、角地の場合の側方影響加算率を使って評価することとなります。

② 側方影響加算率における準角地

　　また、右の図のように、１つの道路からなる場合には、準角地の場合の側方影響加算率を使って評価することとなります。

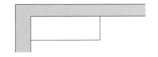

94

【角地の宅地の評価の計算例】

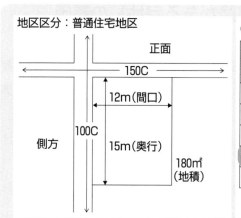

地区区分：普通住宅地区

② 側方路線影響加算率表

地区区分	加算率	
	角地の場合	準角地の場合
ビ ル 街	0.07	0.03
高度商業、繁華街	0.10	0.05
普通商業・併用住宅	0.08	0.04
普通住宅、中小工場	0.03	0.02
大 工 場	0.02	0.01

※正面路線価の判定（∴路線価に奥行価格補正率を乗じ高いほうが正面路線価）

150,000円 × 奥行価格補正率 1.00 ＝ 150,000円

　　　　　　　　　　＞ 100,000円 × 奥行価格補正率 1.00 ＝ 100,000円

　　　　　　　　　　　　　　　　　　　　　　　　　　　∴150,000円

ⓐ 正面路線価 150,000円 × 奥行価格補正率 1.00 ＝ 150,000円

ⓑ 側方路線価 100,000円 × 奥行価格補正率 1.00 × 側方路線影響加算率 0.03
　　＝ 3,000円

ⓒ （ⓐ150,000円 ＋ ⓑ3,000円） × 地積 180㎡ ＝ 27,540,000円

　この場合、2つの道路を利用することができるため、1つの道路しか面していない土地よりも評価額は高くなります。「1路線に面している宅地の評価の例」（P91参照）と比較し、評価額が54万円上昇しています。

【評価明細書記載例】

土地及び土地の上に存する権利の評価明細書（第1表）	局(所)	署	6 年分	○ ページ

		住 所 (所在地)			住 所 (所在地)	
所 在 地 番	(住居表示)　( ) 千代田区三番町 ×丁目△番	所有者		使用者		
		氏　名 (法人名)			氏　名 (法人名)	

地　　目	地　積	路　　　線　　　価				地形図及び参考事項
(宅地) 山林 田　雑種地 畑　( )	180 ㎡	正　面 (奥行15.00m)円 150,000	側　方 (奥行12.00m)円 100,000	側　方 円	裏　面 円	
間口距離 12 m	利用区分	自用地 私　道 貸宅地 貸家建付借地権 貸家建付地 転貸借地権		地区区分	ビル街地区 高度商業地区 繁華街地区 普通商業・併用住宅地区	普通住宅地区 中小工場地区 大工場地区
奥行距離 15 m		借地権				

自用地1平方メートル当たりの価額							1㎡当たりの価額	
1 一路線に面する宅地 (正面路線価) 　　　　(奥行価格補正率) 150,000 円 × 1.00							(1㎡当たりの価額) 円 150,000	A
2 二路線に面する宅地 (A) 　　　　(側方・裏面 路線価)(奥行価格補正率)(側方・二方 路線影響加算率) 150,000 円 + (100,000 円 × 1.00 × 0.03)							(1㎡当たりの価額) 円 153,000	B
3 二路線に面する宅地 (B) 　　　　[側方・裏面 路線価](奥行価格補正率)[側方・二方 路線影響加算率] 円 + (円 × . × 0.)							(1㎡当たりの価額) 円	C
4 四路線に面する宅地 (C) 　　　　[側方・裏面 路線価](奥行価格補正率)[側方・二方 路線影響加算率] 円 + (円 × . × 0.)							(1㎡当たりの価額) 円	D
5-1 間口が狭小な宅地等							(1㎡当たりの価額) 円	E

二路線に接している宅地は、まずA欄で正面路線価の1㎡当たりの価額を求めます。
次にB欄にA欄の価額を移記し、側方路線価に奥行価格補正率と側方路線影響加算率を乗じた価額を加算して、1㎡当たりの価額（B）を求めます。
他の調整（明細書のC～J）がなければ、その価額をK欄に記載し、地積を乗じて自用地の評価額を計算します。

		F
× = 0. ② J .		

6 地積規模の大きな宅地 (AからFまでのうち該当するもの)　規模格差補正率※ 円 × 0. ※規模格差補正率の計算 (地積 (Ⓐ))　　(Ⓑ)　　(Ⓒ)　　(地積 (Ⓐ))　　(小数点以下2位未満切捨て) { (㎡× +) ÷ ㎡} × 0.8 = 0.	(1㎡当たりの価額) 円	G
7 無　　道　　路　　地 (F又はGのうち該当するもの)　　　　　　(※) 円 × (1 － 0.) ※割合の計算 (0.4 を上限とする。)　(F又はGのうち (正面路線価)　(通路部分の地積)　 該当するもの)　(評価対象地の地積) 円 × ㎡) ÷ (円 × ㎡) = 0.	(1㎡当たりの価額) 円	H
8-1 がけ地等を有する宅地〔 南 、 東 、 西 、 北 〕 (AからHまでのうち該当するもの)　(がけ地補正率) 円 × 0.	(1㎡当たりの価額) 円	I
8-2 土砂災害特別警戒区域内にある宅地 (AからHまでのうち該当するもの)　特別警戒区域補正率※ 円 × 0. ※がけ地補正率の適用がある場合の特別警戒区域補正率の計算 (0.5 を下限とする。) 〔 南、東、西、北 〕 (特別警戒区域補正率表の補正率)(がけ地補正率)(小数点以下2位未満切捨て) 0. × 0. = 0.	(1㎡当たりの価額) 円	J
9 容積率の異なる2以上の地域にわたる宅地 (AからJまでのうち該当するもの)　　(控除割合 (小数点以下3位未満四捨五入)) 円 × (1 － 0.)	(1㎡当たりの価額) 円	K
10 私　　　　道 (AからKまでのうち該当するもの) 円 × 0.3	(1㎡当たりの価額) 円	L

自用地の評価額	自用地1平方メートル当たりの価額 (AからLまでのうちの該当記号)	地　積	総　　　　額 (自用地1㎡当たりの価額) × (地　積)	
	(B)　　153,000 円	180 ㎡	27,540,000	M

(注) 1 5-1の「間口が狭小な宅地等」と5-2の「不整形地」は重複して適用できません。
　　　2 5-2の「不整形地」の「AからDまでのうち該当するもの」欄の価額について、AからDまでの欄で計算できない場合には、(第2表)の「備考」欄等で計算してください。
　　　3 「がけ地等を有する宅地」であり、かつ、「土砂災害特別警戒区域内にある宅地」である場合については、8-1の「がけ地等を有する宅地」欄ではなく、8-2の「土砂災害特別警戒区域内にある宅地」欄で計算してください。

(資4-25-1-A4統一)

96

 3 ## 正面と裏面に道路がある宅地の評価

　宅地が正面と裏面の２つの道路に面する場合も２路線に面した宅地の評価を行うこととなります。「角地（正面と側方に道路がある宅地）の評価」と同じように、二方路線影響加算率を用いて、補正評価を行います。

> ⓐ　正面路線価　×　奥行価格補正率（１円未満切捨て）
> ⓑ　裏面路線価　×　奥行価格補正率　×　二方路線影響加算率
> 　　（１円未満切捨て）
> ⓒ　（ⓐ　＋　ⓑ）　×　地積

【正面と裏面に道路がある宅地の評価の計算例】

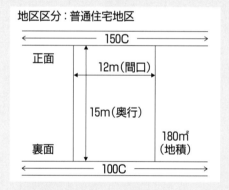

※正面路線価の判定（∴路線価の高いほうが正面路線価）

150,000円　＞　100,000円　∴150,000円

ⓐ　正面路線価 150,000円　×　奥行価格補正率 1.00　＝　150,000円

ⓑ　裏面路線価 100,000円　×　奥行価格補正率 1.00　×　二方路線影響加算率 0.02
　＝　2,000円

ⓒ　（ⓐ150,000円　＋　ⓑ2,000円）　×　地積 180㎡　＝　27,360,000円

　この場合も、１つの道路にしか面していない土地よりも、利用価値が高いと考えられ、評価額は高くなります。「１路線に面している宅地の評価の例」（P91参照）に比較し、評価額が36万円上昇しています。

【評価明細書記載例】

| 土地及び土地の上に存する権利の評価明細書（第1表） | | 局(所)　署 | 6 年分 ○ ページ | | |

| （住居表示）（　　　） | 住　所（所在地） | | 住　所（所在地） | （平成三十一年一月分以降用） |
| 所在地番　千代田区三番町×丁目△番 | 所有者 氏　名（法人名） | | 使用者 氏　名（法人名） | |

地　目	地　積	路　　　　　　　線　　　　　　　価				地形図及び参考事項
宅地 山林 田 雑種地 畑（　　）	㎡ 180	正　面（奥行15.00m）円 150,000	側　方（奥行12.00m）円	側　方 円	裏　面（奥行15.00m）円 100,000	
間口距離 12 m	利用区分	自用地 私　　道 貸宅地 貸家建付借地権 貸家建付地 転貸借地権 借地権（　　）	地区区分	ビル街地区 普通住宅地区 高度商業地区 中小工場地区 繁華街地区 大工場地区 普通商業・併用住宅地区		
奥行距離 15 m						

	1 一路線に面する宅地 （正面路線価） 150,000 円 × （奥行価格補正率） 1.00	（1㎡当たりの価額） 150,000 円	A
自	2 二路線に面する宅地 （A） 150,000 円 ＋ ［側方・裏面 路線価］ 100,000 × （奥行価格補正率） 1.00 × ［側方・二方 路線影響加算率］ 0.02	（1㎡当たりの価額） 152,000 円	B
用	3 三路線に面する宅地 （B） 円 ＋ ［側方・裏面 路線価］ × （奥行価格補正率） × ［側方・二方 路線影響加算率］ 0.	（1㎡当たりの価額） 円	C
地	4 四路線に面する宅地 （C） 円 ＋ ［側方・裏面 路線価］ × （奥行価格補正率） × ［側方・二方 路線影響加算率］ 0.	（1㎡当たりの価額） 円	D
1	5-1 間口が狭小な宅地等	（1㎡当たりの価額） 円	E
平	5-2	（1㎡当たりの価額） 円	F
方 メ			
ー ト ル	6 地積規模の大きな宅地 （AからFまでのうち該当するもの）　規模格差補正率※ 円 × 0. ※規模格差補正率の計算 （地積（Ⓐ））　　（Ⓑ）　　（Ⓒ）　　（地積（Ⓐ））　（小数点以下2位未満切捨て） ｛（　　㎡×　　＋　　）÷　　㎡｝× 0.8 ＝ 0.	（1㎡当たりの価額） 円	G
当 た	7 無　道　路　地 （F又はGのうち該当するもの）　　　　（※） 円 × （1 － 0.　） ※割合の計算（0.4を上限とする。） （正面路線価）　（通路部分の地積）　（F又はGのうち該当するもの）　（評価対象地の地積） 円 ×　　㎡）÷（　円 ×　　㎡）＝ 0.	（1㎡当たりの価額） 円	H
り の	8-1 がけ地等を有する宅地 ［ 南 、 東 、 西 、 北 ］ （AからHまでのうち該当するもの）　（がけ地補正率） 円 × 0.	（1㎡当たりの価額） 円	I
価 額	8-2 土砂災害特別警戒区域内にある宅地 （AからHまでのうち該当するもの）　特別警戒区域補正率※ 円 × 0. ※がけ地補正率の適用がある場合の特別警戒区域補正率の計算（0.5を下限とする。） ［ 南 、 東 、 西 、 北 ］ （特別警戒区域補正率表の補正率）（がけ地補正率）（小数点以下2位未満切捨て） 0.　×　0.　＝　0.	（1㎡当たりの価額） 円	J
	9 容積率の異なる2以上の地域にわたる宅地 （AからJまでのうち該当するもの）　　（控除割合（小数点以下3位未満四捨五入）） 円 × （1 － 0.　　）	（1㎡当たりの価額） 円	K
	10 私　　　道 （AからKまでのうち該当するもの） 円 × 0.3	（1㎡当たりの価額） 円	L
自用地の評価額	自用地1平方メートル当たりの価額 （AからLまでのうちの該当記号） （ B ） 152,000 円	地　積 180 ㎡	総　　　　　額 （自用地1㎡当たりの価額）×（地　積） 27,360,000 円	M

正面と裏面に道路がある場合には、2つの路線のうち、どちらが正面路線になるのかを判定します。
計算方法は、側方路線価がある場合と同じで、二方路線価加算率を適用することだけが異なります。
他の調整（明細書のC～J）がなければ、B欄の価額をK欄に記載し、地積を乗じて自用地の評価額を計算します。

(注) 1 5-1の「間口が狭小な宅地等」と5-2の「不整形地」は重複して適用できません。
　　　2 5-2の「不整形地」の「AからDまでのうち該当するもの」欄の価額について、AからDまでの欄で計算できない場合には、（第2表）の「備考」欄等で計算してください。
　　　3 「がけ地等を有する宅地」であり、かつ、「土砂災害特別警戒区域内にある宅地」である場合については、8-1の「がけ地等を有する宅地」欄ではなく、8-2の「土砂災害特別警戒区域内にある宅地」欄で計算してください。

間口が狭小等な宅地、不整形地の評価

　土地の評価では、角地などのように利用できる道路が複数あるほうが土地の利用価値は高いものと考えられます。先に説明したとおり、側方路線影響加算、二方路線影響加算などが加わり、土地の評価額が相対的に高くなります。

　逆に、以下に示すような間口（土地の正面の幅）が狭小な宅地や奥行が極端に長大な場合には、土地の利用価値が低いと考えられ評価額を減額させる要因となります。

　土地の形状はさまざまであり、複合的な減価要因が生じていることが多くあります。減価要因を組み合わせることや、適用を厳密に行うことで土地の評価額を下げ、相続税額を抑えることにつながることがあります。

　以下、P99からP101にかけて、複合的な減価要因をもつ土地を題材にどの減価要因を採用することで影響額がどの程度生じるかを確認していきます。

間口が狭小な宅地の評価

　路線と接している間口が狭い宅地（普通住宅地区の場合は8m未満）については間口狭小補正率を用いて評価します。間口が狭くなるほど、補正率は小さくなり、評価額は下がります。

> ⓐ　路線価　×　奥行価格補正率（1円未満切捨て）
> ⓑ　ⓐ　×　間口狭小補正率（1円未満切捨て）
> ⓒ　ⓑ　×　地積

【間口が狭小な宅地の評価の計算例】

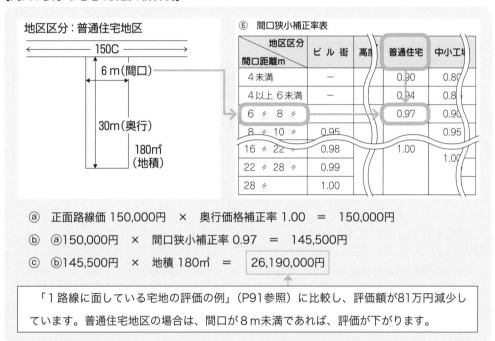

ⓐ　正面路線価 150,000円　×　奥行価格補正率 1.00　＝　150,000円

ⓑ　ⓐ150,000円　×　間口狭小補正率 0.97　＝　145,500円

ⓒ　ⓑ145,500円　×　地積 180㎡　＝　26,190,000円

> 「1路線に面している宅地の評価の例」（P91参照）に比較し、評価額が81万円減少しています。普通住宅地区の場合は、間口が8m未満であれば、評価が下がります。

　この事例の土地は、さらに奥行が長大な宅地としての補正を加味した評価もできます（P100、101参照）。

❖ 奥行が長大な宅地の評価

　また、間口に比べて奥行が長い宅地は利用しにくく、評価額は低くなります。このような土地の評価には奥行長大補正率を用います。

　下記算式中の奥行長大補正率は、奥行距離（m）÷間口距離（m）で計算した数値を奥行長大補正率表に当てはめて求めます。

> ⓐ　路線価　×　奥行価格補正率（１円未満切捨て）
>
> ⓑ　ⓐ　×　奥行長大補正率（１円未満切捨て）
>
> ⓒ　ⓑ　×　地積

【奥行が長大な宅地の評価の計算例】

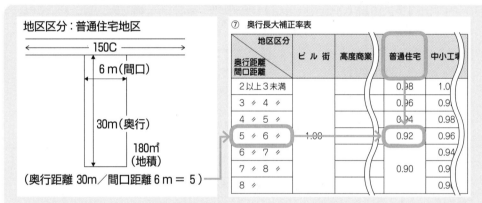

地区区分：普通住宅地区

⑦　奥行長大補正率表

地区区分 奥行距離 間口距離	ビル街	高度商業	普通住宅	中小工場
２以上３未満			0.98	1.0
３〃４〃			0.96	0.9
４〃５〃			0.94	0.98
５〃６〃	1.00		0.92	0.96
６〃７〃				0.94
７〃８〃			0.90	0.9
８〃				0.9

（奥行距離 30m／間口距離 6 m ＝ 5 ）

- ⓐ　路線価 150,000円　×　奥行価格補正率 1.00　＝　150,000円
- ⓑ　ⓐ150,000円　×　奥行長大補正率 0.92　＝　138,000円
- ⓒ　ⓑ138,000円　×　地積 180㎡　＝　24,840,000

> 「１路線に面している宅地の評価の例」（P91参照）に比較し、評価額が216万円減少しています。普通住宅地区であれば、奥行が間口の２倍以上あれば、評価が下がります。

　この事例の土地は、さらに間口が狭小な宅地としての補正も加味した評価もできます（P99、101参照）。

⬛ 間口が狭小で奥行が長大な宅地の評価

　一般的に、間口が狭い土地の場合、奥行も間口に比べて長くなることが多く、前記の間口狭小補正率（P99参照）と奥行長大補正率（P100参照）が、同時に適用されるケースがあります。

　算式は以下のようになります。

> ⓐ　路線価　×　奥行価格補正率（１円未満切捨て）
>
> ⓑ　ⓐ　×　間口狭小補正率　×　奥行長大補正率（１円未満切捨て）
>
> ⓒ　ⓑ　×　地積

【間口が狭小で奥行が長大な宅地の評価の計算例】

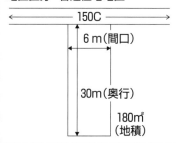

地区区分：普通住宅地区
150C
6 m（間口）
30m（奥行）
180㎡（地積）

ⓐ　正面路線価 150,000円　×　奥行価格補正率 1.00　=　150,000円

ⓑ　ⓐ150,000円　×　間口狭小補正率 0.97　×　奥行長大補正率 0.92
　　=　133,860円

ⓒ　ⓑ133,860円　×　地積 180㎡　=　24,094,800円

　「１路線に面している宅地の評価の例」（P91参照）に比較し、評価額が2,905,200円減少しています。２つの補正率を掛け合わせて減額するため、単純に間口狭小で減少した81万円（P99参照）と奥行長大で減少した216万円（P100参照）との合計297万円が減少するわけではありません。

【評価明細書記載例】

土地及び土地の上に存する権利の評価明細書（第1表）

| | | | 局(所) | 署 | 6 年分 | ○ ページ |

| （住居表示） | （　　　　　） | 所有者 | 住　所 (所在地) | | 使用者 | 住　所 (所在地) | |
| 所在地番 | 千代田区三番町 ×丁目△番 | | 氏　名 (法人名) | | | 氏　名 (法人名) | |

地　目	宅地 山林 田 雑種地 畑	地　積 180 ㎡	路　　　　線　　　　価				地形図及び参考事項
			正面 (奥行20.00m) 150,000 円	側方 円	側方 円	裏面 円	
間口距離	6 m	利用区分	自用地 私道 貸宅地 貸家建付借地権 貸家建付地 転貸借地権 借地権 （　　　　　）	地区区分	ビル街地区 高度商業地区 繁華街地区 普通商業・併用住宅地区	普通住宅地区 中小工場地区 大工場地区	
奥行距離	30 m						

（平成三十一年一月分以降用）

| 自用地1平方メートル当たりの価額 | | | | | | |

| 1 一路線に面する宅地 (正面路線価) 150,000 円 × (奥行価格補正率) 1.00 | | | | (1㎡当たりの価額) 150,000 | 円 | A |

まず、A欄で正面路線価の1㎡当たりの価額を求めます。

| 2 二路線に面する宅地 (A) | | | | (1㎡当たりの価額) | 円 | B |

| 3 三路線 | | | | (1㎡当たりの価額) | 円 | C |

| 4 四路線に面する宅地 (C) [側方・裏面 路線価] (奥行価格補正率) [側方・二方 路線影響加算率] 円 ＋ (　　　　円　　×　　　×　0.　　) | | | | (1㎡当たりの価額) | 円 | D |

| 5-1 間口が狭小な宅地等 (AからDまでのうち該当するもの) (間口狭小補正率) (奥行長大補正率) 150,000 円 × 0.97 × 0.92) | | | | (1㎡当たりの価額) 133,860 | 円 | E |

| 5-2 不整形地 (AからDまでのうち該当するもの) 不整形地補正率※ 円 × 0. | | | | (1㎡当たりの価額) | 円 | |
| ※不整形地補正率の計算 (想定整形地の間口距離) (想定整形地の奥行距離) (不整形地補正率) (奥行 | | | | | | F |

次にA欄で求めた1㎡当たりの価額をE欄に移記し、間口狭小補正率と奥行長大補正率を乗じて、1㎡当たりの価額を求めます。
どちらか一方の調整しかない場合には、調整がない部分の補正率は1.0となります。
他の調整がなければ、E欄で求めた価額をK欄に記載し、地積を乗じて自用地の評価額を計算します。

| 6 地積規模 (Aから ※規模 (地積 ｛(　　㎡×　　　＋　　　) ÷　　　㎡｝× 0.8 ＝ 0. | | | | (1㎡当たりの価額) | 円 | G |

| 7 無 道 路 地 (F又はGのうち該当するもの) (※) 円 × (1 － 0. ※割合の計算 (0.4を上限とする。) (正面路線価) (通路部分の地積) (F又はGのうち 該当するもの) (評価対象地の地積) (　　　円 ×　　　㎡) ÷ (　　　円 ×　　　㎡) = 0. | | | | (1㎡当たりの価額) | 円 | H |

| 8-1 がけ地等を有する宅地 [南 、 東 、 西 、 北] (AからHまでのうち該当するもの) (がけ地補正率) 0. | | | | (1㎡当たりの価額) | 円 | I |

| 8-2 土砂災害特別警戒区域内にある宅地 (AからHまでのうち該当するもの) 特別警戒区域補正率※ 円 × 0. ※がけ地補正率の適用がある場合の特別警戒区域補正率の計算 (0.5を下限とする。) [南 、 東 、 西 、 北] (特別警戒区域補正率表の補正率) (がけ地補正率) (小数点以下2位未満切捨て) 0.　　　×　0.　　＝　0. | | | | (1㎡当たりの価額) | 円 | J |

| 9 容積率の異なる2以上の地域にわたる宅地 (AからJまでのうち該当するもの) (控除割合(小数点以下3位未満四捨五入)) 円 × (1 － 0. | | | | (1㎡当たりの価額) | 円 | K |

| 10 私 道 (AからKまでのうち該当するもの) 円 × 0.3 | | | | (1㎡当たりの価額) | 円 | L |

| 自用地1平方メートル当たりの価額 (AからLまでのうちの該当記号) | 地　積 | 総　　　　　額 (自用地1㎡当たりの価額) × (地積) | | | | |
| (E) 133,860 円 | 180 ㎡ | 24,094,800 円 | | | | M |

（注） 1 5-1の「間口が狭小な宅地等」と5-2の「不整形地」は重複して適用できません。
2 5-2の「不整形地」の「AからDまでのうち該当するもの」欄の価額について、AからDまでの欄で計算できない場合には、（第2表）の「備考」欄で計算してください。
3 「がけ地等を有する宅地」であり、かつ、「土砂災害特別警戒区域内にある宅地」である場合については、8-1の「がけ地等を有する宅地」欄ではなく、8-2の「土砂災害特別警戒区域内にある宅地」欄で計算してください。

（資4-25-1-A4統一）

不整形地の評価

　土地の形は、必ずしも四角く整った形（整形地）をしているわけではありません。四角く整った形をしていない土地のことを不整形地といい、整った四角い形から遠ざかれば遠ざかるほど、利用価値が低いと考えられ、評価は下がります。

　具体的な評価にあたっては、接している道路から垂線をおろし、この不整形地をとり囲む整形（正方形、長方形）な土地（想定整形地といいます）を作成して評価します。

【不整形地と想定整形地の例】

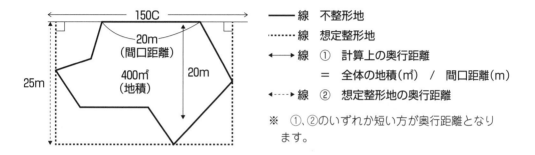

── 線	不整形地
⋯⋯ 線	想定整形地
◄──► 線 ①	計算上の奥行距離
	＝ 全体の地積（㎡）／ 間口距離（m）
◄⋯⋯► 線 ②	想定整形地の奥行距離

※　①、②のいずれか短い方が奥行距離となります。

　不整形地の評価は、次の算式で計算します。

> その土地が整形地であるものとして評価した1㎡あたりの価額　×　不整形地補正率　×　地積

　不整形地補正率は、以下の方法のいずれか小さい補正率を選択することができます。

① 不整形地として評価する方法

　不整形地補正率表の補正率　×　間口狭小補正率（小数点以下2位未満切捨て）

② 間口狭小で奥行長大な宅地として評価する方法

　間口狭小補正率　×　奥行長大補正率（小数点以下2位未満切捨て）

　なお、①不整形地として評価する方法における「不整形地補正率表の補正率」は、P88の「④不整形地補正率を算定する際の地積区分表」、「⑤不整形地補正率表」を用いて、次の手順で求めます。

　ⓐ　評価対象地を「④不整形地補正率を算定する際の地積区分表」に当てはめ、表のA・B・Cのいずれの地積区分に該当するかを判定

　ⓑ　かげ地割合を求める。

　　（想定整形地の地積　－　評価対象地の地積）／　想定整形地の地積

　ⓒ　地区区分、地積区分、かげ地割合を「⑤不整形地補正率表」に当てはめ、不整形地補正率を求める。

【不整形地の評価の計算例】

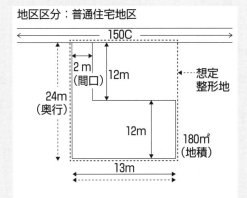

地区区分：普通住宅地区

・想定整形地の地積

　　間口距離　奥行距離
　　　13m　×　24m　=　312㎡

・奥行距離

① 　全体の地積　　　間口距離
　　　180㎡　　 /　　　2m

　　　　計算上の奥行距離
　　=　　　　90m

② 　想定整形地の奥行距離　24m

　　　① ＞ ②　∴奥行距離は24m

●不整形地として評価する方法

ⓐ 「④不整形地補正率を算定する際の地積区分表」（P88参照）を使って、A、B、Cのいずれの地積区分に該当するかを判定します。

　普通住宅地区で地積が180㎡なので、「普通住宅」、「500㎡未満」に該当し、地積区分はAとなります。

ⓑ かげ地割合を求めます。

　想定整形地の地積312㎡、宅地の地積180㎡なので、以下の算式により求めます。

$$\frac{想定整形地の地積\ 312㎡\ -\ 評価対象地の地積\ 180㎡}{想定整形地の地積\ 312㎡} = \frac{132㎡}{312㎡} = 42\%$$

ⓒ 「⑤不整形地補正率表」（P88参照）に地区区分、地積区分、かげ地割合を当てはめ、不整形地補正率を求めます。

　地区区分「普通住宅」、地積区分「A」、かげ地割合「42%」なので、不整形地補正率は0.85となります。

④ 不整形地補正率を算定する際の地積区分表

地区区分 地積区分	A	B
高 度 商 業	1,000m² 未満	1,000m² 1,500m² 以上
繁 華 街	450m² 未満	450m² 700m² 以上
普通商業・併用住宅	650m² 未満	650m² 1,000m² 以上
普 通 住 宅	500m² 未満	500m² 750m² 以上
中 小 工 場	3,500m² 未満	3,500m² 5,000m² 以上

⑤ 不整形地補正率表

地区区分 地積区分 かげ地割合	高度商業、 普通商業・併用住宅		普通住宅		
	A	B	A	B	C
10%以上	0.99	0.99	0.98	0.99	0.99
15% 〃	0.98	0.99	0.96	0.98	0.99
20% 〃	0.97	0.99	0.94	0.97	0.98
25% 〃	0.96	0.98	0.92	0.95	0.97
30% 〃	0.94	0.97	0.90	0.93	0.96
35% 〃	0.92	0.95	0.88	0.91	0.94
40% 〃	0.90	0.93	0.85	0.88	0.92
45% 〃	0.87	0.91	0.82	0.85	0.90
55% 〃		0.90		0.78	
60% 〃	0.76	0.86	0.70	0.73	0.78
65% 〃	0.70	0.80	0.60	0.65	0.70

第2編 財産評価、税制上の特例—専門家対応編—

●間口狭小で奥行長大な宅地として評価する方法（P101参照）

ⓐ　「⑥間口狭小補正率表」（P89参照）を使って、間口狭小補正率を判定します。

普通住宅、間口距離2mなので、間口狭小補正率は0.90となります。

ⓑ　「⑦奥行長大補正率表」（P89参照）を使って、奥行長大補正率を判定します。

普通住宅、奥行距離24mなので、0.90となります。

⑥　間口狭小補正率表

地区区分 間口距離m	ビル街	高度商業・併用住宅	普通住宅	中小工場
4未満		.80	0.90	.80
4以上 6未満	−	.97	0.94	.85
6 〃 8 〃	−		0.97	.90
8 〃 10 〃	0.95			5
10 〃 16 〃	0.97			7
16 〃 22 〃	0.98		1.00	.98
22 〃 28 〃	0.99			.99
28 〃	1.00			.00

⑦　奥行長大補正率表

地区区分 奥行距離 間口距離	ビル街	高度	普通住宅	中小工場	大工場
2以上3未満				0.98	1.00
3 〃 4 〃				0.96	0.99
4 〃 5 〃				0.94	0.98
5 〃 6 〃	1.00			0.92	0.96	1.00
6 〃 7 〃					0.94
7 〃 8 〃			0.90	0.92
8 〃				0.90

●不整形地補正率の選択

① 不整形地として評価した場合

不整形地補正率 0.85 × 間口狭小補正率 0.90 ＝ 0.76

② 間口狭小宅地として評価した場合

間口狭小補正率 0.90 × 奥行長大補正率 0.90 ＝ 0.81

③ ① ＜ ② よって不整形地補正率は0.76（0.6が限度）となります。

●評価額の計算

ⓐ 路線価 150,000円 × 奥行価格補正率 0.97 ＝ 145,500円

ⓑ ⓐ145,500円 × 不整形地補正率 0.76 ＝ 110,580円

ⓒ ⓑ110,580円 × 地積 180㎡ ＝ 19,904,400円

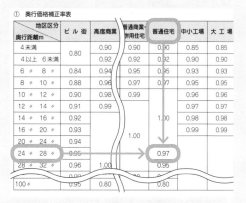

① 奥行価格補正率表

地区区分 奥行距離m	ビル街	高度商業	普通商業・併用住宅	普通住宅	中小工場	大工場
4未満	0.80	0.90	0.90	0.90	0.85	0.85
4以上 6未満		0.92	0.92	0.92	0.90	0.90
6 〃 8 〃	0.84	0.94	0.95	0.95	0.93	0.93
8 〃 10 〃	0.88	0.96	0.97	0.97	0.95	0.95
10 〃 12 〃	0.90	0.98	0.99		0.96	0.96
12 〃 14 〃	0.91	0.99			0.97	0.97
14 〃 16 〃	0.92			1.00	0.98	0.98
16 〃 20 〃	0.93		1.00		0.99	0.99
20 〃 24 〃	0.94					
24 〃 28 〃	0.95			0.97		
28 〃 32 〃	0.96	1.00		0.95		
	0.97					
100 〃	0.95	0.80		0.80		

「1路線に面している宅地の評価の例」（P91参照）に比較し、評価額が7,095,600円減少しています。

【評価明細書記載例】

土地及び土地の上に存する権利の評価明細書（第1表）

| | | 局（所） | 署 | 6 年分 | ○ ページ |

（平成三十一年一月分以降用）

| 所在地番 | （住居表示）（ ） 千代田区三番町 ×丁目△番 | 所有者 | 住所（所在地） 氏名（法人名） | | 使用者 | 住所（所在地） 氏名（法人名） | |

| 地目 | 宅地 山林 田 雑種地 畑 | 地積 180 ㎡ | 路 線 価 | | | | 地形図及び参考事項 |

正面 （奥行24.00m）150,000 円　側方 円　側方 円　裏面 円

| 間口距離 | 2 m | 利用区分 | 自用地 私道 貸宅地 貸家建付借地権 貸家建付地 転貸借地権 借地権 （ ） | 地区区分 | ビル街地区 高度商業地区 繁華街地区 普通商業・併用住宅地区 普通住宅地区 中小工場地区 大工場地区 |
| 奥行距離 | 24 m | | | | |

| 自用地1平方メートル当たりの価額 | 1 一路線に面する宅地　（正面路線価）　　　　　（奥行価格補正率）
150,000 円 ×　　0.97 | （1㎡当たりの価額）円
145,500 | A |
| | 2 二路線に面する宅地　（A）　　（側方・裏面 路線価）　（奥行価格補正率）　［側方・二方 路線影響加算率］ | （1㎡当たりの価額）円 | B |

> A欄で求めた1㎡当たりの価額をF欄に移記し、不整形地補正率を乗じて、1㎡当たりの価額を求めます。
> F欄の「不整形地」を適用する場合は、E欄の「間口が狭小な宅地等」には記載しません。

	3 三　　　（　　　）　　　路線影響加算率］	（1㎡当たりの価額）円	C
	4 四　　　（　　　）　　　路線影響加算率］	（1㎡当たりの価額）円	D
	5-1 間口（A）　　　円 × （ .　　× .　）	（1㎡当たりの価額）円	E

5-2 不整形地　（AからDまでのうち該当するもの）　不整形地補正率※

145,500 円 ×　　0.76

※不整形地補正率の計算
（想定整形地の間口距離）（想定整形地の奥行距離）（想定整形地の地積）
13 m × 24 m = 312 ㎡
（想定整形地の地積）（不整形地の地積）（想定整形地の地積）（かげ地割合）
312 ㎡ － 180 ㎡ ÷ 312 ㎡ ＝ 42.30 %

（不整形地補正率表の補正率）（間口狭小補正率）（小数点以下1位未満切捨て）
0.85 × 0.90 ＝ 0.76 ①
（奥行長大補正率）（間口狭小補正率）
0.90 × 0.90 ＝ 0.81 ②

［不整形地補正率（①、②のいずれか低い率、0.6を下限とする。）］ 0.76

（1㎡当たりの価額）円 110,580 F

| | 6 地積規模の大きな宅地　（AからFまでのうち該当するもの）　規模格差補正率※
円 ×　　0.
※規模格差補正率の計算
（地積（Ⓐ））（Ⓑ）　（Ⓒ）　（地積（Ⓐ））　（小数点以下2位未満切捨て）
｛（ ㎡× ＋ ）÷ ㎡｝× 0.8 ＝ 0. | （1㎡当たりの価額）円 | G |

| | 7 無　道　路　地　（F又はGのうち該当するもの）　　　（※）
円 ×（ 1 － 0. ）
※割合の計算（0.4を上限とする。）
（正面路線価）　（通路部分の地積）（F又はGのうち該当するもの）（評価対象地の地積）
円 × ㎡ ÷（ 円 × ㎡）＝ 0. | （1㎡当たりの価額）円 | H |

| | 8-1 がけ地等を有する宅地　〔 南 、 東 、 西 、 北 〕
（AからHまでのうち該当するもの）（がけ地補正率）
円 ×　　0. | （1㎡当たりの価額）円 | I |

| | 8-2 土砂災害特別警戒区域内にある宅地
（AからHまでのうち該当するもの）　特別警戒区域補正率※
円 ×　　0.
※がけ地補正率の適用がある場合の特別警戒区域補正率の計算（0.5を下限とする。）
〔 南 、 東 、 西 、 北 〕
（特別警戒区域補正率表の補正率）（がけ地補正率）（小数点以下2位未満切捨て）
0. × 0. ＝ 0. | （1㎡当たりの価額）円 | J |

| | 9 容積率の異なる2以上の地域にわたる宅地
（AからJまでのうち該当するもの）　　（控除割合（小数点以下3位未満四捨五入））
円 ×（ 1 － 0. ） | （1㎡当たりの価額）円 | K |

| | 10 私　　　道
（AからKまでのうち該当するもの）
円 ×　　0.3 | （1㎡当たりの価額）円 | L |

| 自用地の評価額 | 自用地1平方メートル当たりの価額（AからLまでのうちの該当記号）
(F) 110,580 円 | 地　積
180 ㎡ | 総　　　額
（自用地1㎡当たりの価額）×（地 積）
19,904,500 円 | M |

（注）1 5-1の「間口が狭小な宅地等」と5-2の「不整形地」は重複して適用できません。
　　　2 5-2の「不整形地」の「AからDまでのうち該当するもの」欄の価額について、AからDまでの欄で計算できない場合には、（第2表）の「備考」欄等で計算してください。
　　　3 「がけ地等を有する宅地」であり、かつ、「土砂災害特別警戒区域内にある宅地」である場合については、8-1の「がけ地等を有する宅地」欄ではなく、8-2の「土砂災害特別警戒区域内にある宅地」欄で計算してください。

（資4-25-1-A4統一）

　私道の評価

■ 一般的な私道の評価

私道は、下記のように形態によって、評価方法が異なります。

① 通り抜け私道

　不特定多数の者の通行の用に供されている私道は評価しません。

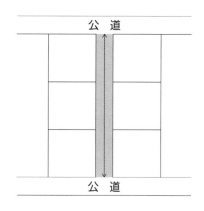

② 行き止まり私道

　特定の者のみが通行する私道は、原則として、その私道を宅地として評価した価額に30/100を乗じた金額により評価します。

　このような私道は、間口が狭く奥行きが長い場合が多いことから、一般的には間口狭小補正率や奥行長大補正率の適用（P101参照）があります。

　また、持分比率により按分する必要があります（右図の場合は1/6）。

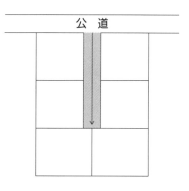

③ 専用私道

　宅地の所有者のみが通行する私道（いわゆる旗竿地）は、通常の宅地の一部として一体で評価します。私道としては評価せず、不整形地の評価（P103参照）と同じ方法で評価します。

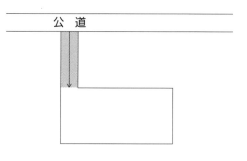

特定路線価を申請する場合の私道の評価

　路線価地域で、路線価の設定されていない道路にのみ接する宅地を評価する場合（下記例のＡ、Ｂ、Ｃ、Ｄのような土地が評価対象地の場合）には、納税地を所轄する税務署長に特定路線価の設定を申し出ることになります。税務署長はこの申出により、当該道路と接続する路線及びその付近の路線に設定されている路線価を基に、当該道路の状況等を考慮して特定路線価（下記例では125,000円）を評定します。

　特定路線価の設定には、概ね１か月程度の期間を要します。

　下記例のＡ、Ｂ、Ｃ、Ｄの土地は、特定路線価を正面路線価として評価することとなります。

　私道の評価については、前頁で説明しましたが、私道に特定路線価が付された場合には、その特定路線価を１㎡あたりの価額として計算した価額に30／100を乗じた金額によって評価することもできます。

【特定路線価を付された場合の行き止まり私道の評価の計算例】

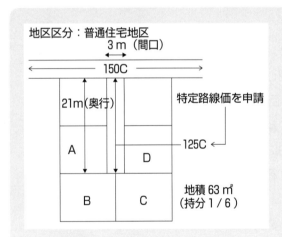

地区区分：普通住宅地区
3 m（間口）
150C
21m（奥行）
特定路線価を申請
125C
A
D
地積 63 ㎡
（持分 1 ／ 6）
B
C

　特定路線価　125,000円

　ⓐ　特定路線価 125,000円　×　0.3　＝　37,500円

　ⓑ　ⓐ 37,500円　×　地積 63㎡　×　持分 1/6　＝　393,750円

6　マンションの敷地

　マンションを購入した人は、土地を購入したという意識は薄いかもしれませんが、「敷地権」という権利を所有しています。「敷地権」とは、マンションなどの区分所有建物の所有者が持っている敷地の権利のことです。

　マンションの評価は、「建物」と「敷地」に分けて行い、それぞれの評価額の合計がマンションの評価額になります。

> マンションの評価額　＝　（1）建物の評価　＋　（2）敷地の評価

　ここでは、マンションの敷地の評価について説明します。建物の評価についてはP119を参照してください。

　従前のマンションの敷地の評価方法は、実際に取引されている価格（時価）と相続税法での評価額に大きな差があり、特に近年人気があるタワーマンションでは、市場価格は高額であるものの従前の評価方法では低い価格となることから節税対策に購入されることも多く、裁判になるなど社会的に問題となっていました。

　そのため、令和5年に評価方法が改正され、令和6年1月から適用されることとなりました。新しい評価方法では、時価の約6割の評価額になるとされています。

　このようにマンションの敷地の評価は、相続開始時期により、評価方法が異なり、それぞれ以下の算式により評価額を求めます。

▪ 従前の評価方法（令和5年12月31日までに相続が発生した場合の評価方法）

> マンションの敷地の評価　＝　①マンション全体の敷地の評価額　×　②区分所有者が有する敷地権の割合（共有持分の割合）

① マンション全体の敷地の評価額

路線価に各種補正を加えた1㎡あたりの価額　×　全部事項証明書の「表題部（敷地権の目的である土地の表示）」に記載された敷地面積

② 区分所有者が有する敷地権の割合

全部事項証明書の「表題部（敷地権の表示）」に記載された敷地権の割合

▨ 令和6年1月1日以後に相続が発生した場合の評価方法

マンション（地階を除く総階数が2以下のものや二世帯住宅などは上記の従前の評価方法により評価します。）は、上記の従前の評価方法に区分所有補正率を考慮した以下の算式により計算します。

```
マンションの敷地の評価

  =   ①マンション全体      ②区分所有者が有する
      の敷地の評価額    ×    敷地権の割合      ×  ③区分所有補正率

                    従前の評価方法
```

ステップ1：従前の方法で敷地の評価額を求める

①マンション全体の敷地の評価額に②区分所有者が有する敷地権の割合を乗じて従前の評価方法と同様に評価します。

ステップ2：「区分所有補正率」を求める

③区分所有補正率は、建物の全部事項証明書の記載事項（P112参照）を基に、国税庁ホームページに掲載されている計算ツール（エクセルファイル）「居住用の区分所有財産の評価に係る区分所有補正率の計算明細書」（次ページ参照）に必要事項を入力して求めます。

ステップ3：自宅マンションの評価額を求める

ステップ1で求めた従来の評価額に、ステップ2で国税庁ホームページの計算ツールを使って求めた「区分所有補正率」を乗じて、自宅マンションの敷地の評価額を求めます。

居住用の区分所有財産の評価に係る区分所有補正率の計算明細書

（住居表示）所在地番	（　　　　　　　　　　　　　　　　　　　　　　　　　）	（令和六年一月一日以降用）
家屋番号		

区分所有補正率の計算	A	① 築年数（注1）　　　　　　年			①×△0.033
	B	② 総階数（注2）　　　　　　階	③ 総階数指数（②÷33）（小数点以下第4位切捨て、1を超える場合は1）		③×0.239（小数点以下第4位切捨て）
	C	④ 所在階（注3）　　　　　　階			④×0.018
	D	⑤ 専有部分の面積　　　　㎡	⑥ 敷地の面積　　　　　㎡	⑦ 敷地権の割合（共有持分の割合）	
		⑧ 敷地利用権の面積（⑥×⑦）（小数点以下第3位切上げ）　　㎡	⑨ 敷地持分狭小度（⑧÷⑤）（小数点以下第4位切上げ）		⑨×△1.195（小数点以下第4位切上げ）
	⑩　評価乖離率（A＋B＋C＋D＋3.220）				
	⑪　評価水準（　1　÷　⑩　）				
	⑫　区　分　所　有　補　正　率（注4・5）				
備考					

（注1）　「① 築年数」は、建築の時から課税時期までの期間とし、1年未満の端数があるときは1年として計算します。
（注2）　「② 総階数」に、地階（地下階）は含みません。
（注3）　「④ 所在階」について、一室の区分所有権等に係る専有部分が複数階にまたがる場合は階数が低い方の階とし、一室の区分所有権等に係る専有部分が地階（地下階）である場合は0とします。
（注4）　「⑫ 区分所有補正率」は、次の区分に応じたものになります（補正なしの場合は、「⑫ 区分所有補正率」欄に「補正なし」と記載します。）。

区　　　分	区分所有補正率※
評　価　水　準　＜　0.6	⑩　×　0.6
0.6　≦　評　価　水　準　≦　1	補正なし
1　＜　評　価　水　準	⑩

　※　区分所有者が一棟の区分所有建物に存する全ての専有部分及び一棟の区分所有建物の敷地のいずれも単独で所有（以下「全戸所有」といいます。）している場合には、敷地利用権に係る区分所有補正率は1を下限とします。この場合、「備考」欄に「敷地利用権に係る区分所有補正率は1」と記載します。
　　　ただし、全戸所有している場合であっても、区分所有権に係る区分所有補正率には下限はありません。
（注5）　評価乖離率が0又は負数の場合は、区分所有権及び敷地利用権の価額を評価しないこととしていますので、「⑫ 区分所有補正率」欄に「評価しない」と記載します（全戸所有している場合には、評価乖離率が0又は負数の場合であっても、敷地利用権に係る区分所有補正率は1となります。）。

（資4－25－4－A4統一）

112

【具体例】

〈前提〉

路線価：470,000円／奥行距離：64.45m／間口距離：10.95m

地区：普通商業・併用住宅地区

相続発生日：令和6年4月1日

〈全部事項証明書〉

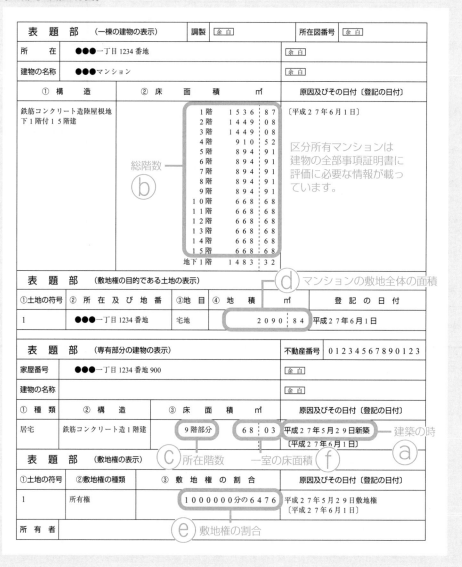

第2編　財産評価、税制上の特例─専門家対応編─

　国税庁の計算ツール（エクセルファイル）に全部事項証明書から必要な数値を入力し、区分所有補正率を求めます。

居住用の区分所有財産の評価に係る区分所有補正率の計算明細書

（住居表示）	（　　　　　　　　　　　　　　　　　　　　　　　　）
所在地番	●●●一丁目1234番地
家屋番号	●●●一丁目1234番地900

（令和六年一月一日以降用）

区分所有補正率の計算				
A	① 築年数（注1）　9 年			①×△0.033　△0.297
B	② 総階数（注2）　15 階	③ 総階数指数（②÷33）（小数点以下第4位切捨て、1を超える場合は1）　0.454		③×0.239（小数点以下第4位切捨て）　0.108
C	④ 所在階（注3）　9 階			④×0.018　0.162
D	⑤ 専有部分の面積　68.03 ㎡	⑥ 敷地の面積　2,090.84 ㎡	⑦ 敷地権の割合（共有持分の割合）　6,476／1,000,000	
	⑧ 敷地利用権の面積（⑥×⑦）（小数点以下第3位切上げ）　13.55 ㎡	⑨ 敷地持分狭小度（⑧÷⑤）（小数点以下第4位切上げ）　0.200		⑨×△1.195（小数点以下第4位切上げ）　△0.239
	⑩ 評価乖離率（A＋B＋C＋D＋3.220）			2.954
	⑪ 評価水準（1÷⑩）			0.3385240352
	⑫ 区分所有補正率（注4・5）			1.7724
備考				

（注1）「① 築年数」は、建築の時から課税時期までの期間とし、1年未満の端数があるときは1年として計算します。

　計算ツールで求めた区分所有補正率をP110の計算式に当てはめ、マンションの敷地の評価額を求めます。

① マンション全体の敷地の評価額

（正面路線価）　（奥行価格補正率）　（間口狭小補正率）　（奥行長大補正率）
470,000円　×　0.85　×　1.00　×　0.96　＝383,520円

（1㎡当たりの価額）　（敷地全体の面積）
383,520円　×　2090.84㎡　＝801,878,965円　（A）（小数点以下切捨て）

② 区分所有者が有する敷地権の割合

1,000,000分の6,476　（B）

③ 区分所有補正率

1.7724　（C）

　　（A）　　　　　　（B）　　　　（C）
801,878,965円×0.006476×1.7724＝　9,204,016円

1-7 土地の評価（宅地の利用形態による評価）

　宅地の利用形態は、自宅の敷地であったり、アパートの敷地、借地、貸地であったりとさまざまです。宅地の評価は、その利用形態ごとに、その状況を斟酌して評価するよう定められています。

　ここでは宅地の利用形態と、その評価方法について説明します。

自用地

　自用地とは、所有者の自由になる、土地に他の権利や制限等がない、右図のような宅地をいいます。自宅の敷地や空地、青空駐車場等の敷地が該当します。

　自用地であれば、路線価方式または倍率方式により評価した金額そのものが評価額となります。

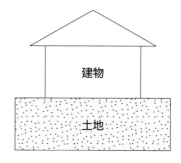

建物

土地

借地権

　借地借家法では借地権を、「建物の所有を目的とする地上権又は土地の賃借権」と定義しています。相続税の計算上も同様の解釈をしています。

　地上権は土地を直接的に支配できる強い権利です。この権利の所有者は、地主の承諾を得ることなく、地上権を登記し、第三者に譲渡し、賃貸することができます。

　賃借権は、賃貸人の承諾を得て土地を間接的に支配

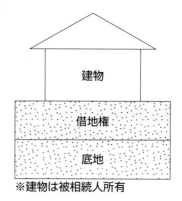

建物

借地権

底地

※建物は被相続人所有

する権利です。地上権と比較して権利は弱く、賃借権を登記する場合には地主の承諾が必要であり、第三者への譲渡、賃貸にも地主の承諾が必要です。

　現状では、地上権が設定されている物件はほとんどなく、賃借権が一般的です。

　上図の例では、建物所有者が借地権を持つことになります。

　借地権は、自用地評価額に借地権割合(※)を乗じて求めます。

> 自用地としての価額　×　借地権割合^(※)

※　借地権割合は評価対象地が所在する路線価図（P82参照）又は倍率表（P83参照）に記載されています。

　建物を建てる場合には、地主と契約書を結んでいるはずですから、借地権の範囲がどこまで及んでいるかなどは、契約書を確認すればわかります。

　相続財産に、土地はなくても建物の所有がある場合、借地権の有無を忘れずに確認しましょう。

※　親族間で行われるような使用貸借の場合、土地の使用権の価額は0円として取り扱われ、借地権は発生しません（P79コラム参照）。

貸宅地

　貸宅地とは、借地権の目的となっている宅地^(※)をいいます。

　右図の例では、被相続人の所有する土地（貸宅地）の評価は、底地部分となります。

　貸宅地の評価は以下の算式によります。

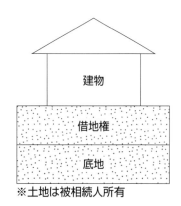

※土地は被相続人所有

> 自用地としての価額　×　（1　－　借地権割合^(※)）

※　借地権割合は評価対象地が所在する路線価図（P82参照）又は倍率表（P83参照）に記載されています。

　他人に土地を貸している場合、借りている人には土地を利用できる権利があるため、貸している人はその土地の利用が制限されます。そのため、自用地評価額から借地権割合が控除されます。

※　親族間で行われるような使用貸借の場合、土地の使用権の価額は0円として取り扱われ、借地権は発生しません。そのため、自用地としての評価額と同じになります（P79コラム参照）。

※　借地借家法上の借地権ではなく、民法上の賃借権の目的となっている宅地も貸宅地に該当します（たとえば、資材置場として賃貸している宅地等）。民法上の賃借権は借地借家法上の借地権に比較し、権利が微弱ですがその権利を土地の評価額から控除して貸宅地（底地）として評価できます。この際、契約期間や土地上の構築物（建物ではない）の有無等により評価額が変わりますので、詳しくは専門家に相談されることをおすすめします。

▦ 貸家建付地

貸家建付地とは、所有する土地に建築した家屋を他に貸し付けている場合の、その土地のことをいいます。

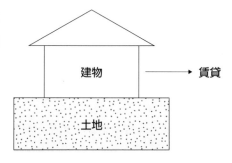

貸家建付地の評価は以下の算式によります。

$$\text{自用地として}\times\left[1-\frac{\text{借地権}}{\text{割合}^{(※1)}}\times\frac{\text{借家権}}{\text{割合}^{(※2)}}\times\text{賃貸割合}^{(※3)}\right]$$

※1　借地権割合は評価対象地が所在する路線価図（P82参照）又は倍率表（P83参照）に記載されています。

※2　借家権割合は現在30％です。

※3　賃貸割合は下記の算式で計算します。
賃貸されている各独立部分の床面積の合計 ／ 当該家屋の各独立部分の床面積の合計

【賃貸割合の計算例】

> 6部屋の共同住宅（1部屋あたり50㎡）のうち5部屋賃貸中
> 賃貸割合　＝　賃貸されている床面積 50㎡　×　5部屋 ／ 総床面積 50㎡　×　6部屋
> 　　　　　＝　250㎡ ／ 300㎡

　土地と建物の両方が自分の所有であったとしても、他人にその建物を貸している場合には、借りている人にも権利がある（敷地利用権）ので、貸している人はそれに応じて利用に制約を受けることになります。このような場合にも、上記のように一定の減額がなされます。

　また、賃貸割合とは、アパート等のように、貸家に各独立部分がある場合の賃貸状況のことをいい、空室部分がある場合には、借家権の減額は考慮されないのが原則です。

　ただし、相続の時点で、賃貸アパートに空室があった場合でも、空室になっている部分が、「継続的に賃貸されてきたもので、相続があったときに一時的に賃貸されていなかったと認められる」ときは、賃貸されているものとして貸家建付地の相続税評価を行うことができます。

一時的に賃貸されていなかったと認められるかどうかは、次のような項目を検討し、総合的に判断されます。

① 各独立部分が課税時期前に継続的に賃貸されてきたものであること

② 賃借人の退去後速やかに新たな賃借人の募集が行われ、空室の期間中、他の用途に供されていないこと

③ 空室の期間が、課税時期の前後のたとえば1か月程度であるなど、一時的な期間であること

④ 課税時期後の賃貸が一時的なものではないこと

上記は、あくまでも「総合的に判断する」ととされていることから、やはり専門家である税理士に相談するほうがよいでしょう。特にかなり長い期間空室であるようなケースは判断が難しく、専門家の判断を仰ぐべきかと思います。

> コラム　　**借地契約書がなかったら？**

先代からの借地で契約書が作成されていなかった場合、借地権はどのように取り扱われることになるのでしょう？

借地契約は口頭でも成立しますので、契約書がない場合でも、地代を地主に支払っているのであれば、借地権は存在します。また、借地人に相続が発生した場合には、相続人にその地位が引き継がれます。

しかし、契約書がない場合には、契約の細部について確認するのは困難です。このような場合、通常は地代の計算の根拠（たとえば１坪○○円）となる資料があるケースが多いので、その資料と建物の場所等から、借地権が及んでいる位置と面積を特定して評価します。なお、上記のような資料がない場合は、建物の場所と建物の敷地の利用状況等から簡易な実測を行って評価する等の方法が考えられます。後々の紛争を避けるためにも、相続の発生を機に、借地権の範囲について地主と話し合い、あらためて、書面で契約を取り交わすとよいでしょう。

【評価明細書記載例】

（前提）

　　自用地の価額：27,360,000円、借地権割合：70％、借家権割合：30％

　　賃貸割合：250㎡／300㎡

土地及び土地の上に存する権利の評価明細書（第２表）

（平成三十一年一月分以降用）

セットバックを必要とする宅地の評価額	（自用地の評価額） 円 － (（自用地の評価額） 円 × （該当地積）㎡／（総地積）㎡ × 0.7)	（自用地の評価額） 円	N
都市計画道路予定地の区域内にある宅地の評価額	（自用地の評価額） 円 × 0.　（補正率）	（自用地の評価額） 円	O

大規模工場用地等の評価額	○ 大規模工場用地等 （正面路線価） 円 × （地積）㎡ × （地積が20万㎡以上の場合は0.95）	円	P
	○ ゴルフ場用地等 （宅地とした場合の価額）（地積） (円 × ㎡×0.6) － （1㎡当たりの造成費）（地積） (円× ㎡)	円	Q

総額計算による価額	利用区分	算　式	総　額	記号
	貸宅地	（自用地の評価額）　　　（借地権割合） 円 × (1－ 0.　)	円	R
	貸家建付地	（自用地の評価額又はT）（借地権割合）（借家権割合）（賃貸割合） 27,360,000 円 × (1－ 0.70 × 0.30 × 250㎡／300㎡)	22,572,000 円	S
	目的となっている土地（権利の）	（自用地の評価額）　　　（　割合） 円 × (1－ 0.　)	円	T
	借地権	（自用地の評価額）（借地権割合） 円 × (1－ 0.　)	円	U
	貸家建付借地権	(U,ABのうちの該当記号) ( ) 円 × (1－ 0.　)	円	V
	転貸借地権	(U,ABの ( ) 円 × (1－ 0.　)	円	W
	転借権	(U,V,ABのうちの該当記号)（借地権割合） ( ) 円 × 0.	円	X
	借家人の有する権利	(U,X,ABのうちの該当記号)（借家権割合）（賃借割合） ( ) 円 × 0. × ㎡／㎡	円	Y
	権	（自用地の評価額）　　　（　割合） 円 × 0.	円	Z
	権利が競合する場合の土地	(R,Tのうちの該当記号)（　割合） ( ) 円 × (1－ 0.　)	円	AA
	他の権利と競合する場合の権利	(U,Zのうちの該当記号)（　割合） ( ) 円 × (1－ 0.　)	円	AB

> 　自用地の価額は評価明細書の第１表で計算します。その後、この第２表で貸家建付地の計算をします。

備考	

（注）　区分地上権と区分地上権に準ずる地役権とが競合する場合については、備考欄等で計算してください。

財産の評価

1
8　家屋等の評価

　家屋の評価は、固定資産税の評価証明書があれば、比較的容易にできます。しかし、家屋と一体になっていない設備等については、家屋とは別に評価が必要となってくることから注意が必要です。

　家屋

　家屋は利用形態に応じて下記のように評価します。

■ 自用家屋

　自用家屋とは、自分で所有し自ら使用している家屋をいいます。また、誰も利用していない空家なども自用家屋になります。

> 自用家屋の評価額　＝　固定資産税評価額　×　1.0倍

■ 区分所有建物

　被相続人が生活していたマンションの建物の評価は、住所地の自治体が発行する「固定資産税・都市計画税課税明細書」に記載されている「固定課税標準額」が評価額となります。

　なお、令和6年1月1日以後に相続が開始した場合の評価はP109のマンションの敷地の評価と同様の補正を行う必要があります。

> 区分所有建物　＝　固定資産税　×　1.0倍　×　区分所有
> の評価額　　　　評価額　　　　　　　　　補正率

【固定資産税・都市計画税　課税明細書　見本】

令和 5年度　固定資産税・都市計画税　課税明細書				お客様番号	2 頁

①区分	②所在・地番 同棟番号（区分）／家屋番号	仮分筆	③地目／種類 ④地積／床面積 ⑤構造・階層	⑥住宅区分／建築年	⑦敷地権等／建物番号(区分)(分子/分母)／同棟番号	（登記名義人氏名）
	⑧評価額 固定/都計		⑩軽減免税額 ⑪差引税相当額	⑫前年度課税標準額	⑬負担水準；小規／一般／非住	⑭備考
土地			宅地 600.00	非住宅用地		
	88,439,500 固定 56,548,600 都計 56,548,600		791,600 135,700	56,548,600 56,548,600	0.6000 0.6000	
家屋			居宅 94.00 鉄筋コンクリート造 1階建	R5建築	900 223300	
	11,426,400 固定 11,426,400 都計 11,426,400		159,900 27,000			
以下余白						

貸家・アパート

　賃貸契約を結んで人に家を貸している場合は、所有者に利用上の制限が出てくるため、下記の算式のように借地権や賃貸の割合に応じて評価が下げられます。

$$\text{貸家・アパートの評価額} = \text{自用家屋としての価額} \times \left[1 - \text{借家権割合}^{(※1)} \times \text{賃貸割合}^{(※2)} \right]$$

※1　借家権割合は現在30％です。

※2　賃貸割合＝賃貸されている各独立部分の床面積の合計 ／ 当該家屋の各独立部分の床面積の合計

【貸家の評価額の計算例】

　家屋の固定資産税評価額　10,000,000円

　賃貸割合　4/5（5部屋のうち4部屋入居、1部屋空室　÷　各部屋の床面積の合計と同じ）

　10,000,000円　×　1.0倍　×　（1　−　0.3　×　4/5）　＝　7,600,000円

　自用家屋に比較して240万円評価額が減少しています。

② 附属設備等

　家屋だけではなく、下記のような附属設備も相続税の課税の対象となります。全部事項証明書や固定資産税の課税明細などには記載がないので、忘れないようにしましょう。

▨ 家屋と構造上一体となっている設備

　電気設備、ガス設備、給排水設備など、家屋と構造上一体となっている設備は評価しません。これらは、固定資産税の課税明細で家屋に含めて評価されています。

▨ 門、塀等の設備

　家屋と一体になっていない門や塀などは、固定資産税評価額がわからないため、次のような算式で評価します。

$$\left[再建築価額 \ - \ \begin{matrix} 取得時から課税時期までの \\ 償却費合計額または減価の \\ 額（定率法による） \end{matrix} \right] \times \ 70/100$$

　※　再建築価額とは、課税時期においてその財産を新たに建築または設備するために要する費用の合計額をいいます。

　本来は、建築業者等に再建築価額を見積もってもらうのがよいですが、実務では一般的に取得時の価額で計算しています。

▨ 庭園設備

　庭園設備には、庭木、庭石、あずまや、庭池等が含まれます。これらも固定資産税評価額がわからないため、次のような算式で評価します。

$$再調達価額 \ \times \ 70/100$$

　庭園設備はその取得価額がわからないことがほとんどのため、造園業者に再調達価額を見積もってもらうのがよいと思います。

3 構築物

　構築物には、駐車場のアスファルト敷、フェンス、雨水を流す側溝が該当します。構築物は、次のような算式で評価します。

$$
\left[\text{再建築価額} \ - \ \begin{array}{c} \text{取得時から課税時期までの} \\ \text{償却費合計額または減価の} \\ \text{額（定率法による）} \end{array} \right] \times \ 70/100
$$

　※　再建築価額とは、課税時期においてその財産を新たに建築または設備するために要する費用の合計額をいいます。

　本来は、建築業者等に再建築価額を見積もってもらうのがよいですが、実務では一般的に取得時の価額で計算しています。

財産の評価

現金・預貯金の評価

現金・預貯金の評価は、それほど複雑ではありません。基本的には、死亡日の現金残高、預金残高がそのまま相続税評価額となります。

1　現金

相続開始日の通帳の現金残高が、相続税評価額になります。金融機関の貸金庫にある現金、自宅の引き出しなどにある「タンス預金」なども相続税の課税対象です。

また、相続開始前に通帳から入院費用や葬儀費用としてあらかじめ引き出した現金も、手許現金として相続財産に加える必要があります。

ただし、現実的には相続開始日の実際の現金残高を正確に把握することは困難です。そのため、実務的には下記のような方法で現金残高を計算しています。

【現金残高の計算例】

通常、自宅にある平均的な現金残高	⊕100,000円
△△銀行××支店（相続開始前6か月程度の引出額）	⊕4,000,000円
上記預金費消済額（通常の6か月間の生活費）	⊖1,800,000円（30万円（月）×6）
〃　　　　（医療費等）	⊖1,000,000円
合計	1,300,000円

※　上記の例では6か月間の引出額（及び費消済額）で計算していますが、必要に応じ、さらに長い期間（たとえば1年等）で計算することもあります。

② 預貯金

預金の種類によって、評価方法が異なってきます。各金融機関から相続日現在の残高証明書を取得し、残高を確認します。

普通預金、通常貯金等

相続開始日の残高が、相続税評価額になります。金融機関から残高証明書を発行してもらうことで確認することができます。

定期預金、定期郵便貯金等

定期預金、定期郵便貯金は、仮に相続日に解約した場合に支払われる、既経過利息金額を合計した金額が相続税評価額になります。利息から所得税や住民税が控除される場合は、控除後の金額が既経過利息として合計されます。

残高証明書の発行を金融機関に依頼するときに、既経過利息の計上も忘れずに依頼しましょう。

【残高証明書の例】

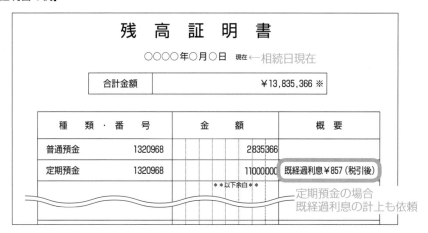

外貨預金

外貨預金は、相続開始日の残高に、預入先の金融機関が公表する相続開始日の最終の対顧客直物電信買相場（TTB）を乗じて円換算した金額が相続税評価額になります。

相続開始日が休日で相場がない場合は、相続開始日前の相場のうち、もっとも近い日の相場で計算します。

残高証明書の発行を依頼すれば、参考としてその日のTTBを記載してもらえます。

財産の評価

1
10

有価証券の評価

有価証券とは、財産的価値を持つ権利を表した証券のことをいいます。

ここでは主に上場株式、投資信託など、証券会社や銀行などで取引しているものを
ピックアップして説明します。

なお、企業オーナー等が所有している、上場されていない株式（非上場株式）につ
いての評価はとても複雑なため、専門家である税理士に依頼することをおすすめしま
す。

1　上場株式

上場株式とは、金融商品取引所に上場されている株式をいいます。

上場株式は次の算式で計算します。

> 1株あたりの金額×所有株式数

1株あたりの金額は次の①〜④の金額のうち、もっとも低い金額を適用して計算し
ます。

① 相続開始日の最終価格

相続開始日が休日で、最終価格がないときには、相続開始日前後の最終価格の
うち、もっとも近い日の最終価格を採用します。もっとも近い日の最終価格が前
後で2つあるときは、その平均額とします。

② 相続開始日の属する月の最終価格の平均額

③ 相続開始日の属する前月の最終価格の平均額

④ 相続開始日の属する前々月の最終価格の平均額

最終価格の平均額は、証券新聞などで調べることができます。税務署で閲覧す
ることも可能です。また、取引されている証券会社等で残高証明書と一緒に参考
値として添付されるケースもありますので確認されるとよいでしょう。

126

上場株式の評価を行う場合は、下記の評価明細書を使用するのが便利です（必ず使用しなければならないわけではありません）。税務署や国税庁のホームページから取得できます。

【上場株式の評価明細書の例】

上 場 株 式 の 評 価 明 細 書

銘　　　柄	取引所等の名称	課税時期の最終価格		最終価格の月平均額			評価額 ①の金額又は①から④までのうち最も低い金額	増資による権利落等の修正計算その他の参考事項
		月　日	① 価額	課税時期の属する月 ② 月	課税時期の属する月の前月 ③ 月	課税時期の属する月の前々月 ④ 月		
○○商事	東Ｐ	○月○日	305円	302	301	303	301円	
△△食品	〃	〃	502	500	505	506	500	

配当期待権

配当期待権とは、配当金交付の基準日の翌日から配当金交付に関する株主総会の決議の日までの間における配当金の交付を受けることができる権利をいいます。

3月決算の会社の場合、多くは6月の末ごろに株主総会が開かれ、配当を交付するかどうかも、この株主総会で決定されます。

ですから、決算日後の4月1日から株主総会の決議の日までの間に相続があった場合には、この配当期待権を株の評価額に加算する必要があります。配当期待権の計算は次のとおりです。

予想配当金額　－　源泉徴収税額

なお、相続税の申告期限は相続開始後10か月以内ですので、申告前には既に配当金は受領しています。上記予想配当金額及び源泉徴収税額は、実際に受領した配当金額及び差し引かれた源泉徴収税額で計算します。

公社債（個人向け国債）

公社債は、国や地方公共団体、企業などが資金調達のために発行する有価証券で、銘柄の異なるごとに評価します。

一般的な公社債は、上場されているものは相続開始日の最終価額、上場されていない場合は発行価額をもとに、仮に相続開始日現在で解約した場合の既経過利子額を加算して評価します（取引している証券会社で確認することができます）。

ここでは、公社債の中でも最も一般的な個人向け国債の評価について説明します。

個人向け国債は1万円から購入可能で、安全性が高く（元本部分の価格変動なし）個人が気軽に求めやすいものとなっており、保有している方も少なくありません。

個人向け国債の評価は下記の算式で計算します。相続開始日に仮に解約することを前提として評価します。

> 額面金額　＋　既経過利子額　－　中途換金調整額[※]

※　満期前に解約する場合に発生する調整額

個人向け国債の評価は上記の算式で計算しますが、財務省のホームページにある中途換金の計算を利用すれば、簡単に計算ができます。

 ## 証券投資信託受益証券

証券投資信託受益証券とは、証券投資信託法にもとづいて募集発行される証券で、主たる投資対象によって、株式投資信託、公社債投資信託、転換社債投資信託などに分けられています。

評価方法は下記のように分かれますが、どの評価方法に該当するかは、取引している証券会社等から送付されている取引報告書から判断できると思います。もしわからないようであれば、直接証券会社等に問い合わせて確認されるとよいでしょう。

▓ 日々決算型のもの（中期国債ファンド、MMF 等）

$$
\begin{array}{c}
\text{1口あたりの} \\
\text{基準価額}^{(※)}
\end{array}
\times
\text{口数}
+
\begin{array}{c}
\text{再投資されて} \\
\text{いない} \\
\text{未収分配金}
\end{array}
-
\begin{array}{c}
\text{未収分配金につき} \\
\text{源泉徴収されるべき} \\
\text{所得税の額に} \\
\text{相当する金額}
\end{array}
-
\begin{array}{c}
\text{信託財産} \\
\text{留保額} \\
\text{及び} \\
\text{解約手数料}
\end{array}
$$

※　1口あたりの基準価額（相続開始時の価値）や再投資されていない未収分配金は、取引している証券会社等から残高証明書を取得すれば、記載があります。

▓ 金融商品取引所に上場している証券投資信託

上場している場合は、上場株式と同じように次の算式で計算します。

$$
\text{1口あたりの金額} \quad \times \quad \text{所有口数}
$$

1口あたりの金額は上場株式の1株あたりの金額の適用と同様の考え方により計算します（P125参照）。

▓ 上場していない証券投資信託

$$
\begin{array}{c}
\text{1口あたりの} \\
\text{基準価額}
\end{array}
\times
\text{口数}
-
\begin{array}{c}
\text{課税時期において} \\
\text{解約請求等した場合に} \\
\text{源泉徴収されるべき} \\
\text{所得税の額に相当する金額}^{(※1)}
\end{array}
-
\begin{array}{c}
\text{信託財産留保額}^{(※2)} \\
\text{及び} \\
\text{解約手数料}
\end{array}
$$

※1　基準価額から個別元本（元々の出資額）を差し引いた金額に税率を乗じたもの

※2　投資信託ごとに異なります。所有している投資信託の購入時の説明書等で確認できます。

財産の評価

1
11 生命保険金等の評価

生命保険は、契約内容によって評価の方法が変わってきます。保険証券などで、保険料負担者や被保険者、受取人が誰であるかをしっかり確認する必要があります。

 ## 1 死亡保険金

被相続人の死亡により支払われる保険金は、保険契約に基づいて、指定された受取人に渡されます。民法上では、受け取った保険金は、保険金受取人の固有財産とされているため、被相続人の相続財産ではありません。そのため、遺産分割の対象財産にもなりませんし、相続を放棄していたとしても、死亡保険金を受け取ることができます。

死亡保険金は相続財産ではありませんが、預貯金などの相続財産と同じように、死亡を原因として財産を受け取ったことと事実上変わりないことから、相続税法では課税対象（一部非課税あり、P130参照）としています。

このように、民法上では相続財産とされていない場合でも、相続税の課税対象となる財産を「みなし相続財産」といいます。

▓ 課税対象金額

被相続人の死亡を保険事故として保険金が支払われる生命保険契約等で、保険料を実質的に被相続人が負担しているものについては、みなし相続財産として取り扱われ、相続税の課税対象となります。

$$\text{取得保険金額} \times \frac{\text{被相続人の負担保険料}}{\text{払込保険料の全額}}$$

▓ 剰余金等の取扱い

死亡保険金とともに受取人が取得する剰余金、割戻金、前納保険料は受取保険金として加算します（保険会社からの死亡保険金の支払明細書で確認できます）。

▓ 契約者貸付金等の取扱い

契約者貸付金、保険料の振替貸付金、未払込保険料及び利息は受取保険金から控除します（保険会社からの死亡保険金の支払明細書で確認できます）。

▓ 生命保険金の非課税制度

死亡保険金の受取人が相続人である場合、すべての相続人が受け取った保険金の合計額が次の算式によって計算した非課税限度額を超えるとき、その超える部分が相続税の課税対象になります。

> 500万円 × 法定相続人の数

なお、相続人以外の人が受け取った死亡保険金は、非課税の適用がありません。
したがって、相続を放棄した相続人には非課税の適用がありません。

> 生命保険金の合計額 － 500万円 × 法定相続人の数 ＝ ○○円
>
> 課税対象↑

【死亡保険金の支払明細書の例】

1　ご請求いただいた保険金等について

　ご請求いただきました保険金等につきましては、ご指定の口座へ次のとおりお支払い申し上げます。

■対象となる保険契約

保険証券（書）、記号番号	12345号
請求日	2024年　5月13日
支払（振込）予定日	2024年　5月21日
支払（振込）金額	2,521,524円

※　金融機関の都合などにより、実際の振込日は、「支払（振込）予定日」より遅れる場合があります。

※　ご請求をいただいた日から「支払（振込）予定日」までの間に、ご契約の内容に変更があった場合は、「支払（振込）金額」と実際の支払金額が異なる場合があります。

保険金額だけでなく、剰余金や貸付金などを加減算した額が相続評価額となります。

■支払（振込）金額の明細

支払対象保険金種類			死亡保険金
差引支払金額			2,521,524円
内訳		保険金額	2,500,000円
		契約者配当金額	21,524円
		未経過保険料額	0円
	差引額	未収保険料額	0円
		過払年金額	0円
		貸付金額	0円
		同利息額	0円
		源泉徴収税額	0円
		（復興特別所得税額）	（　　　　　　0円）
		特別徴収税額	0円

※　「源泉徴収税額」は「復興特別所得税額」を含んだ金額です。

生命保険契約に関する権利

　相続開始の時において、まだ保険事故が発生していないため保険金の支払いが実行されていない生命保険契約は、「生命保険契約に関する権利」として相続税の課税対象となる場合があります。

　課税対象となる「生命保険契約に関する権利」は、次の要件を満たすもので、評価方法は以下のとおりとなります。

　①　保険事故が未発生のもの（掛捨保険を除きます）

　②　被相続人が保険料の全部または一部を負担しているもの

$$\text{解約返戻金の額} \; + \; \text{前納保険料} \; + \; \text{剰余金の分配額} \; - \; \text{源泉徴収される所得税}$$

　なお、「生命保険契約に関する権利」として課税される場合には、生命保険金の非課税制度（P130参照）の適用はありません。

　「生命保険契約に関する権利」は、実際に保険金が支払われていないため認識がなく、申告漏れを起こしやすいので注意が必要です。通帳に保険会社への支払い記録があるときは、保険会社に契約内容を確認しましょう。

【「死亡保険金」と「生命保険契約に関する権利」との比較】

内　容	契約者	保険料の負担者	被保険者	取扱い	非課税適用
死亡保険金	被相続人	被相続人	被相続人	みなし相続財産	○
生命保険契約に関する権利	被相続人以外	被相続人	被相続人以外	みなし相続財産	×
	被相続人	被相続人	被相続人以外	本来の財産	×

【生命保険権利評価額証明書の例】

生　命　保　険　権　利　評　価　額　証　明　書

保険証券（書）記号番号	12345号
保険金額（年金額）	2,000,000円
評価年月日	令和6年6月1日
解約返戻（還付）金額	1,892,400円
契約者配当金額	37,988円
貸付金額	0円
貸付利息額	0円
未経過保険料額	101,678円
未払保険料額	0円
未払保険金額	0円
源泉徴収税額	0円
（再掲）復興特別所得税額	0円

これらを考慮した金額が
相続税評価額となります。

評価額　2,032,066円

令和6年　4月1日現在の権利評価額の算出は、上記のとおりであることを証明します。
令和6年　6月1日

　上の証明書を前頁の算式にあてはめると、次のようになります。

解約返戻金の額(※)（1,892,400円）　＋　前納保険料（101,678円）

＋　剰余金の分配額（37,988円）　－　源泉徴収される所得税（0円）　＝　2,032,066円

　※　仮に解約したとした場合の返戻金の額です。

12 退職金や弔慰金の評価

■ 死亡退職金

　会社に退職金の支給規定がある場合、在職中に死亡したことにより退職することとなった従業員に対しても退職金が支払われます。これを「死亡退職金」といいます。

　死亡退職金は、就業規則に定められた相手にのみ受け取る権利があるものとされているため、死亡保険金と同じく民法上は相続財産ではありません。

　しかし、死亡退職金も死亡を原因として財産を受け取ったことに変わりはありませんので、「みなし相続財産」として相続税の課税対象とすることとされています。

　相続財産の課税対象となる死亡退職金は、被相続人の死亡後3年以内に支給が確定したものと定められています。

　死亡後3年以内に支給が確定したものとは、次のものをいいます。

①　死亡退職で支給される金額が被相続人の死亡後3年以内に確定したもの

【図1】

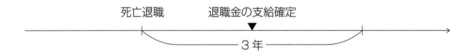

②　生前に退職していて、支給される金額が被相続人の死亡後3年以内に確定したもの

【図2】

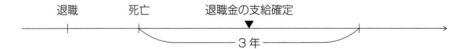

　死亡による退職手当等で、死亡後に支給期に到来するもののうち、みなし相続財産として相続税の課税対象となるものについては、所得税は課税されないこととされています。しかし、死亡した者の退職金であっても、死亡後3年を経過してから支給が確定したものについては、相続税の課税対象にはならず、遺族の一時所得として所得税の課税対象になります。つまり、同じ死亡退職金については、相続税と所得税の両方に課税されることはなく、退職金の支給時期によって相続税か所得税のどちらかが課税されることになります。

【図3】

なお、退職金とは、受け取る名目にかかわらず実質的に被相続人の退職金として支給される金品をいいます。したがって、たとえば株式や不動産など現物で支給されたものも含まれます。

弔慰金

被相続人の死亡によって受け取る弔慰金や花輪代、葬祭料などは、通常、相続税の課税対象になることはありません。

しかし、弔慰金という名目であっても、たとえば退職金規定がありながら死亡退職金は支給されず、弔慰金として支給された場合など、実質的に死亡退職金等に該当すると認められるときは、相続税の課税対象になります。

また、次の金額を超える部分についても死亡退職金として取り扱われ、相続税の課税対象になります。

①　業務上の死亡の場合……被相続人の死亡当時の普通給与の36か月分

②　業務上以外の死亡の場合……被相続人の死亡当時の普通給与の6か月分

死亡退職金の非課税制度

死亡退職金の受取人が相続人である場合、すべての相続人が受け取った死亡退職金の合計額が次の算式によって計算した非課税限度額を超えるときは、その超える部分が相続税の課税対象になります。

> 500万円　×　法定相続人の数

なお、相続人以外の人が受け取った死亡退職金は、非課税の適用がありません。したがって、相続を放棄した相続人には非課税の適用がありません。

> 死亡退職金の合計額　−　500万円　×　法定相続人の数　＝　○○円
>
> 課税対象↑

1-13 家庭用財産やその他の財産の評価

　土地や家屋、現預金、有価証券等以外に下記のような被相続人が購入した財産も、相続財産として相続税の対象となります。

■ 家財一式

　家庭用財産は、家具やテレビ、オーディオ器材、パソコン、その他の備品類等です。これらの財産は一般動産として下記のように評価します。

　① 原則

> 売買実例価額、精通者意見価格等を斟酌して評価します

　② ①の金額が明らかでないとき

> 新品小売価額 － 経過年数に応ずる償却費の額（定率法）

　①の原則的な方法は、その家財を売ろうとしたときに付けられる価格のことです。相続後、遺品整理業者に引取りを依頼する場合には、その引取金額になりますが、相続人が継続して使用するなど、すべての人が業者に引取りを依頼するわけではありません。

　実務では概算で評価しています（一般的には一式5万円～50万円程度）が、相続開始の直前に高価な家具などを購入している場合には、②の例外的な評価方法で評価するほうがよいでしょう。

■ 書画・骨董・宝石類

　著名な書道家や画家の書画や、価値がありそうな骨董品、宝石類等がある場合、売買実例価額、精通者意見価格等を斟酌して評価します。通常は取引のある画商や骨董品店、宝石店で価額を見積もってもらいます。なお、相続後、骨董品店、宝石店など

で引き取ってもらう場合には、その金額を相続評価額とします。

❖ 貴金属類（金・プラチナなど換金できるもの）

相続開始日の取引レートで評価します。取引レートは、インターネットで調べることができます。

❖ 車両

自家用車も家庭用財産と同様、一般動産として評価します。

① 原則

> 売買実例価額、精通者意見価格等を斟酌して評価します

② ①の金額が明らかでないとき

> 新品小売価額　－　経過年数に応ずる償却費の額（定率法）

※　一般車両の耐用年数　6年

❖ ゴルフ会員権

ゴルフ会員権は取引相場のあるもの、取引相場のないもの、プレー権のみのものに区分され、評価は以下のとおりとなります。

これらの区分は、ゴルフ会員権証書、ゴルフ会員権業者がインターネット上で公開している会員権情報で確認できます。また、ゴルフ会員権を発行している会社に問い合わせをすることもあります。

① 取引相場のある会員権

> 課税時期における通常の取引価格　×　0.7　＋　取引価格に含まれない預託金等の評価額^{（※）}

② 取引相場のない会員権

　イ　株式制（株主でなければ会員となれない会員権）

> 課税時期において株式として評価した金額

　ロ　併用制（株主であり、預託金等の預託も必要な会員権）

> 課税時期において
> 株式として評価した金額　＋　預託金等の評価額^{（※）}

　ハ　預託金制（預託金等の預託をしなければ会員となれない会員権）

> 預託金等の評価額^{（※）}

③ プレー権のみの会員権

> 評価しません

（※）　預託金等の評価額
　イ　課税時期において直ちに返還を受けることができる預託金等
　　　課税時期において返還を受けることができる金額
　ロ　課税時期から一定期間経過後に返還を受けることができる預託金等

$$\text{返還を受けることが} \atop \text{できる金額} \quad \times \quad {\text{課税時期から返還を受けることが} \atop \text{できる日までの期間（1年未満切上げ）} \atop \text{に応ずる基準年利率の複利現価率}^{(\text{注})}}$$

（注）　国税庁のホームページで確認できます。

▓▓ 未収入金

　本来であれば被相続人が受け取るべきお金が、相続後に入金等された場合には、相続税の課税対象となります。たとえば、サラリーマンだった夫の未収給与・未収賞与や医療保険の入院給付金、健康保険の還付金、所得税の還付金などが該当します。また、生前に不動産を貸し付けていた場合の、契約書記載の約定支払日に入金されていない家賃等が、未収家賃等として相続税の課税対象に含まれます。

　未収入金の評価額は、下記のとおりとなります。

> 相続後に実際に受領した金額

① 医療保険の保険金

　　入院した時に受け取る保険金、いわゆる医療保険（入院保険）は、多くの方は自分を受取人として保険料を支払っています。

　　入院後、そのまま亡くなられた場合、被相続人が受け取るはずであった保険金は相続人が代わりに受け取ることになります。この受け取った保険金は、未収入金として相続財産に加算します。

　　死亡保険金は非課税になる場合もあります（P129参照）が、未収入金として受け取った医療（入院）保険金には、生命保険金の非課税の適用はありません。

② 老人ホームの入居金

　　被相続人が老人ホームに入居していた場合、入居時に支払っていた金額の一部が死亡後に返還されるケースがあります。これらの返還される金額も未収入金として相続財産となります。

▶ **コラム**　　**故人の確定申告と相続税の関係**

　毎年、医療費控除などで確定申告をされる方も多いと思います。もし、年の途中で亡くなった方が身内にいた場合、その方の確定申告はどのようになるのでしょう？

　亡くなったからといって、確定申告が必要なくなるわけではありません。亡くなった方の確定申告はいわゆる「準確定申告」といって、亡くなった人に代わって相続人が申告することになります。申告期限は被相続人が亡くなった日から4か月以内にすることとされています。

　申告の内容は、生前の確定申告とほとんど変わりませんが、計算期間が通常は1月1日から12月31日までの1年間であるのに対し、準確定申告は1月1日から亡くなった日までの期間となります。ですから、年金収入だけで今まで申告されていなかった方も、年金の支払通知書に源泉所得税が控除されている場合は、その分税金が戻ってくる（短い期間で少ない年金収入の割に源泉徴収されている所得税が大きい場合）ことが多いです。この場合の還付金は相続財産となります。還付の申告の場合は、被相続人が亡くなった日から4か月を過ぎていてもできるので、ご自身で申告書を作成してみるのもよいでしょう。

　なお、納付となった場合は、債務となります。

2-1 贈与税のあらまし
暦年課税と相続時精算課税

　ここまで相続税について説明してきましたが、相続税を考える場合、贈与税についても理解しておく必要があります。

　贈与税には、生前贈与を通じて相続税回避を防止する相続税の補完として役割があります。したがって、相続税制と贈与税制は密接に関係しており、相続開始前の一定期間内に行われた贈与については、贈与税の課税有無に関係なく、相続税の計算に影響をもたらす場合もあります。以下、贈与税について説明します。

▨ 贈与とは

　贈与とは、渡す側（贈与者）が自己の財産を無償で相手方（受贈者）に与えることを、双方が認識することで成立します。個人間で一定の財産の贈与を受けた場合には「贈与税」の対象となります。

▨ 贈与税のしくみ

　贈与税は、1人の人が贈与の年の1月1日から12月31日までの間にもらった財産の合計額に応じて課税されます。

　贈与税の課税方式は、「暦年課税」と一定の要件を満たした場合に選択できる「相続時精算課税」の2種類があります。

 1 暦年課税

　暦年課税の場合、基礎控除額（＝贈与税が課されない金額）は110万円になりますので、1年間（1月1日から12月31日）にもらった財産の合計額が110万円以下の場合には、贈与税はかかりません。また、贈与税の申告も必要ありません。

　1年間にもらった財産の合計額が110万円を超える場合には、次の計算方法により贈与税額を算出し、申告期限（翌年の2月1日から3月15日）までに所轄税務署に申告書を提出し、納税することになります。

　なお、暦年課税は原則的な課税方法のため、あげる人（贈与者）、もらう人（受贈

者）に要件はありません。

暦年課税の計算方法

贈与税は以下の算式により計算します。

$$\left[\begin{array}{c}その年分の\\贈与財産の\\価額の合計額\end{array} - \begin{array}{c}基礎控除額\\110万円\end{array}\right] \times 税率 - 控除額 = 贈与税額$$

　贈与財産には特例贈与財産と一般贈与財産とがあり、それぞれ適用される税率が異なります。特例贈与財産とは、直系尊属（父母や祖父母など）から18歳以上の者に対し贈与された財産をいい、それ以外の贈与による財産を一般贈与財産といいます。特例贈与財産については特例税率、一般贈与財産には一般税率が適用されます。

　贈与税は累進税率となっているため、下記の速算表を利用すると便利です。たとえば基礎控除後の贈与財産の課税価格が300万円であった場合、200万円までは10%の税率、残りの100万円については15%の税率によって課税されます。

※　受贈者の年齢（18歳以上か否か）は贈与を受けた年の1月1日で判定します。

【特例税率の速算法】

基礎控除後の課税価格	税率	控除額
200万円以下	10%	
200万円超　400万円以下	15%	10万円
400万円超　600万円以下	20%	30万円
600万円超　1,000万円以下	30%	90万円
1,000万円超　1,500万円以下	40%	190万円
1,500万円超　3,000万円以下	45%	265万円
3,000万円超　4,500万円以下	50%	415万円
4,500万円超	55%	640万円

【一般税率の速算法】

基礎控除後の課税価格	税率	控除額
200万円以下	10%	
200万円超　300万円以下	15%	10万円
300万円超　400万円以下	20%	25万円
400万円超　600万円以下	30%	65万円
600万円超　1,000万円以下	40%	125万円
1,000万円超　1,500万円以下	45%	175万円
1,500万円超　3,000万円以下	50%	250万円
3,000万円超	55%	400万円

特例贈与財産と一般贈与財産を取得した場合の贈与税の計算は、以下の算式により行います。

$$A \ + \ B \ = \ 贈与税額$$

A： 合計贈与財産について特例税率の表を適用して計算した贈与税額 $\times \dfrac{特例贈与財産}{合計贈与財産（特例贈与財産 ＋ 一般贈与財産）}$

B： 合計贈与財産について一般税率の表を適用して計算した贈与税額 $\times \dfrac{一般贈与財産}{合計贈与財産（特例贈与財産 ＋ 一般贈与財産）}$

2 相続時精算課税

相続時精算課税は、次の要件を満たした親族間での贈与の場合に、選択することにより適用される制度です。

この制度では、贈与者が亡くなった時に、生前に贈与を受けていた財産と相続財産を合計した価額をもとに算出した相続税額から、既に納税している贈与税額を控除することで、相続時に精算します。したがって、相続税の前払いという側面もあります。

なお、一度この制度を選択すると、その後、同じ贈与者からの贈与については「暦年課税」へ変更することはできませんので、後の相続税への対応を考慮し、この制度を利用する場合は税理士に相談することをおすすめします。

相続時精算課税の適用を受けるための要件

相続時精算課税は、次の要件に該当する場合に、贈与者ごとに選択することができます。

① 贈与者

贈与をした年の1月1日において60歳以上の父母または祖父母

② 受贈者（＝申告・納税者）

贈与を受けた年の1月1日において18歳以上の者のうち、贈与者の直系卑属（子や孫）である推定相続人または孫

③ 申告方法

この制度を選択しようとする受贈者は、贈与税の申告期限内（贈与を受けた年の翌

年の２月１日から３月15日まで）に「相続時精算課税選択届出書」（P144）を贈与税の申告書に添付し、所轄の税務署に提出します。

　なお、令和６年１月１日以後の贈与からは贈与額が基礎控除以下となる場合は、贈与税の申告書を提出する必要がなくなりました。したがって、この場合は「相続時精算課税選択届出書」を単独で提出することになります。

144

相 続 時 精 算 課 税 選 択 届 出 書

○「相続時精算課税選択届出書」は、必要な添付書類とともに**申告書第一表及び第二表**と一緒に提出してください。

（令和2年分以降用）

税務署受付印

令和＿＿年＿＿月＿＿日

＿＿＿＿＿＿税務署長

受贈者	住所又は居所	〒　　　　　　電話（　　－　　－　　）
	フリガナ	
	氏名（生年月日）	（大・昭・平　　　年　　月　　日）
	特定贈与者との続柄	

私は、下記の特定贈与者から令和＿＿年中に贈与を受けた財産については、相続税法第21条の9第1項の規定の適用を受けることとしましたので、下記の書類を添えて届け出ます。

記

1　特定贈与者に関する事項

住所又は居所	
フリガナ	
氏　名	
生年月日	明・大・昭・平　　　年　　月　　日

2　年の途中で特定贈与者の推定相続人又は孫となった場合

推定相続人又は孫となった理由	
推定相続人又は孫となった年月日	令和　　年　　月　　日

（注）孫が年の途中で特定贈与者の推定相続人となった場合で、推定相続人となった時前の特定贈与者からの贈与について相続時精算課税の適用を受けるときには、記入は要しません。

3　添付書類

次の書類が必要となります。

なお、贈与を受けた日以後に作成されたものを提出してください。

（書類の添付がなされているか確認の上、□に✓印を記入してください。）

□　**受贈者や特定贈与者の戸籍の謄本又は抄本**その他の書類で、次の内容を証する書類

（1）　受贈者の氏名、生年月日

（2）　受贈者が特定贈与者の直系卑属である推定相続人又は孫であること

（※）1　租税特別措置法第70条の6の8（（個人の事業用資産についての贈与税の納税猶予及び免除））の適用を受ける特例事業受贈者が同法第70条の2の7（（相続時精算課税適用者の特例））の適用を受ける場合には、「(1)の内容を証する書類」及び「その特例事業受贈者が特定贈与者からの贈与により租税特別措置法第70条の6の8第1項に規定する特例受贈事業用資産の取得をしたことを証する書類」となります。

2　租税特別措置法第70条の7の5（（非上場株式等についての贈与税の納税猶予及び免除の特例））の適用を受ける特例経営承継受贈者が同法第70条の2の8（（相続時精算課税適用者の特例））の適用を受ける場合には、「(1)の内容を証する書類」及び「その特例経営承継受贈者が特定贈与者からの贈与により租税特別措置法第70条の7の5第1項に規定する特例対象受贈非上場株式等の取得をしたことを証する書類」となります。

（注）この届出書の提出により、特定贈与者からの贈与については、特定贈与者に相続が開始するまで相続時精算課税の適用が継続されるとともに、その贈与を受ける財産の価額は、相続税の課税価格に加算されます（この届出書による相続時精算課税の選択は撤回することができません。）。

作成税理士		電話番号	

※　税務署整理欄	届出番号	－	名簿					確認	

※欄には記入しないでください。

（資5－42－A4統一）（令4.12）

✂ 相続時精算課税の計算方法

　相続時精算課税は、相続時精算課税を選択した「贈与者ごと」に贈与税額を計算します。

① 基礎控除額

　令和6年1月1日以後の贈与は、受贈者ごとに下記②の特別控除額のほかに毎年110万円の基礎控除があります（すでに相続時精算課税を選択している人も対象です。）。複数の人から相続時精算課税を選択して贈与を受けた場合には、それぞれの贈与額に応じて110万円を按分します。

② 特別控除額

　贈与者ごとに2,500万円の特別控除額があり、同一の人からの贈与については2,500万円に達するまでは複数年にわたり何度でも控除することができ、贈与税がかかりません。贈与額が2,500万円を超えた場合には、超えた額に対して20%（一律）の贈与税が課されます。

> 1年間で贈与された
> 価額の合計額 － 基礎控除額 － 特別控除額 × 20%（一律） ＝ 贈与税額

　※前年以前に、すでに特別控除額を控除している場合は、残額が限度額となります。

CASE：令和6年から8年に父・母から贈与を受けた場合

　ここでは以下の家族を前提として、上記の暦年課税と相続時精算課税を利用し、令和6年から令和8年に贈与をした場合の具体例を確認していきます。

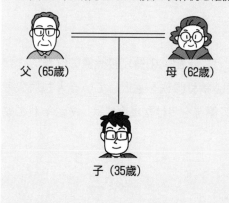

父（65歳）　　　母（62歳）

子（35歳）

- 令和6年1月1日時点で父（65歳）、母（62歳）、子（35歳）の家族です。
- 父と母からそれぞれ複数年にわたって子に贈与を行うこととします。
- 相続時精算課税の適用要件（年齢）を満たしているため、相続時精算課税選択届出書を提出すれば選択可能です。
- 暦年課税の場合には、特例税率の適用となります（P141参照）。

〈令和6年〉父から相続時精算課税、母から暦年課税で贈与を受けた

【令和6年1月】	【令和6年2月】	【令和6年9月】	【令和7年2月1日～3月15日】
父：65歳	父⇒子	母⇒子	・贈与税の申告書（父・母）
母：62歳	2,000万円	210万円	・相続時精算課税選択
子：35歳	（相続時精算課税）	（暦年課税）	届出書（父）を提出

【解説】

　子は、令和6年中に父から2,000万円、母から210万円をそれぞれ贈与で受け取りました。

　父からの贈与には相続時精算課税を選択し、母からの贈与には暦年課税を適用することとします。

　父からの贈与について、まず贈与額2,000万円から相続時精算課税の基礎控除110万円を控除します。基礎控除後1,890万円は、特別控除2,500万円以下となるため令和6年中に父から受け取った2,000万円には贈与税は発生しません。特別控除は610万円が繰り越されていきます（下記算式参照）。

　また、父からの贈与について相続時精算課税を初めて選択するため、申告期限内に贈与税の申告書とともに「相続時精算課税選択届出書」を提出する必要があります。

　母からの贈与については、贈与額210万円から暦年課税の基礎控除110万円を控除します。基礎控除後100万円に対して税率を乗じて贈与税額を計算します。今回、母から子への贈与は特例税率10%が適用され、母から受け取った210万円には、10万円の贈与税が発生します。

　母からの贈与は暦年課税を適用し、基礎控除額を超えているため「贈与税の申告書」を提出します。

【令和6年分の贈与税の計算】

［父からの贈与2,000万円（相続時精算課税適用初年度）］

基礎控除額　　110万円

基礎控除後　　2,000万円　－　　110万円　＝　　1,890万円

特別控除額　　2,500万円（限度額）　＞　　1,890万円（基礎控除後）　∴1,890万円

贈与税　　　　なし（1,890万円（基礎控除後）　－　　1,890万円（特別控除））　＝　　0円

翌年度以降へ繰り越す特別控除額　2,500万円　－　1,890万円　＝　610万円（→繰越）

［母からの贈与210万円（暦年課税）］

基礎控除額　　110万円

基礎控除後　　210万円　－　　110万円　＝　　100万円

贈与税　　　　100万円　×　　10％　＝　　10万円

〈令和7年〉父から相続時精算課税、母から相続時精算課税で贈与を受けた

【令和7年3月】 父⇒子 1,000万円 （相続時精算課税）	【令和7年10月】 母⇒子 1,000万円 （相続時精算課税）	【令和8年2月1日〜3月15日】 ・贈与税の申告書（父・母） ・相続時精算課税の選択 　届出書（母）

【解説】

　子は、令和7年中に父と母からそれぞれ1,000万円を贈与で受け取りました。

　父からの贈与にはすでに令和6年中に相続時精算課税を選択しているため暦年課税への変更はできません。令和7年からは、母からの贈与についても相続時精算課税を選択することとします。

　子は1年間に複数名から相続時精算課税による贈与を受けることとなるため、相続時精算課税の基礎控除110万円を贈与額に応じて按分する必要があります。今回の場合55万円（110万円×1,000万円/2,000万円）が父・母それぞれの基礎控除の金額となります。

　父からの贈与について、贈与額1,000万円から相続時精算課税の基礎控除55万円を控除します。基礎控除後945万円は、令和6年から繰越しとなっている特別控除610万円を超えるため、特別控除後335万円に対して税率20％（一律）を乗じた67万円が贈与税額となります（下記算式参照）。

　母からの贈与について、贈与額1,000万円から相続時精算課税の基礎控除55万円を控除します。基礎控除後945万円は、特別控除2,500万円以下となるため令和7年分の母から受け取った1,000万円には贈与税は発生しません。特別控除は1,555万円が繰り越されていきます。

また母からの贈与について相続時精算課税を初めて選択するため、申告期限内に贈与税の申告書とともに「相続時精算課税選択届出書」を提出する必要があります。

【令和7年分の贈与税の計算】

[父からの贈与1,000万円（相続時精算課税選択2年目）]

基礎控除額　55万円

基礎控除後　1,000万円　−　55万円　＝　945万円

特別控除額　610万円（限度額）　＜　945万円（基礎控除後）　∴610万円

贈与税　　　335万円（945万円（基礎控除後）　−　610万円（特別控除額））　×
　　　　　　20%（一律）　＝　67万円 ←

> 父が死亡して相続税が発生した場合は、この67万円が相続税から控除されます。

翌年度以降へ繰り越す特別控除額　0円

[母からの1,000万円（相続時精算課税適用初年度）]

基礎控除額　55万円

特別控除後　1,000万円　−　55万円　＝　945万円

特別控除額　2,500万円（限度額）　＞　945万円（基礎控除後）　∴945万円

贈与税　　　なし（945万円（基礎控除後）　−　945万円（特別控除））　＝　0円

翌年度以降へ繰り越す特別控除額　2,500万円　−　945万円　＝　1,555万円（→繰越）

〈令和8年〉父からの贈与はなく、母から相続時精算課税で贈与を受けた

【令和8年9月】
母⇒子
1,000万円
（相続時精算課税）

【令和9年2月1日〜3月15日】
贈与税の申告
（母）

【解説】

令和8年中に母から1,000万円を贈与で受け取りました。母からの贈与にはすでに令和7年中に相続時精算課税を選択しているため暦年課税への変更はできません。

令和8年中に、父からの贈与はありませんでした。

母からの贈与について、まず贈与額1,000万円から相続時精算課税の基礎控除110万円を控除します。基礎控除後890万円は、令和7年から繰り越してきた特別控除1,555万円以下となるため母から受け取った1,000万円には贈与税は発生しません。特別控除は665万円が繰り越されていきます。納税はありませんが、基礎控除額を超えるため、贈与税申告書を期限内に提出する必要があります。

【令和8年分の贈与税の計算】

[母からの贈与1,000万円（相続時精算課税適用2年目）]

基礎控除額　110万円

基礎控除後　1,000万円　－　110万円　＝　890万円

特別控除　1,555万円（限度額）　＞　890万円（基礎控除後）　∴890万円

贈与税　なし（890万円（基礎控除後）　－　890万円（特別控除））　＝　0円

翌年度以降へ繰り越す特別控除額　1,555万円　－　890万円　＝　665万円（→繰越）

> **コラム**　　**贈与税の申告内容の開示請求手続き**

　相続税申告の際、相続開始前の一定期間に受けた贈与や相続時精算課税の適用を受けた財産を相続財産に加算する必要がありますが、相続人が複数名いる場合は、自分以外の相続人がいつ、どのような財産を贈与されたかを把握することが難しいこともあるでしょう。また、贈与があった事実は把握できても、具体的な内容を確認できる申告書類を紛失している場合もあります。

　そのようなときには税務署に開示請求の手続きを行うことにより、相続税の申告時に必要となる他の相続人等が被相続人から受けた相続開始前の贈与、または相続時精算課税適用分の贈与にかかる贈与税の課税価格の合計額を調べることができます。請求先は、被相続人の死亡時の住所地を所轄する税務署で、請求手続きから2か月以内に開示されます。

　近年の相続税の申告では、相続時精算課税の適用を受けた財産の申告漏れの事案が多くなっています。特に令和6年1月1日から基礎控除が創設されたことで利用の増加が見込まれることから、申告漏れにならないよう、心当たりがある場合には早めに開示請求手続きを検討しましょう。

贈与税のあらまし

2 暦年課税の生前贈与加算

1 生前贈与加算とは

　被相続人から暦年課税により相続開始前一定期間内に贈与を受けた場合は、その贈与を受けた財産の価額を相続財産に加算して、相続税の計算をすることになります。これを「生前贈与加算」といいます。

【生前贈与加算の加算期間】

贈与の時期		加算対象期間
～令和5年12月31日		相続開始前3年間
令和6年1月1日～	贈与者の相続開始日	
	令和6年1月1日～令和8年12月31日	相続開始前3年間
	令和9年1月1日～令和12年12月31日	令和6年1月1日～相続開始日
	令和13年1月1日～	相続開始前7年間

　なお、令和5年度税制改正により、従来相続前3年だった加算期間が7年に延長されました。その経過措置として、延長される4年間に受けた贈与については、総額100万円までは相続財産に加算されません。

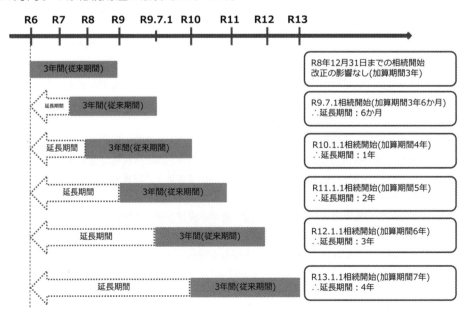

【生前贈与加算の加算期間の具体例】

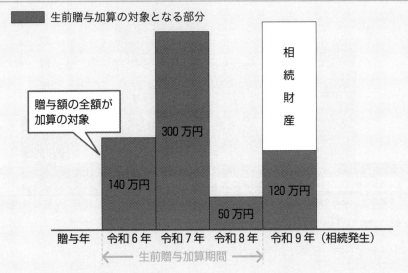

CASE 1：暦年課税で令和6年から令和9年の間に贈与を行い、令和9年に相続が発生した場合

贈与年	時期	贈与金額	贈与税の申告要否	相続税申告時の生前贈与加算
令和6年	相続発生3年前	140万円	必要	あり（140万円）
令和7年	相続発生2年前	300万円	必要	あり（300万円）
令和8年	相続発生1年前	50万円	不要（基礎控除110万円以下）	あり（50万円）
令和9年	相続発生年の贈与	120万円	※	あり（120万円）※

　このCASEでは、相続により財産を取得した相続人は令和6年から令和9年までの贈与額の合計額610万円を相続財産に加算して相続税額を計算し、その後既に納付済みの贈与税額を控除した額が相続税額となります。

※なお、相続発生年分の贈与については、以下のように取り扱うことになります。

○相続財産を取得する場合：相続発生年分の贈与額は相続税の課税対象になるため、贈与税の申告は不要になります。

○相続財産を取得しない場合：相続発生年分の贈与額は贈与税の課税対象となるため、贈与税の申告が必要になります。

CASE 2：暦年課税で令和6年から令和13年の間に贈与を行い、令和13年に相続が発生した場合（経過措置期間）

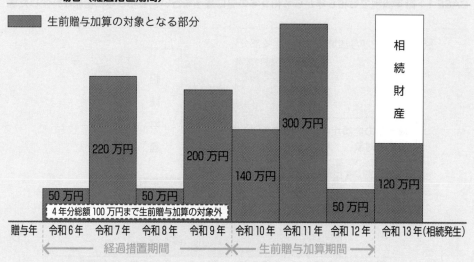

※令和6年中の贈与は、相続発生7年以内を前提とします。

贈与年	時期	贈与金額	贈与税の申告要否	相続税申告時の生前贈与加算^(注)	経過措置
令和6年	相続発生7年前の贈与	50万円	不要（基礎控除110万円以下）	あり（50万円）	△100万円
令和7年	相続発生6年前の贈与	220万円	必要	あり（220万円）	
令和8年	相続発生5年前の贈与	50万円	不要（基礎控除110万円以下）	あり（50万円）	
令和9年	相続発生4年前の贈与	200万円	必要	あり（200万円）	
令和10年	相続発生3年前の贈与	140万円	必要	あり（140万円）	－
令和11年	相続発生2年前の贈与	300万円	必要	あり（300万円）	－
令和12年	相続発生1年前の贈与	50万円	不要（基礎控除110万円以下）	あり（50万円）	－
令和13年	相続発生年の贈与	120万円	※	あり（120万円）※	－

（注）贈与税の申告要否と生前贈与加算の有無は異なりますので注意が必要です。

　このCASEでは、相続により財産を取得した相続人は令和6年から令和13年までの贈与額の合計額1,130万円から、生前贈与加算期間の延長に伴う経過措置の100万円を控除した1,030万円を相続財産に加算して相続税額を計算します。その後既に納付済みの贈与税額を控除した額が相続税額となります。

※相続発生年分の贈与については、P151を参照。

■ 相続が発生した年の贈与税・相続税の取扱い

　相続が発生した年の暦年課税による贈与は、贈与を受けた人がその相続により財産を取得するかどうかにより取扱いが異なります。

（例）子が父から210万円を贈与によって受取り、その年に父の相続が生じた場合

　　①　子が相続財産を取得した場合の贈与税⇒相続発生年の贈与税の申告は不要です。

　　②　子が相続財産を取得しない場合の贈与税⇒贈与税の申告が必要です。

　　　210万円－110万円＝100万円、100万円×10％＝10万円（納税額）

[子が相続財産を取得した場合の相続税]

　相続財産へ加算が必要となり、贈与金額（210万円）を相続財産に加算して計算します（生前贈与加算についてはP150参照）。

■ 孫への贈与

　相続開始前一定期間内に贈与が行われた場合には、贈与された財産の価額を相続財産に加算して相続税の計算をすることになりますが、その贈与を受けた人が「相続又は遺贈により財産を取得した者」でない場合には、生前贈与加算を行う必要はありません。

　たとえば、孫は法定相続人ではない（子が先に死亡したことにより、孫が代襲相続人になっている場合は除きます。）ので、遺言で遺贈されていなければ、孫への贈与は生前贈与加算の対象とはされません。

　したがって、相続税対策を考えるのであれば、相続開始前一定期間内の生前贈与加算の対象とならない孫への贈与は有効であると考えられます。

> ▶ コラム　　孫（養子縁組をしている場合など）への相続は2割加算
>
> 　相続人が一親等の血族や配偶者以外である場合には、相続税に20％の税額が加算されます。これを「相続税額の2割加算」といいます。
> 　孫が財産を取得すると、子に対する相続税の課税を飛び越えて、相続税を1回分免れる形になることや、相続人でない人が財産を取得することは偶然性が高いことなど、相続税の負担調整を図る趣旨から設けられた制度です。
> 　次のようなケースが、相続税額の2割加算の対象となります。
> ①　被相続人の兄弟姉妹が相続・遺贈で財産を取得したとき
> ②　代襲相続人でない孫が相続・遺贈で財産を取得したとき
> ③　被相続人と血縁関係がない第三者が遺贈で財産を取得したとき

相続税が軽減できる税制上の特例

3-1 はじめに

　前述したとおり、相続等により取得したすべての財産を評価し、その総額から債務や葬式費用等を差し引くことで遺産総額が確定します。この遺産総額が基礎控除額以下であれば、相続税を申告する必要はありません。遺産総額が基礎控除額を超えていれば申告が必要となりますが、申告が必要となることがすなわち、相続税を支払わなければならない、というわけではありません。

　相続税法等の税法には一定の要件を満たすことで税額を控除できる制度や、相続税を軽減できる各種の特例措置が設けられています。各相続人の実際の納付税額は、こうした控除制度や特例措置を適用した後に求められます。

　ただし、特例措置の適用にはさまざまな要件が付されており、適用可否については慎重に判断することが求められます。判断が難しいケースでは、税の専門家である税理士に相談しながら対応されることをおすすめします。

〈税額控除制度〉
1　相続時精算課税分の贈与税額控除（P231参照）
2　配偶者の税額軽減（P155参照）
3　未成年者控除（P235参照）
4　障害者控除（P235参照）
5　相次相続控除（P239参照）
6　外国税額控除

〈特例制度〉
1　小規模宅地等の特例（P160参照）
2　国等に対して相続財産を贈与した場合等の非課税制度
3　農地等の納税猶予制度
4　非上場株式等の納税猶予制度　　　　　　　　　　　など

　以下では、こうした税額控除制度と特例措置のうち、とりわけ適用件数も多く、身近である「配偶者の税額軽減」と「小規模宅地等の特例」について説明します。

相続税が軽減できる税制上の特例

配偶者の税額軽減

　配偶者が相続する場合には、将来的に次世代への相続が想定されること、また、被相続人の財産の形成に対する貢献、老後の生活の保障などを考慮して、他の相続人にはない税額軽減措置が設けられています。

1　制度の概要

　この制度は、被相続人の配偶者が相続により取得した財産の課税価格が次の金額のいずれか大きい金額以下である場合、配偶者に相続税はかからない制度です。

①　1億6,000万円

②　配偶者の法定相続分相当額（1億6,000万円を超えても可）

　つまり、配偶者だけが財産を取得し、その取得した財産が1億6,000万円以下であれば、相続税は生じません。

【配偶者に相続税がかからないケース】

○　相続人：配偶者、長男

○　遺産総額：1億5,000万円

○　基礎控除額：4,200万円（3,000万円 ＋ 600万円 × 2人（法定相続人数））

| 基礎控除額
4,200万円 | 課税価格が基礎控除額を超えているので相続税の申告は必要 |

| 課税価格　1億5,000万円 | ……▶ | 課税価格が1億6,000万円以下のため遺産のすべてを配偶者が取得すれば相続税はかからない |

| 配偶者の法定相続分（2分の1）
7,500万円 | いずれか大きいほうの金額まで配偶者に相続税はかからない |

| 1億6,000万円 |

◀―――――　配偶者の相続税がかからない部分　―――――▶

② 適用要件

　相続税の申告期限（相続開始から10か月）までに遺産分割や特定遺贈等により配偶者が実際に取得した財産に限り、適用が認められます。適用を受けるためには、相続税の申告書とともに次の書類を添付する必要があります。

　　○　遺産分割協議書、遺言書の写し

　　○　生命保険金及びその他の財産の取得の状況を証する書類等

　なお、申告期限までに分割されていない財産は、本制度を適用することはできません。申告期限までに分割されなかった財産については、申告書に「申告期限後3年以内の分割見込書」を添付したうえで、未分割であった財産について申告期限から3年以内に分割したときは、本制度を適用することができます。

　※　期限後申告や修正申告で、適用が受けられる場合もあります。

③ 適用時の留意点

　被相続人の死亡（1次相続）で配偶者が相続した財産は、その後の配偶者自身の相続（2次相続）が発生した際に、再び相続税の課税対象となります。2次相続では、配偶者は存在しないため、本制度を適用することはできず、相続税の負担は大きくなります。配偶者であれば税額が軽減できるからといって、1次相続で配偶者が多くの遺産を相続してしまうと、2次相続までをトータルで考え合わせると、結果的により多くの相続税を払うことにもなりかねません。

　遺産分割の際に2次相続を見据えた対策をすることで、結果的に相続税額を軽減することが可能となるケースもありますで、税理士に相談することをお勧めします。

　以下に、同じ遺産総額を1次相続で「配偶者がすべて相続した場合」と「法定相続分で相続した場合」のシミュレーションを行いましたので、参考にして下さい。このケースでは、1次・2次相続を合わせた相続税額で、約700万円の差が生じています。

【１次相続・２次相続を通してみたケース別比較】

被相続人　甲　遺産総額　１億5,000万円

相続人　　配偶者乙　財産総額　０円

　　　　　子Ａ

　　　　　子Ｂ

甲————乙

子Ａ　　　子Ｂ

CASE 1：1次相続で、配偶者乙がすべて相続した場合

１次相続（甲死亡時）　　0円

相続人　　　3人（配偶者乙、子Ａ、子Ｂ）

基礎控除額　3,000万円　＋　600万円　×　3人　＝　4,800万円

　　　　　　4,800万円　＜　１億5,000万円（甲の遺産総額）……申告義務あり

相続税額　　0円……１億5,000万円　≦　１億6,000万円（配偶者税額軽減適用可能額）

２次相続（乙死亡時）　　1,840万円

相続人　　　2人（子Ａ、子Ｂ）

基礎控除額　3,000万円　＋　600万円　×　2人　＝　4,200万円

　　　　　　4,200万円　＜　（0円（乙の遺産総額）

　　　　　　＋　１億5,000万円（甲からの相続財産））

　　　　　　……申告義務あり

課税価格　　１億5,000万円　－　4,200万円　＝　１億800万円

相続税額　　①　子Ａの法定相続分に応じた相続税額

　　　　　　　　１億800万円　×　1/2　×　30%　－　700万円　＝　920万円

　　　　　　②　子Ｂの法定相続分に応じた相続税額

　　　　　　　　１億800万円　×　1/2　×　30%　－　700万円　＝　920万円

　　　　　　③　①　＋　②　＝　1,840万円

※相続税額の計算方法については P184を参照。

１次相続		２次相続		合計
０円	＋	1,840万円	＝	1,840万円

CASE 2：1次相続で法定相続分（配偶者乙1/2、子A1/4、子B1/4）で相続した場合

1次相続（甲死亡時）　　747万5,000円

相続人　　　3人（配偶者乙、子A、子B）

基礎控除額　3,000万円　＋　600万円　×　3人　＝　4,800万円

　　　　　　4,800万円　＜　1億5,000万円（甲の遺産総額）……申告義務あり

課税価格　　1億5,000万円　－　4,800万円　＝　1億200万円

相続税額　　①　配偶者乙の法定相続分に応じた相続税額

　　　　　　　1億200万円　×　1/2　×　30%　－　700万円　＝　830万円

　　　　　　②　子Aの法定相続分に応じた相続税額

　　　　　　　1億200万円　×　1/4　×　15%　－　50万円　＝　332万5,000円

　　　　　　③　子Bの法定相続分に応じた相続税額

　　　　　　　1億200万円　×　1/4　×　15%　－　50万円　＝　332万5,000円

　　　　　　④　①　＋　②　＋　③　＝　1,495万円

　　　　　　⑤　配偶者税額軽減適用金額

　　　　　　　1,495万円　×　1/2　＝　747万5,000円

　　　　　　⑥　④　－　⑤　＝　747万5,000円

2次相続（乙死亡時）　　395万円

相続人　　　2人（子A、子B）

基礎控除額　3,000万円　＋　600万円　×　2人　＝　4,200円

　　　　　　4,200万円　＜　0円（乙の遺産総額）

　　　　　　＋　7,500万円（甲からの相続財産）

　　　　　　……申告義務あり

課税価格　　7,500万円　－　4,200万円　＝　3,300万円

相続税額　　①　子Aの法定相続分に応じた相続税額

　　　　　　　3,300万円　×　1/2　×　15%　－　50万円　＝　197万5,000円

　　　　　　②　子Bの法定相続分に応じた相続税額

　　　　　　　3,300万円　×　1/2　×　15%　－　50万円　＝　197万5,000円

　　　　　　③　①　＋　②　＝　395万円

1次相続	2次相続	合計
747万5,000円　＋　395万円　＝　1,142万5,000円		

〈CASE 1〉の事例では、1次相続では配偶者控除の特例適用により配偶者の相続税額は生じませんでしたが、配偶者に相続が発生した2次相続では、子Aと子Bの相続税額の合計額は1,840万円となりました。

これに対し、〈CASE 2〉では1次相続の段階で747万5,000円が課税されたものの、2次相続が発生した際の被相続人(配偶者)の遺産総額が7,500万円であったことから、子Aと子Bの相続税額の合計額は395万円となりました。1次相続の相続税額747万5,000円と2次相続の395万円の合計額は1,142万5,000円となり、結果的に〈CASE 1〉の事例の納税額と約700万円もの差が生じています。

つまり、配偶者の税額軽減制度を最大限に利用することが、すなわち相続税額を少なくする方法であるとは限りません。当面の相続税額が軽減できるからといって、1次相続の段階で安易に判断してしまうと、結果的に2次相続で多額の相続税を支払う必要性が生じる可能性もあります。

1次・2次相続をトータルで考えたときに、配偶者と子がどのような割合で相続することで、相続税額を総額抑制できるかを考える必要があります。

このような場合には、専門家である税理士に相談してみるのもよいでしょう。

【本例における一覧表による対比】

単位：千円

	妻取得割合	一次相続の遺産分割額		一 次 税 額		一次後妻財産残額		二次課税遺産総額	二次税率	二 次 税 額	一次二次税額合計
		妻取得額	子取得額	一次妻税額	一次子税額	固有財産	残 額				
1	0%	0	150,000	0	14,950		0	0	0%	0	14,950
2	20%	30,000	120,000	0	11,960		30,000	0	0%	0	11,960
3	30%	45,000	105,000	0	10,465		45,000	3,000	10%	300	10,765
4	40%	60,000	90,000	0	8,970		60,000	18,000	10%	1,800	10,770
5	50%	75,000	75,000	0	7,475		75,000	33,000	15%	3,950	11,425
6	60%	90,000	60,000	0	5,980		90,000	48,000	15%	6,200	12,180
7	70%	105,000	45,000	0	4,485		105,000	63,000	20%	8,600	13,085
8	80%	120,000	30,000	0	2,990		120,000	78,000	20%	11,600	14,590
9	90%	135,000	15,000	0	1,495		135,000	93,000	20%	14,600	16,095
10	100%	150,000	0	0	0		150,000	108,000	30%	18,400	18,400

3-3 小規模宅地等の特例

1 制度の概要

　小規模宅地等の特例は、個人が相続又は遺贈により取得した財産のうち、その相続の開始の直前において被相続人等^(※1)の事業の用^(※2)あるいは居住の用に供されていた宅地等で建物や構築物の敷地の用に供されているものがある場合に、一定の要件を満たすものは、限度面積までの部分について、相続する不動産の評価額を50～80％減額できる制度です。相続人の生活の基盤となる自宅や事業用の宅地を保護する趣旨で設けられています。

　※1　被相続人又は被相続人一人と生計を一にしていたその被相続人の親族
　※2　相当の対価を得て継続的に行う不動産の貸付けを含みます。

　この特例を正しく適用することで、相続税の課税価格の計算上、土地の評価額を大きく減額することが可能となります。

　ただし、適用に際しては、一定の要件が設けられていますので、それらの要件を満たしているかどうかを適切に判断することが重要です。近年は居住形態の多様化もあり、難しい判断を要する場合も多いので、事案が複雑な場合には、税理士に相談することをおすすめします。

> **コラム　生計一親族とは？**
>
> 　「生計を一にする」とは、必ずしも同居を要件とするものではありません。たとえば、勤務、修学、療養等の都合上別居している場合であっても、余暇には起居を共にすることを常例としている場合や、常に生活費、学資金、療養費等の送金が行われている場合には、「生計を一にする」ものとして取り扱われます。
>
> 　なお、親族が同一の家屋に起居している場合には、明らかに互いに独立した生活を営んでいると認められる場合を除き、「生計を一にする」ものとして取り扱われます。

適用要件

適用の可否を判断するにあたっては、対象となる宅地等の、

① 相続開始直前の利用状況

② 誰がその不動産を相続又は遺贈により取得したのか

の２点が大変重要になります。また、上記の①と②の組合わせにより、減額される評価額の割合が異なります（P162参照）。

なお、相続開始前一定期間内に贈与により取得した宅地等や相続時精算課税による贈与財産については、この特例の適用を受けることはできません。

以下に、特例の対象となる宅地等の範囲と取得者要件、限度面積要件について説明します。

宅地等の相続開始直前の利用状況（小規模宅地等の４類型）

特例の適用を受けることができるのは、相続開始直前に以下の４類型のいずれかで利用されていた宅地等です。

① 特定居住用宅地等

・被相続人の居住の用に供されていた宅地等

・被相続人と生計を一にする被相続人の親族の居住の用に供されていた宅地等

② 特定事業用宅地等

・被相続人が事業を行っていた宅地等

・被相続人と生計を一にする親族の事業の用に供されていた宅地等

　※　基本的に相続開始前３年以内に事業用としたものは、特例適用できませんのでご注意ください。

③ 貸付事業用宅地等

・被相続人が貸付事業（不動産貸付業、駐車場業等）を行っていた宅地等

・被相続人と生計を一にする親族の貸付事業の用に供されていた宅地等

　※　基本的に相続開始前３年以内に貸付事業用としたものは、特例適用できませんのでご注意ください。

④ 特定同族会社事業用宅地等

・一定の法人の事業の用（「貸付事業」を除きます）に供されていた宅地等

　※　一定の法人とは、相続開始の直前において被相続人及び被相続人の親族等が法人の発行済株式の総数又は出資の総額の50％超を有している場合におけるその法人をいいます。

取得者要件（誰がその不動産を取得したのか）

上記の４類型に該当する土地には、それぞれ適用を受けられる相続人が定められています。

① 特定居住用宅地等 ……配偶者、同居または生計一親族、相続開始前３年以内に「自己またはその配偶者」、「３親等内の親族」、「特別の関係のある法人」の所有する国内にある家屋に居住したことのない親族（配偶者及び同居相続人がいない場合に限ります）

② 特定事業用宅地等 ……親族

③ 貸付事業用宅地等 ……親族

④ 特定同族会社事業用宅地等 ……法人の役員である親族

限度面積要件

特例を受けられる宅地等は、４類型に応じて限度面積が定められています。

① 特定居住用宅地等 ……330㎡

② 特定事業用宅地等 ……400㎡

③ 貸付事業用宅地等 ……200㎡（※調整計算があります）

④ 特定同族会社事業用宅地等 ……400㎡

上記の４類型の対応関係をまとめると、以下のとおりです。

４類型	相続人	減額割合	限度面積
特定居住用宅地等	・配偶者 ・同居または生計一親族 　……申告期限まで保有、居住 ・相続開始前３年以内に「自己またはその配偶者」、「３親等内の親族」、「特別の関係のある法人」の所有する国内にある家屋に居住したことのない親族（配偶者及び同居相続人がいない場合に限る） 　……申告期限まで保有	80%	330㎡
特定事業用宅地等	・親族 　……申告期限まで保有、事業継続	80%	400㎡
貸付事業用宅地等	・親族 　……申告期限まで保有、事業継続	50%	200㎡
特定同族会社 事業用宅地等	・法人の役員である親族 　……申告期限まで保有、事業継続	80%	400㎡

「特定居住用宅地等」の判定と特例適用の可否

「特定居住者用宅地等」の判定

　小規模宅地等の4類型の中で、とりわけ適用するケースが多い「特定居住用宅地等」のうち、被相続人の居住の用に供されていた宅地等について、特例を適用できるか否かの判断をフローチャートで整理すると以下のようになります。

【特定居住用宅地等の判定フローチャート】

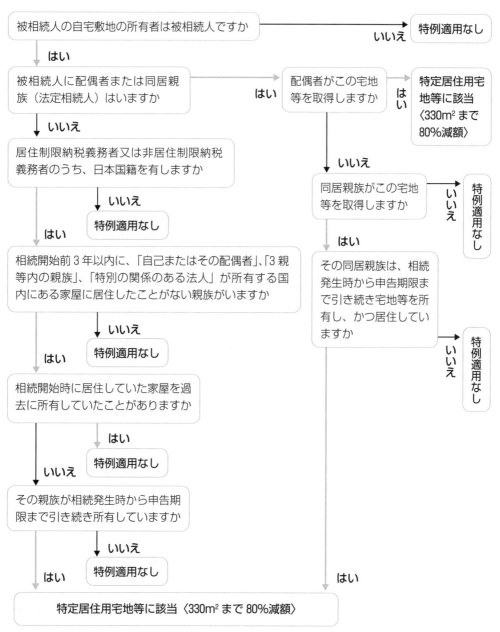

❖ 適用判定の具体例（特定居住用宅地等）

　小規模宅地等の特例が適用される、もっとも多いケースが、P161の４類型のうちの、「①　特定居住用宅地等」の「被相続人の居住の用に供されていた宅地等」です。以下では、具体例を用いて、適用の可否について見ていきます。

CASE 1：被相続人と配偶者、長男が同居している場合

・敷地　　：父所有　〈面積：250㎡〉

・建物X　：父所有

・被相続人：父……建物Xに居住

・相続人　：母……建物Xに居住（父と同居）　長男……建物Xに居住（父と同居）

　　　　　　　　　　　　　次男……他の賃貸マンションに居住（生計別）

この宅地は、被相続人である父の居住用宅地なので、特定居住用宅地等に該当します。

① 　母が相続した場合

　　母は、被相続人である父の配偶者になりますので、無条件で特例の適用があります。

② 　長男が相続した場合

　　長男は、同居親族に該当しますので、同居親族が相続した場合には、次の２つの要件をクリアすれば、特例の適用があります。

　　１つは、相続税の申告期限まで、その相続した土地を保有し続けることです。つまり、相続税の申告期限よりも前に土地を売却してしまうと、適用が受けられなくなります。

　　もう１つは、相続税の申告期限まで、居住し続けることです。つまり、相続発生時の状態を、相続税の申告期限まで継続することが要件となります。

③ 　次男が相続した場合

　　次男は、被相続人である父と同居しておらず、生計一親族でもありません。

　　父には、配偶者である母も、同居親族である長男もいるので、別居している場合は特例の適用がありません。

CASE 2：被相続人が単独で居住している場合

- 敷地　　：父所有〈面積：250㎡〉
- 建物X　：父所有
- 被相続人：父……建物Xに居住
- 相続人　：子……他の賃貸マンションに居住（相続開始前3年以上、生計別）

① 子が相続した場合

　　子は、被相続人である父と同居しておらず、生計一親族でもありません。

　　しかし、父には配偶者も同居親族もいないので、別居している子が相続する場合、相続税の申告期限まで、その土地を継続して保有することを要件に特例の適用があります。

> ### コラム　　家なき子とは？
>
> 　被相続人が配偶者もいなく同居相続人もいない一人暮らしのケースで、別居していた親族が被相続人の居住用宅地を相続した場合、相続前3年以内にその別居親族と別居親族の配偶者、その別居親族の3親等内の親族、その別居親族と特別の関係のある法人が所有する国内にある家屋に居住したことがなく、かつ、相続開始時に居住していた家屋を過去に所有したことがなければ、その別居親族は相続した被相続人の自宅敷地について、小規模宅地等の特例の適用を受けることができます。
>
> 　この相続前3年以内に持ち家を持っていない別居親族のことを、通称「家なき子」といいます。
>
> 　ただし、特例を受けるためには、相続税の申告期限まで相続した敷地を保有していることが要件となります。

■■ 特例適用による減額の具体例

　小規模宅地等の特例は、居住用宅地等の場合、減額割合が80％と、特例措置の中でもとりわけ大きく減額できる制度で、適用できるか否かで、納税額が大きく変わってきます。

　以下では、設例をもとに、具体的にどの程度減額できるのかを見ていきます。

CASE 3

・敷地全体：父所有〈面積：A宅地部分 150㎡、B宅地部分 150㎡　路線価：20万円〉

・建物　　：X…父所有、Y…父所有

・被相続人：父……建物Xに居住

・相続人　：母……建物Xに居住（父と同居）　長男……建物Yに居住（両親と別居、生計一）

　　　　　　　　　　　　　　　　　　　　　　次男……他の賃貸マンションに居住（生計別）

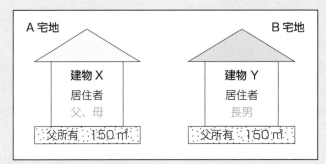

　A宅地は、被相続人の居住用の敷地、B宅地は、被相続人と生計を一にする親族の居住用の敷地となり、どちらも特定居住用宅地等に該当します。

　特定居住用宅地等は、母（＝配偶者）が相続した場合は、無条件で適用があります。

　生計一親族の長男がB宅地を相続した場合は、長男はB宅地を居住用として使用しており、要件を満たしていることから、申告期限まで保有していれば適用があります。一方、A宅地については、長男は居住用として使用しておらず、要件を満たしていないため、適用はありません。

　また、生計別親族の次男については、A宅地もB宅地も適用がありません。

　まとめると、下記の表のようになります。

	A宅地	B宅地	減額される金額
母（配偶者）が相続	○	○	▲4,800万円
長男（生計一親族）が相続	×	○	▲2,400万円
次男（生計別親族）が相続	×	×	0円

※　A宅地部分の減額される金額　路線価20万円 × 宅地面積150㎡ × 80% = 2,400万円
　　B宅地部分の減額される金額　路線価20万円 × 宅地面積150㎡ × 80% = 2,400万円

CASE 4

・敷地全体：父所有〈面積：A宅地部分 150㎡、B宅地部分 150㎡　路線価：20万円〉

・建物　　：X…父所有、Y…父所有

・被相続人：父……建物Xに居住（一人暮らし、母は父より前に死亡）

　　　　　　長男……建物Yに居住（父と別居、生計一）

　　　　　　次男……他の賃貸マンションに居住（生計別）

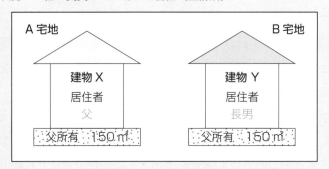

〈CASE 3〉と同様に、A宅地は被相続人の居住用の敷地、B宅地は被相続人と生計を一にする親族の居住用の敷地となり、どちらも特定居住用宅地等に該当します。

　母は父より前に死亡しているため、相続人は長男と次男のみです。

　生計一親族の長男が相続した場合、B宅地は〈CASE 3〉と同様、生計一親族の居住の要件を満たしているため、申告期限まで保有していれば適用があります。しかしこのケースでは、A宅地について、長男が取得する場合は小規模宅地等の特例の適用はありません。平成30年度改正により相続前3年以内に3親等内親族が所有している家屋に居住しているときは、持家をもたない親族に該当しないことになりました。次男は持ち家を持たない親族に該当し、申告期限まで保有していればA宅地については特例の適用があります。しかし、B宅地については、〈CASE 3〉と同様、生計別親族のため適用はありません。

　まとめると、下記の表のようになります。

	A宅地	B宅地	減額される金額
長男（生計一親族）が相続	×	○	▲2,400万円
次男（生計別親族）が相続	○	×	▲2,400万円

※　A宅地部分の減額される金額　路線価20万円 × 宅地面積150㎡ × 80％ ＝ 2,400万円
　　B宅地部分の減額される金額　路線価20万円 × 宅地面積150㎡ × 80％ ＝ 2,400万円

特定居住用宅地等の要件

▓ 二世帯住宅の場合

　以前は、完全分離型の二世帯住宅は構造上内部で行き来ができないため、子は親の同居親族とみなされず、子の居住部分に該当する敷地は、小規模宅地等の特例の適用を受けることができませんでした。

　しかし、平成26年1月1日以後の相続から、内部で行き来ができるか否かにかかわらず、全体として二世帯が同居しているものとみなして、その敷地全体について小規模宅地等の特例を適用することが可能となりました。

　ただし、二世帯住宅を建てたときに区分所有建物の登記がされている場合には、これまでと同様に親の居住部分に該当する敷地のみが特例の適用対象となり、子の居住部分に該当する敷地については本特例を適用することができませんので注意が必要です。

　区分所有の登記がされている場合は、登記内容を変更するなどの対策が必要となりますので、登記の状況を確認してみましょう。

▓ 老人ホーム等に入居した場合

　年齢を重ねると、今まで住んでいた家を離れて、老人ホーム等へ入居される方も少なくないと思います。老人ホーム等へ入居した場合、その老人ホーム等が「終の棲家」と考えられ、長年暮らしてきた家は、これまでは小規模宅地等の特例の適用を受けられないことがほとんどでした。

　しかし、平成26年1月1日以後の相続から、以下の2つの要件を満たす場合には、小規模宅地等の特例を適用することができることとなりました。

① 要介護、要支援等の認定を受けていた被相続人が老人ホーム等に入居等していたこと

　　要介護、要支援等の認定は相続開始時点で受けていればよく、老人ホーム等に入居した時点で受けている必要はありません。

② その家屋を事業の用[※1]又は被相続人等[※2]以外の者の居住の用に供していないこと

　　※1　貸付を含みます。
　　※2　被相続人と老人ホーム等に入居等の直前において生計を一にし、かつ、その建物に引き続き居住している親族を含みます。

　上記のように、居住形態の多様化、高齢化社会の進展によって、被相続人の相続開始後に配偶者が1人で長期間生活することも多くなりました。残された配偶者としては、今後の生活資金を確保しつつ、住み慣れた自宅での生活の継続を希望する者、老人ホーム等への入居を希望する者などさまざまなケースが想定されます。

　それぞれの相続人の置かれた状況等をできる限り勘案し、本特例のように残された相続人に配慮した特例を有効に活用した上で、遺産分割協議を進めるようにしましょう。

> **コラム**　　**配偶者居住権と小規模宅地等の特例**
>
> **1　配偶者居住権とは?**
> 　民法改正により、被相続人の死亡後の配偶者の生活維持のため、配偶者がそのまま建物に住み続けられることを確保するための新たな制度が創設されました。
> 　この配偶者居住権は、被相続人が遺言書で配偶者居住権を遺贈する意思表示をした場合や、相続人が遺産分割で配偶者に居住権を認めた場合に認められます。
> **【配偶者居住権の評価のイメージ】**
> 　建物と土地を長男が相続し、配偶者居住権を配偶者が相続した場合の建物の評価及び土地の評価と配偶者居住権との関係は次のようになります。
>
>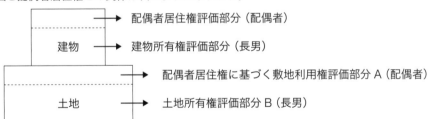
>
> **2　小規模宅地等の特例の適用は?**
> 　配偶者居住権に適用する小規模宅地の適用面積は、敷地全体の面積のうち敷地利用権（配偶者居住権対応分・上記イメージ図A）と敷地所有権（上記イメージ図B）の価額按分で対象面積を算定します。
> （例）
> ①土地の相続税評価額……5,000万円（敷地利用権2,000万円　敷地所有権3,000万円）
> ②相続内容……敷地利用権（配偶者が相続）　敷地所有権（長男が相続）
> ③土地の面積　300㎡
> ④小規模宅地等の特例適用面積
> 　敷地利用権……300㎡×2,000万円／5,000万円＝120㎡
> 　敷地所有権……300㎡×3,000万円／5,000万円＝180㎡

小規模宅地等の特例と遺産分割、申告手続き

　相続税の申告期限は、相続が発生してから10か月以内です。相続人や財産の調査をし、遺産分割の話し合いをしていると、あっという間に申告期限が来てしまいます。

　本特例の適用を受けるためには、相続税の申告書に、この特例を受けようとする旨を記載するとともに、「遺産分割協議書（又は遺言書）の写し」を添付することが必要です。なぜなら、特例を受ける宅地について遺産分割協議が終わっていることが要件になっているからです。

　もし、この特例の適用を受けようとする宅地が未分割の場合には、申告書に「申告期限後３年以内の分割見込書」を添付することとなります。

　※　期限後申告や修正申告で、適用が受けられる場合もあります。

コラム　相続した不動産をどう使用するかの検討

　相続財産に被相続人の自宅がある場合には、その家を誰が相続するのか、また、相続した後どのように使うのかについても、早めに検討しておく必要があります。

　相続した土地や建物をどうするかは、大きく２つあると考えられます。

　①　相続人が引き続き住む

　②　相続人は住まないので売却する

　被相続人と同居していた相続人等が自宅を相続し、引き続き居住する場合は、相続税の評価額が80％減になる小規模宅地等の特例が適用できます。

　相続後、引き続き居住する場合、家が老朽化していたり、建物の構造が現代の生活様式に合わないことも多いものです。その場合リフォームを検討することになると思われますが、居住用住宅をリフォームしたときには、リフォーム内容に応じて所得税の減税措置があります。

　相続で取得した不動産を売却（譲渡）する場合は、相続税の申告期限から３年以内であれば、相続税額の一定金額を取得費に加算することで譲渡所得にかかる税金が軽減される「相続財産を譲渡した場合の取得費の特例」があります。

　また、相続した家に住むことなく空き家のまま売却した場合には、要件を満たすことにより、売却で得た収益に係る譲渡所得の金額から最高3,000万円まで控除することができる「被相続人の居住用財産（空き家）に係る譲渡所得の特例」があります。

　「相続財産を譲渡した場合の取得費の特例」と「空き家に係る譲渡所得の特例」は、重複して適用することはできません。どちらかの選択適用となります。

　相続した家や土地をどのように使うのかは、個別の事情に応じて最終的には相続人の決めることですが、特例制度には適用できる期間や要件が定められているので、悩んだときは税理士に相談し、メリット等を十分理解した上で検討するとよいでしょう。

3　相続税が軽減できる税制上の特例

4　申告期限までに取得者が決まらない場合

　申告期限までに遺産分割が整わない場合は、「申告期限後３年以内の分割見込書」を添付した上で、いったん、未分割のまま相続税の申告・納税を行います。申告期限までに分割されなかった財産は、申告期限から３年以内に分割したときは特例の対象になりますので、分割のあった日の翌日から４か月以内^(※)に更正の請求を行い、納めた相続税の還付請求手続きを行うことになります。

　※　配偶者の税額軽減の場合は法廷申告期限から５年以内であれば分割のあった日の翌日から４か月を超えても更正の請求が可能です。

【申告期限後３年以内の分割見込書の記載例】

通信日付印の年月日	(確　認)		番　号	
年　月　日				

被相続人の氏名　　　　大蔵太郎

申告期限後３年以内の分割見込書

　相続税の申告書「第11表（相続税がかかる財産の明細書）」に記載されている財産のうち、まだ分割されていない財産については、申告書の提出期限後３年以内に分割する見込みです。
　なお、分割されていない理由及び分割の見込みの詳細は、次のとおりです。

　　１　分割されていない理由

　　　　調停中

　　２　分割の見込みの詳細

　　３　適用を受けようとする特例等

　　　① 配偶者に対する相続税額の軽減（相続税法第19条の２第１項）
　　　② 小規模宅地等についての相続税の課税価格の計算の特例
　　　　（租税特別措置法第69条の４第１項）
　　　⑶ 特定計画山林についての相続税の課税価格の計算の特例
　　　　（租税特別措置法第69条の５第１項）
　　　⑷ 特定事業用資産についての相続税の課税価格の計算の特例
　　　　（所得税法等の一部を改正する法律（平成21年法律第13号）による
　　　　改正前の租税特別措置法第69条の５第１項）

（資４－21－Ａ４統一）

相続税が軽減できる税制上の特例

5 特例の適用可否と納税の有無判断の流れ

　相続税の申告要否は、遺産総額が基礎控除額を超えるか否かによって判断されます。第1編で相続税の申告が必要と判断された場合、納めるべき税額が生じていることとなります。しかし、特例制度を有効に活用し、特例の要件を満たす相続人に対象となる遺産を分割することにより、納税額が生じないケースも出てきます。

　本編では特例制度のうち、「配偶者の税額軽減」と「小規模宅地等の特例」について説明しましたが、その判断プロセスを図式化すると以下のようになります。

【納税要否判断のフローチャート】

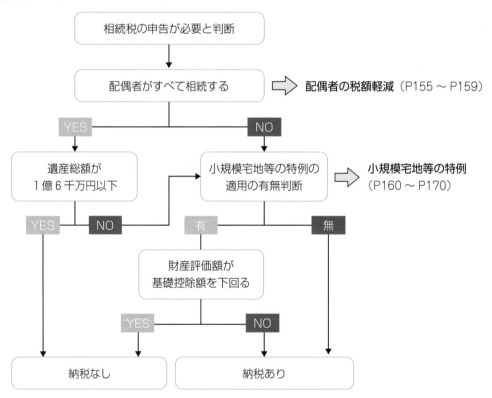

4
1
遺産分割について
財産を分ける3つの方法

「配偶者の税額軽減」や「小規模宅地等の特例」を適用する場合には、申告期限（相続発生から10か月）内に、誰がどの財産を相続するかを決めて申告書を提出しなければなりません。

被相続人の遺産を誰がどのように相続するのかを決めることを遺産分割といいます。

遺産分割には、「指定分割」、「協議分割」、「調停分割または審判分割」の3通りの方法があります。

指定分割（遺言書があった場合）

遺言書に書かれた指定どおりに分割する方法で、書かれている分割方法が法定相続分と異なっていても、遺言書に従って分割します。しかし、相続人全員の合意があれば、遺言書の指定とは異なる方法で分割することも可能です。また、遺留分の侵害額請求がある場合もかわってきます（P174コラム参照）。

協議分割

遺言による指定がない場合は、相続人全員による「遺産分割協議」を行います。法定相続分を目安に、「特別受益（※1）」や「寄与分（※2）」などを考慮して分割します。相続人全員の合意があれば、分割の方法について法律的に決まりはありません。

なお、相続人が1人でも欠けると、協議自体が有効に成立しません。そのため、相続人に未成年や行方不明者がいる場合、代理人を立てる必要があります。また、相続権を放棄した者や相続欠格、相続廃除の対象者は相続人でなくなるため、遺産分割協議に参加することはできません。

遺言書がある場合でも、遺産分割協議が必要になるケースもあります。

（※1）特別受益…　被相続人から遺贈や多額の生前贈与を受けた相続人がいた場合の、その利益のことを特別受益といいます。被相続人から「特別受益」を受けていると認められた場合は、被相続人の財産にその特別収益の価額を加えて相続財産を計算し、「特別受益」を受けた相続人は、法定相続分（または遺言で定められた相続分）から特別収益の額が控除されます。

（※2）寄与分……　被相続人の財産を増やすことなどに貢献した相続人がいた場合、法定相続分以上に分与する財産のことを寄与分といいます。寄与分が認められるのは、例えば被相続人の事業を手伝っていた場合、被相続人の看病に特に精を出し

ていた場合、被相続人の生活費を補助していた場合、などです。寄与分の額は、原則として相続人間の協議で決めます。協議で決まらない場合は、家庭裁判所に調停や審判を申立てて決めることになります。

❖ 調停分割・審判分割

遺産分割協議がどうしてもまとまらず争い事となった場合は、「遺産分割の調停」を家庭裁判所に申し立てます。

調停では、民事や家事の紛争の解決に有用な専門的知識経験をもつ調停委員が中立的な立場の第三者となって相続人の話し合いを仲立ちし、分割案をまとめるサポートをしてくれます。

調停でも遺産分割がまとまらない場合は、自動的に審判に移行します。審判に移行すると、家庭裁判所によって審判期日が指定され、その日に家庭裁判所へ出頭することになります。審判で和解した場合は、調停が成立したものとされ、裁判所によって調停調書が作成されます。審判の話合いで解決しない場合は、家庭裁判所の裁判官が遺産を分割することになります。

> ▶ **コラム**　**遺留分侵害額請求**
>
> 遺言書では、法定相続分とは関係なく、被相続人が自由に相続分を決めることができます。したがって、ときには遺言によって第三者に財産がすべて渡ってしまうようなことも起こり得ます。そうなると、被相続人の配偶者や子供には、不平等感や不信感、あるいは今後の生活への不安感が生じてしまいます。
>
> そこで民法では最低限相続できる財産を、遺留分として保証しています。遺留分が保証されている相続人は、配偶者と第1順位（子や孫）及び第2順位（父母など）の相続人です。法定相続人の第3順位である兄弟などは、遺留分を保証されていません。
>
> ただし、被相続人が遺留分を侵害する遺言を残していたとしても、その遺言が当然に無効となるわけではありません。遺留分を侵害された相続人が、遺留分侵害額請求を行使することによって遺留分を確保することができます。この遺留分侵害額請求は、相続開始および遺留分を侵害する贈与または遺贈があったことを知ったときから1年以内に相手方に請求しなければ、権利が消滅します。
>
> なお、民法改正により、遺留分侵害額については金銭で請求（支払）することとされました。

4
2　遺産分割の方法

遺産分割について

　遺産分割では、住宅や土地など分割しにくい財産を含め、どのように公平に分割するかがポイントです。財産や相続人の事情を考慮した分割方法を考える必要があります。

　ここでは、「現物分割（単独）」、「現物分割（共有）」、「換価分割」、「代償分割」の4つの遺産分割の方法と、それぞれに対応した遺産分割協議書のサンプルを紹介します。

【遺産分割協議書の全体例】

遺産分割協議書

被相続人	大蔵太郎
戸籍	東京都千代田区三番町×丁目△番地
生年月日	昭和 20 年 10 月 3 日
死亡年月日	令和 6 年 4 月 1 日

　上記の者が死亡した事により開始した遺産相続の共同相続人である大蔵一男、財務好美は相続財産について次の通り遺産分割の協議を行い、下記の通り分割し取得する事に合意した。

> この部分に遺産分割協議により合意した内容の詳細を記載します。
> 次ページ以下に分割方式ごとの記載内容例を記しました。

　上記の協議を証するため、本協議書を2通作成して、それぞれに署名、押印し、各自1通保有するものとする。

令和 6 年 9 月 30 日

住所	東京都千代田区三番町×丁目△番地
生年月日	昭和 49 年 6 月 7 日
相続人	（長男）大蔵一男　　（実印）

住所	大阪府吹田市豊津町×丁目△番地
生年月日	昭和 51 年 8 月 9 日
相続人	（長女）財務好美　　（実印）

❖ 現物分割（単独）

　家と土地は長男に、預貯金は次男に、有価証券は長女になどと個々の財産を各相続人に分配する方法です。

　分割方法としてはもっとも単純でわかりやすく、財産をそのままの状態で相続できます。一方で、法定相続分による比率に見合う分割が難しいというデメリットがあり、相続人間の合意が得られるように調整する必要があります。

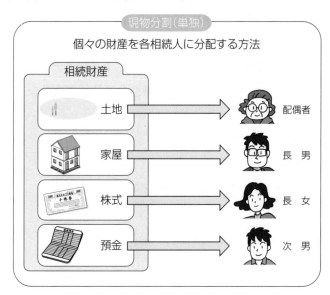

【現物分割（単独）のある遺産分割協議書サンプル】

1. 下記不動産は大蔵一男が取得する。（登記簿の記載どおりに明記する）
   1）東京都千代田区三番町×丁目△番　宅地 180.00 平方メートル
   2）同所所在家屋　木造瓦葺2階建て

2. 下記銀行預金は大蔵一男が取得する。（特定できるように具体的に明記する）
   1）A銀行○○支店　定期預金（口座番号 1234567）　1,000万円
   2）B銀行△△支店　普通預金（口座番号 9876543）　　300万円

3. 本協議書に記載なき資産及び後日判明した遺産については相続人大蔵一男がこれを取得する。

▦ 現物分割（共有）

　財産の一部、あるいは全部を相続人全員で共同で所有する分割方法です。不動産などは共有名義となります。

　相続人間においてもっとも公平な分割方法で、かつ、財産をそのままの状態で相続できます。ただし、相続後に相続財産を処分等する場合は、共同所有者である他の相続人との協議が必要となるなど、自由度は低くなります。また、それぞれの相続人において相続が生じることとなった場合に利害関係の調整が必要となるなどのデメリットがあります。

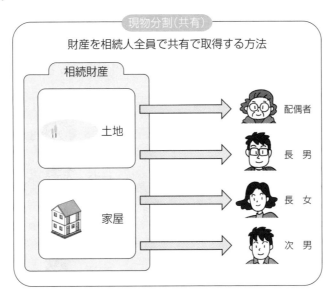

【現物分割（共有）のある遺産分割協議書サンプル】

> 1．下記不動産は大蔵一男が２分の１、財務好美が２分の１の割合で取得する。
>
> 　　　　　　　　　　　　　　　　　　　　　（登記簿の記載どおりに明記する）
>
> 　1）東京都千代田区三番町×丁目△番　宅地 180.00 平方メートル
> 　2）同所所在家屋　木造瓦葺２階建て
>
> 2．本協議書に記載なき資産及び後日判明した遺産については相続人大蔵一男がこれを取得する。

▒ 換価分割

すべての財産を売却し、金銭に換えて分割する方法です。

この方法も、「現物分割（共有）」と同様、相続人間において公平な分割を可能とします。ただし、財産現物を手許に残すことができず、土地・家屋などの売却に時間と手間がかかるなどのデメリットがあります。

また、相続財産の処分に伴い生じる譲渡益に、所得税や個人住民税などが課されます。

この方法は、現物分割による相続人間の相続財産の差額を調整・補てんする意味合いで、部分的に用いることも可能です。

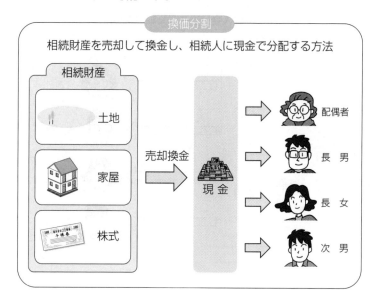

【換価分割のある遺産分割協議書サンプル】

1．下記不動産は大蔵一男が2分の1、財務好美が2分の1の割合で共有取得する。

（登記簿の記載どおりに明記する）

　1）東京都千代田区三番町×丁目△番　宅地 180.00 平方メートル
　2）同所所在家屋　木造瓦葺2階建て

2．大蔵一男、財務好美は、共同して前項の不動産を売却し、その換価金から売却に要する一切の費用を控除した残金を前項の共有持分割合に従って取得する。

3．大蔵一男、財務好美は、第1項の不動産を売却し買主に引き渡すまで、これを共同して管理することとし、その管理費用は、第1項の共有持分割合に従って負担する。

代償分割

　相続人の１人が財産の現物を相続し、他の相続人に相続分の差額を現金で支払う方法です。

　被相続人が事業を営んでいた場合には、相続財産に不動産や農地などの事業用資産が含まれています。そのような事業用資産を事業の承継者となる相続人に相続させる場合には、代償分割が有効です。代償分割により事業を承継する相続人が一括して事業用資産を相続することで、事業の継続性が担保されます。

　一方で、事業用資産を相続した相続人は、他の相続人の相続分を代償する必要が生じます。そのため個人の所有資産を処分せざるを得ない場合なども生じますし、その過程で所得税や個人住民税などが課される場合もあります。

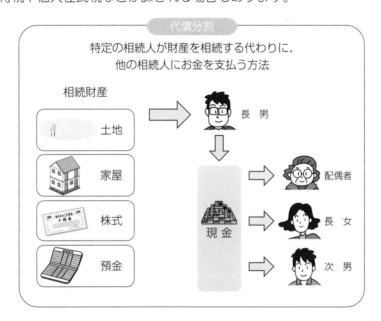

代償分割

特定の相続人が財産を相続する代わりに、
他の相続人にお金を支払う方法

相続財産

土地　家屋　株式　預金　→　長男　→　現金　→　配偶者／長女／次男

【代償分割のある遺産分割協議書サンプル】

> １．下記不動産は大蔵一男が取得する。（登記簿の記載どおりに明記する）
> 　　１）東京都千代田区三番町×丁目△番　宅地 180.00 平方メートル
> 　　２）同所所在家屋　木造瓦葺２階建て
>
> ２．下記銀行預金は大蔵一男が取得する。（特定できるように具体的に明記する）
> 　　１）Ａ銀行○○支店　定期預金（口座番号1234567）　　1,000万円
> 　　２）Ｂ銀行△△支店　普通預金（口座番号9876543）　　　300万円
>
> > ３．相続人大蔵一男は第一項に記載の遺産を取得する代償として財務好美に対し金1,000万円を令和６年９月30日までに支払うものとする。

遺産分割について

4 3 遺産分割のポイント

遺産分割協議の方法に決まりはありませんので、相続人全員が一堂に会して話合いで決めてもよいですし、全員が集まるのが困難な場合には、各相続人の意見・案を郵便や電話・ファックスなどで収集・調整し、合意を図る方法もあります。

【遺産分割の流れ】

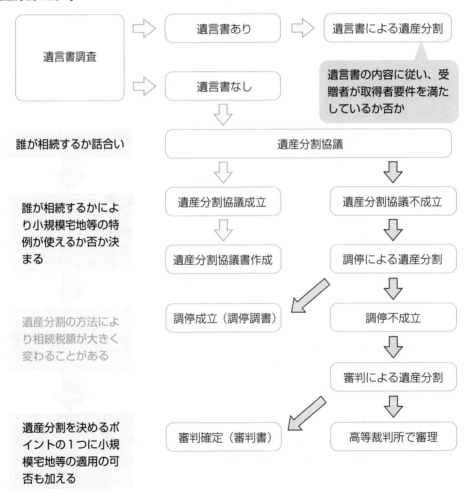

誰が相続するか話合い

誰が相続するかにより小規模宅地等の特例が使えるか否か決まる

遺産分割の方法により相続税額が大きく変わることがある

遺産分割を決めるポイントの1つに小規模宅地等の適用の可否も加える

5 専門家による総合的な判断（相続税の申告要否と納税の有無）

　相続財産の合計額（遺産総額）が基礎控除額以下の場合には、相続税は生じませんし、申告する必要もありません。

　しかし、税制上の特例を適用して計算した結果、相続税額が０円となった場合は、相続税の申告書を提出することが適用要件となっているため、相続税を納める必要がなくても、申告書は提出しなければなりません。

　相続税にかかる申告の要否、納税の有無の態様は、最終的には以下のいずれかのケースに帰結します。

　① 相続税を納める必要がなく、申告する必要もない

　　⇒ 遺産総額が基礎控除額以下である場合

　② 相続税を納める必要はないが、申告の必要がある

　　⇒ 遺産総額が基礎控除額以上であるが、特例の適用により税額が発生しない場合

　③ 相続税を納める必要がある（申告は必然的に必要となります）

　　⇒ 遺産総額が基礎控除額以上で、特例等を適用しても税額が生じる場合

　上記①〜③のいずれのケースでも、遺産総額を正確に算出するために財産をより詳細に評価し、評価額を下げることができれば、相続税を申告する上で有効となります。先に述べたとおり、一般的に財産の価額は詳細に評価すればするほど、評価額は下がり、結果として相続税額も減少します。したがって、③のような相続税額が生じるケースにおいても、財産の詳細な評価を行うことが重要です。

　ご自身で財産の評価、特例適用の可否が判断できる場合でも、専門家である税理士に相談すると、思わぬメリットを享受できるかもしれません。

　第3編では、第1編で準備した資料や、第2編で評価した財産・債務の価額などを用いて、申告書を作成します。

相続税申告書の作成と納税
―専門家対応編―

1 相続税額の計算手順

第1編での相続人の調査や財産・債務の調査、第2編での財産評価を終えたら、いよいよ相続税の申告書を作成します。

申告書の作成に入る前に、相続税の計算方法を確認しておきましょう。

相続税額の計算は、次の手順で計算していきます。

ステップ1：遺産総額の計算

財産・債務の調査をし、遺産総額を計算します。

$$\boxed{遺産総額} = \left[\begin{array}{l}・本来の相続財産\\・みなし相続財産\\・生前贈与財産\end{array}\right] - \left[\begin{array}{l}・債務\\・葬式費用\end{array}\right]$$

※ 詳しくは「第1編　3−3」（P64以降）をご参照ください。

ステップ2：課税遺産総額の計算

遺産総額から基礎控除額を差し引いて、課税遺産総額を求めます。

$$\boxed{課税遺産総額} = 遺産総額 - 基礎控除額$$

※ 詳しくは「第1編　3−1」（P60以降）をご参照ください。

このとき、課税遺産総額がマイナスであれば、相続税の申告は必要ありません。

ステップ3：各人の法定相続分に応じた取得金額の計算

　　相続税の総額の計算は、相続人が遺産を実際にどのように分割したかに関係なく、まずは法定相続分（P23以降参照）で分割したものと仮定して計算します。

　　具体的には、課税遺産総額に各人の法定相続分を乗じて、各人ごとの取得金額を計算します。

【法定相続分による取得金額の計算例】

> 　課税遺産総額（基礎控除後の金額）……1億円
>
> 妻　　　1億円　×　1/2　＝　5,000万円
>
> 長男　　1億円　×　1/4　＝　2,500万円
>
> 長女　　1億円　×　1/4　＝　2,500万円

ステップ4：相続税額の総額の計算

　　ステップ3で求めた金額に対する税額を、「相続税の速算表」を使って税額を計算します。これを合計したものが、相続税の総額になります。

　　ここまでは、実際に遺産分割が決まっていなくても計算できます。

　　相続税の申告期限までに遺産分割が決まらない場合でも、申告期限までに法定相続分で分割したものと仮定して申告・納税をしなければなりません。

◆ **税額の計算方法**

> 　各人の法定相続分に応じた取得金額　×　税率　－　控除額

【相続税の速算表】

各取得金額	税率	控除額
1,000万円以下	10%	0円
1,000万円超　3,000万円以下	15%	50万円
3,000万円超　5,000万円以下	20%	200万円
5,000万円超　1億円以下	30%	700万円
1億円超　2億円以下	40%	1,700万円
2億円超　3億円以下	45%	2,700万円
3億円超　6億円以下	50%	4,200万円
6億円超	55%	7,200万円

【相続税の総額の計算例】

妻　　5,000万円　×　20%　−　200万円　＝　800万円

長男　2,500万円　×　15%　−　50万円　＝　325万円

長女　2,500万円　×　15%　−　50万円　＝　325万円

相続税の総額

妻 800万円　＋　長男 325万円　＋　長女 325万円　＝　1,450万円

ステップ5：各人ごとの相続税額の計算

　ステップ4で計算した相続税の総額を、実際に相続した財産額に応じて按分し、各人ごとの相続税額を計算します。

　実際に多くの財産を取得した人が、納付税額も多く負担することになり、逆に、法定相続人であっても、財産を相続しなければ相続税を負担することはありません。

【相続人個別の税額の計算例】

相続税の総額……1,450万円

実際に相続した財産の割合に応じた相続税額

妻　　70%　　　1,450万円　×　70%　＝　1,015万円

長男　30%　　　1,450万円　×　30%　＝　　435万円

長女　 0%　　　1,450万円　×　 0%　＝　　　0 円

ステップ6：各人の納付税額の計算

　　ステップ5で計算した各人の相続税額から配偶者である場合は「配偶者の税額軽減」（P155以降参照）を適用し相続税額を減額することができます。また、次の①に該当する場合は相続税額が増額され、②～⑦に該当する場合は、相続税額が減額されます（下記②～⑥については、具体的な申告書の記載例を掲載していますのでご参照ください）。

① 　相続税額の2割加算

　　相続、遺贈や相続時精算課税にかかる贈与によって財産を取得した人が被相続人の一親等の血族（代襲して相続人となった孫を含みます）及び配偶者以外の人である場合には、その人の相続税額にその相続税額の2割に相当する金額が加算されます。

② 　相次相続控除（P239参照）

　　10年以内に相続があり、その相続で財産を取得し、かつ相続税を払っている人が死亡した場合、2次相続の相続人で一定の要件を満たす場合には、相続税の額から、一定の金額を控除できます。

③ 　未成年者控除（P235参照）

　　相続人が18歳未満の未成年者で、一定の要件を満たす場合には、相続税の額から、一定の金額を控除できます。

④ 　障害者控除（P235参照）

　　相続人が障害者で、一定の要件を満たす場合には、相続税の額から、一定の金額を控除できます。

⑤ 　暦年課税分の贈与税額控除（P224参照）

　　相続開始前一定期間内に贈与があり、相続財産にその贈与財産の価額を加算した場合において、その加算された贈与財産について贈与税が課されているときは、相続税の額からその贈与税の額を控除することができます。なお、本来贈与税の申告・納付が必要であるのに行われていない場合は、期限を過ぎていますが申告・納付を行い^{（※）}、それらの贈与税を相続税の額から控除することになります。

188

※　法定申告期限（贈与を受けた年の翌年３月15日）から６年（悪質な場合は７年）を経過している場合は、時効となります。

⑥　相続時精算課税分の贈与税額控除（Ｐ231参照）

　　相続時精算課税適用者に相続時精算課税適用財産について課せられた贈与税がある場合には、その人の相続税額からその贈与税額を控除することができます。相続税の申告の必要がない場合でも、相続時精算課税を適用した財産について既に納めた贈与税がある場合には、相続税の申告をすることにより還付を受けることができます。

⑦　外国税額控除

　　相続、遺贈や相続時精算課税にかかる贈与によって外国にある財産を取得したため、その財産について外国で相続税に相当する税金が課せられた場合には、その人の相続税額から一定の金額を控除することができます。

【相続税額の計算手順まとめ】

第１段階　～課税遺産総額の計算～

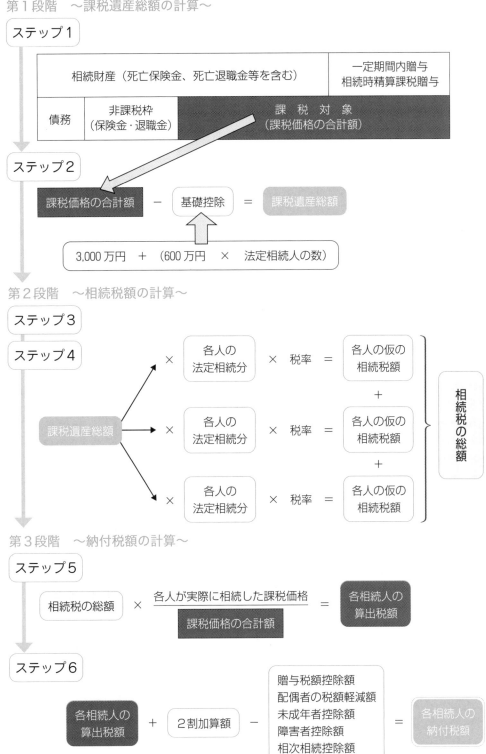

第３編　相続税申告書の作成と納税─専門家対応編─

2
1　申告書の作成手順

申告書の作成

申告書作成の流れ

　相続税の申告書（様式）は次頁に掲げるとおり、「第1表」から「第15表」とその付表により構成されています。大別すると、「第1表」から「第8表」までが「税額」を計算するための、「第9表」から「第15表」までが「財産や債務」を計算するための様式となっています。

　申告書の作成は、まず「第9表」から「第15表」を使って財産・債務を計算し、次に「第1表」から「第8表」を使って税額を計算していきます。その具体的な手順は、以下の図に示すとおりです。なお、本書では説明の便宜上、図中に示した1～4の手順で申告書作成の流れを説明します。

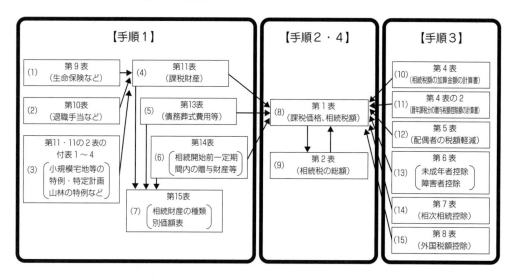

　まず、【手順1】で、相続税のかかる財産（「課税財産」といいます。）及び被相続人の債務等について、「第9表」から「第15表」を作成します。

　次に、【手順2】で、課税価格の合計額及び相続税の総額を計算するため、「第1表」、「第2表」を作成します。

　さらに、【手順3】で、税額控除の額を計算するため、「第4表」から「第8表」までを作成します。

　最後に、【手順4】で、「第1表」に税額控除額を転記し、各人の納付すべき相続税額を算定します。

作成手順	各種表番号	表及び付表名	計算手順	参照
手順2 & 手順4	第1表	相続税の申告書	ステップ5	P212・216・222
	第1表（続）	相続税の申告書（続）		
	（第1表の付表1～付表5）	（省略：「納税義務等の承継に係る明細書」など）	―	―
	第2表	相続税の総額の計算書	ステップ2/3/4	P214
	第3表	（省略）	―	―
手順3	第4表	相続税額の加算金額の計算書	ステップ6	―
	第4表の2	暦年課税分の贈与税額控除額の計算書		P229
	第5表	配偶者の税額軽減額の計算書		P219
	第6表	未成年者控除額・障害者控除額の計算書		P237
	第7表	相次相続控除額の計算書		P241
	第8表	外国税額控除額・農地等納税猶予税額の計算書		―
	第8の2表	株式等納税猶予税額の計算書		―
	（第8の2表の付表1～第8の5表）	（省略：「非上場株式等についての納税猶予の特例の適用を受ける特例非上場株式等の明細書」など）		―
手順1	第9表	生命保険金などの明細書	ステップ1	P196
	第10表	退職手当金などの明細書		P198
	第11表	相続税がかかる財産の明細書（相続時精算課税適用財産を除きます）		P202
	第11の2表	相続時精算課税適用財産の明細書・相続時精算課税分の贈与税額控除額の計算書		P233
	第11・11の2表の付表1	小規模宅地等についての課税価格の計算明細書		P200
	第11・11の2表の付表1（続）	小規模宅地等についての課税価格の計算明細書（続）		―
	第11・11の2表の付表1（別表）	小規模宅地等についての課税価格の計算明細書（別表）		―
	（第11・11の2表の付表2～付表4）	（省略：「小規模宅地等、特定計画山林又は特定事業用資産についての課税価格の計算明細書」など）		―
	第12表	農地等についての納税猶予の適用を受ける特例農地等の明細書		―
	第13表	債務及び葬式費用の明細書		P206
	第14表	純資産価額に加算される暦年課税分の贈与財産価額（略）の明細書		P227
	第15表	相続財産の種類別価額表		P208
	第15表（続）	相続財産の種類別価額表（続）		P209

第3編　相続税申告書の作成と納税―専門家対応編―

▓ 申告書作成の設例

以下では、下記の設例に基づき、申告書の記載方法を説明します。

> 令和6年4月1日に父（大蔵太郎）が亡くなりました。母（花子）と長男（一男）、長女（財務好美）の3人で父の財産を相続しました。父が残した財産、債務と遺産分割の内容は以下のとおりです。
>
> また、相続税の申告に当たり、母は「配偶者の税額軽減」、長男は自宅土地を相続する際に「小規模宅地等の特例」の適用を受けます。

(1) 家族構成と相続人関係図

父　　大蔵太郎……被相続人

母　　大蔵花子……被相続人の配偶者

長男　大蔵一男……被相続人と同居

長女　財務好美……結婚後、被相続人とは別居、別生計

【相続人関係図】

住所　東京都千代田区三番町×丁目△番地
出生　昭和20年10月3日
死亡　令和6年4月1日
（被相続人）
大 蔵 太 郎

住所　東京都千代田区三番町×丁目△番地
出生　昭和49年6月7日
（相続人）
大 蔵 一 男

住所　東京都千代田区三番町×丁目△番地
出生　昭和27年4月5日
（相続人）
大 蔵 花 子

住所　大阪府吹田市豊津町×丁目△番地
出生　昭和51年8月9日
（相続人）
財 務 好 美

※　本例における法定相続人は、上記3人に限るものとします。

(2) 財産・債務と遺産分割内容の一覧

【財産】

	種　類	明　細	所在場所	相続税評価額	取得者
①	土地	自宅敷地150㎡	千代田区三番町	22,500,000円	一男
②	家屋	自宅	千代田区三番町	5,000,000円	〃
③	現預金	現金	千代田区三番町	500,000円	花子
④		普通預金	A銀行○○支店	3,000,000円	〃
⑤		定期預金	A銀行○○支店	50,000,000円	花子30,000千円 一男10,000千円 好美10,000千円
⑥		普通預金	B銀行△△支店	5,000,000円	花子
⑦	家庭用財産	家財一式	千代田区三番町	101,500円	一男

⑧	生命保険金	死亡保険金	C 保険会社	10,000,000円	花子
⑨	退職金	死亡退職金	D 株式会社	10,000,000円	花子
⑩	その他	車		200,000円	好美

【債務・葬式費用】

	種 類	明 細	所在場所	負担金額	負担者
⑪	債務	公租公課	千代田区固定資産税	150,000円	花子
⑫		未払金	E 病院	150,000円	〃
⑬	葬式費用	通夜・葬儀代	F 葬儀社	1,000,000円	〃
⑭		お布施	G 寺	500,000円	〃

(3) 遺産総額の計算

本例に基づいた遺産総額は以下のとおりとなります。

① 本来の相続財産

　　①+②+③+④+⑤+⑥+⑦+⑧+⑩ ＝ 86,301,500円

② みなし相続財産

　　⑧+⑨ ＝ 0円

　　⑧⑨はそれぞれ非課税限度額以下であるため、課税財産は0円となります（相続税がかかりません）。

　　※非課税限度額

　　500万円 × 3人（法定相続人の数） ＝ 1,500万円

③ 債務

　　⑪+⑫ ＝ 300,000円

④ 葬式費用

　　⑬+⑭ ＝ 1,500,000円

　　遺産総額 ＝ （①+②） － （③+④） ＝ 84,501,500円

(4) 申告の有無

　基礎控除額 3,000万円 ＋ 600万円 × 3人（法定相続人の数） ＝ 4,800万円

　遺産総額が基礎控除額より大きいため、相続税の申告が必要となり、課税対象額（課税価格の合計額）は36,501,500円（84,501,500円－48,000,000円）となります。

　相続開始日は令和6年4月1日ですから、10か月後の令和7年2月1日が申告期限となります。

2　申告書の作成

手順１：課税価格の算出

【手順１】では、相続税のかかる財産（「課税財産」といいます）及び被相続人の債務等について、「第９表」から「第15表」を作成します。

（1）　みなし相続財産の課税価格の計算

　生命保険金や退職金等、民法上は相続財産とされていない場合でも相続税の課税対象となる「みなし相続財産」について、その課税価格を計算します。

　生命保険金の受取りがある場合は「第９表」、退職手当金の支給を受ける場合は「第10表」により、非課税金額を除いた課税金額を算出します。

　本設例では生命保険金の受取り、退職手当金の支給があるため、以下の各種表を作成します。

各種表番号	作成する申告書	用意する資料	参照
第９表	生命保険金などの明細書	生命保険金の支払明細書	P196
第10表	退職手当金などの明細書	退職手当金支給明細書など	P198

（2）　課税価格の計算の特例の適用を受ける場合

　小規模宅地等の特例など、課税価格の計算の特例を適用する場合には、それぞれの各種表を作成します。「第11・11の２の付表」等を用い、特例適用後の課税価格を算出します。

　本設例では長男（一男）が小規模宅地等の特例の適用を受けるため、以下の各種表を作成します。

各種表番号	作成する申告書	用意する資料	参照
第11・11の２表の付表１	小規模宅地等についての課税価格の計算明細書	土地の評価明細書	P200

（3）　相続税がかかる相続財産の算出

　次に、相続税がかかるすべての相続財産を「第11表」に記入します。上記（1）

（2）の相続財産については、計算後の価額を記載することに留意してください。また、「第11表」では遺産の分割状況や方式、分割後の財産を誰がどれだけ取得するか個別の明細、結果として相続人各人の取得財産の価額の合計等を記入します。

各種表番号	作成する申告書	用意する資料	参照
第11表	相続税がかかる財産の明細書（相続時精算課税適用財産を除きます）	財産目録や遺産分割協議書など	P202

（4）　債務及び葬式費用の控除及び生前贈与加算による調整

　被相続人の債務やその葬式費用などは相続財産の価額から控除されることとなるため、その明細を「第13表」に記入します。

各種表番号	作成する申告書	用意する資料	参照
第13表	債務及び葬式費用の明細書	相続開始直後に支払った公租公課や未払い金などの領収書、葬式費用の領収書	P206

（5）　相続財産の種類別価額表の作成と課税価格の算出

　ここまでの作業を終えたら、「第15表」で相続財産の種類別価額表を作成します。本表では、「第11表」に記入した相続税がかかる財産、「第13表」の債務及び葬式費用の金額を「第15表」に記入して、課税価格を算出します。

各種表番号	作成する申告書	用意する資料	参照
第15表	相続財産の種類別価額表	第11表	P208・209

第3編　相続税申告書の作成と納税・専門家対応編

196

【「第9表 生命保険金などの明細書」の記載例】

生命保険金などの明細書

被相続人 ⓐ 大蔵 太郎

1 相続や遺贈によって取得したものとみなされる保険金など

この表は、相続人やその他の人が被相続人から相続や遺贈によって取得したものとみなされる生命保険金、損害保険契約の死亡保険金及び特定の生命共済金などを受け取った場合に、その受取金額などを記入します。

保険会社等の所在地	保険会社等の名称	受取年月日	受取金額	受取人の氏名
ⓑ	C保険会社	R6·6·1	10,000,000 円	大蔵 花子
		··		
		··		
		··		
		··		

(注) 1 相続人（相続の放棄をした人を除きます。以下同じです。）が受け取った保険金などのうち一定の金額は非課税となりますので、その人は、次の2の該当欄に非課税となる金額と課税される金額とを記入します。
2 相続人以外の人が受け取った保険金などについては、非課税となる金額はありませんので、その人は、その受け取った金額そのままを第11表の「財産の明細」の「価額」の欄に転記します。
3 相続時精算課税適用財産は含まれません。

2 課税される金額の計算

この表は、被相続人の死亡によって相続人が生命保険金などを受け取った場合に、記入します。

保険金の非課税限度額	ⓒ 〔第2表のⒶの法定相続人の数〕（500万円× 3人 により計算した金額を右のⒶに記入します。）		Ⓐ 15,000,000 円

保険金などを受け取った相続人の氏名	① 受け取った保険金などの金額	② 非課税金額 (Ⓐ× 各人の①/Ⓑ)	③ 課税金額 (①−②)
大蔵 花子 ⓓ	10,000,000 円	ⓕ 10,000,000 円	ⓖ 0 円
合 計	Ⓑ ⓔ 10,000,000	10,000,000	ⓗ 0

(注) 1 Ⓑの金額がⒶの金額より少ないときは、各相続人の①欄の金額がそのまま②欄の非課税金額となりますので、③欄の課税金額は0となります。
2 ③欄の金額を第11表の「財産の明細」の「価額」欄に転記します。

第9表(令5.7)　　　　　　　　　　　　　　　　　　　　　　　　(資4−20−10−A4統一)

【「第9表　生命保険金などの明細書」の記載方法】

ⓐ　被相続人の氏名を記入します。

ⓑ　保険会社などから通知された支払通知書などを確認し、その内容に基づいて受取
　金額等を記入します。

　＊　生命保険金は受取人が指定されており、分割協議の対象にはなりません。本設例では、受取
　　人は指定された母（花子）になります。

ⓒ　法定相続人の数から保険金の非課税限度額を計算し、それぞれ記入します。

ⓓ　保険金などを受け取った相続人ごとに、その氏名及び金額を記入します。

　＊　相続人以外の人が保険金を受け取った場合には、非課税の適用がないのでここには記入せず、
　　P202の「第11表」に受け取った金額を直接記入します。

ⓔ　受け取った保険金などの金額の合計額を記入します。

ⓕ　各人の非課税金額を記入します。

　受取人が複数いる場合には、それぞれ下記の算式で計算した金額が控除されます。

　（算式）

保険金の非課税限度額Ⓐと
相続人全員の受け取った金額Ⓑ　　×　　$\dfrac{\text{各人の受け取った保険金額①}}{\text{相続人全員の受け取った保険金額Ⓑ}}$
とのいずれか少ない金額

　（本設例）

$$10,000,000円 \quad × \quad \dfrac{10,000,000円}{10,000,000円} \quad = \quad 10,000,000円$$

ⓖ　課税金額を記入します。この金額を P202の「第11表」に転記します。

ⓗ　非課税金額及び課税金額の合計額を記入します。

> ▶ **コラム**　　**死亡保険金の非課税の適用がある人ない人**
>
> 　生命保険に加入するときには、保険金の受取人を指定します。一般的には、妻や子が受取人
> になるケースが多いですが、受取人を誰にするかは、原則として契約者の自由です（保険金目
> 当ての犯罪を防ぐため、保険会社が契約者を制限する場合があります）。
>
> 　たとえば、籍を入れていない内縁関係にある方は、相続人となれないため遺産分割の話し合
> いに参加することはできませんが、生命保険金の受取人になることは可能です。
>
> 　しかし、相続税法では、死亡保険金の非課税の適用を受けられるのは、相続人に限られてい
> ることから、内縁関係にある方は非課税の適用を受けることができません。また、孫（代襲相
> 続人を除きます）や、相続を放棄した人、相続権を失った人も非課税の適用を受けることはで
> きません。
>
> 　また、死亡保険金はみなし相続財産として相続税の課税対象となるので、亡くなった人の財
> 産が基礎控除額を超える場合には、死亡保険金を受け取った人は、相続人でなくても相続税の
> 申告をしなくてはいけません。

【「第10表　退職手当金などの明細書」の記載例】

退職手当金などの明細書

被相続人 (a) 大蔵　太郎

第10表（平成21年4月分以降用）

1　相続や遺贈によって取得したものとみなされる退職手当金など

この表は、相続人やその他の人が被相続人から相続や遺贈によって取得したものとみなされる退職手当金、功労金、退職給付金などを受け取った場合に、その受取金額などを記入します。

勤務先会社等の所在地	勤務先会社等の名称	受取年月日	退職手当金などの名称	受　取　金　額	受取人の氏名
(b)	Ｄ株式会社	R6·6·1	退職金	10,000,000円	大蔵　花子
		··			
		··			
		··			
		··			

(注)　1　相続人（相続の放棄をした人を除きます。以下同じです。）が受け取った退職手当金などのうち一定の金額は非課税となりますので、その人は、次の2の該当欄に非課税となる金額と課税される金額とを記入します。
　　　2　相続人以外の人が受け取った退職手当金などについては、非課税となる金額はありませんので、その人は、その受け取った金額そのままを第11表の「財産の明細」の「価額」の欄に転記します。

2　課税される金額の計算

この表は、被相続人の死亡によって相続人が退職手当金などを受け取った場合に、記入します。

退職手当金などの非課税限度額	(c) [第2表の Ⓐ の 法定相続人の数]（500万円× 3 人 により計算した金額を右の Ⓐ に記入します。）		Ⓐ　　　　　　　　円 15,000,000

退職手当金などを受け取った相続人の氏名	① 受け取った退職手当金などの金額	② 非課税金額 (Ⓐ × 各人の① / Ⓑ)	③ 課税金額 (①−②)
大蔵　花子 (d)	10,000,000円	(f) 10,000,000円	(g) 0円
合　　　計	Ⓑ (e) 10,000,000	10,000,000	(h) 0

(注)　1　Ⓑの金額がⒶの金額より少ないときは、各相続人の①欄の金額がそのまま②欄の非課税金額となりますので、③欄の課税金額は0となります。
　　　2　③欄の金額を第11表の「財産の明細」の「価額」欄に転記します。

第10表(令5.7)　　　　　　　　　　　　　　　　　　　　　　　　　　　　　　　　　　（資4−20−11−A4統一）

【「第10表　退職手当金などの明細書」の記載方法】

ⓐ　被相続人の氏名を記入します。

ⓑ　被相続人の勤務先から通知された支払明細などを確認し、その内容に基づいて受取金額等を記入します。

　＊　退職手当金は勤務先の規定などにより受取人が定められています。誰に対する支払いかよく分からない場合は、被相続人の勤務先などに確認してみるとよいでしょう。

ⓒ　法定相続人の数から退職手当金の非課税限度額を計算し、それぞれ記入します。

ⓓ　退職手当金などを受け取った相続人ごとに、その氏名及び金額を記入します。

　＊　相続人以外の人が退職手当金を受け取った場合には、非課税の適用がないのでここには記入せず、P202の「第11表」に受け取った金額を直接記入します。

ⓔ　受け取った退職手当金などの金額の合計額を記入します。

ⓕ　各人の非課税金額を記入します。

　受取人が複数いる場合には、それぞれ下記の算式で計算した金額が控除されます。

（算　式）

退職手当金の非課税限度額Ⓐと
相続人全員の受け取った金額Ⓑ　　×　　$\dfrac{\text{各人の受け取った退職手当金額①}}{\text{相続人全員の受け取った退職手当金額Ⓑ}}$
とのいずれか少ない金額

（本設例）

$10{,}000{,}000円　\times　\dfrac{10{,}000{,}000円}{10{,}000{,}000円}　=　10{,}000{,}000円$

ⓖ　課税金額を記入します。この金額を P202の「第11表」に転記します。

ⓗ　非課税金額及び課税金額の合計額を記入します。

▶ **コラム**　　**個人事業主でも退職金制度がある**

　会社に勤めている場合は、退職したときに会社から退職金を受け取ることができますが、個人で事業をしている場合でも「小規模企業共済」に加入していれば、退職金を受け取ることができます。小規模企業共済は国がつくった「経営者の退職金制度」です。

　共済に加入している経営者が死亡した場合には、遺族が共済金を受け取ることになりますが、受け取った共済金は相続税の計算上、死亡退職金として非課税の適用を受けることが可能です。

200

【「第11・11の2表の付表1　小規模宅地等についての課税価格の計算明細書」の記載例】

小規模宅地等についての課税価格の計算明細書

FD3549

被相続人　大蔵　太郎 ⓐ

第11・11の2表の付表1（令和2年4月分以降用）

○ この申告書は機械で読み取りますので、黒ボールペンで記入してください。

　この表は、小規模宅地等の特例（租税特別措置法第69条の4第1項）の適用を受ける場合に記入します。
　なお、被相続人から、相続、遺贈又は相続時精算課税に係る贈与により取得した財産のうちに、「特定計画山林の特例」の対象となり得る財産又は「個人の事業用資産についての相続税の納税猶予及び免除」の対象となり得る宅地等その他一定の財産がある場合には、第11・11の2表の付表2を、「特定事業用資産の特例」の対象となり得る財産がある場合には、第11・11の2表の付表2の2を作成します（第11・11の2表の付表2又は付表2の2を作成する場合には、この表の「1 特例の適用にあたっての同意」欄の記入を要しません。）。
　(注)　この表の1又は2の各欄に記入しきれない場合には、第11・11の2表の付表1(続)を使用します。

1　特例の適用にあたっての同意

　この欄は、小規模宅地等の特例の対象となり得る宅地等を取得した全ての人が次の内容に同意する場合に、その宅地等を取得した全ての人の氏名を記入します。
　　私（私たち）は、「2 小規模宅地等の明細」の①欄の取得者が、小規模宅地等の特例の適用を受けるものとして選択した宅地等又はその一部（「2 小規模宅地等の明細」の⑤欄で選択した宅地等）の全てが限度面積要件を満たすものであることを確認の上、その取得者が小規模宅地等の特例の適用を受けることに同意します。

氏名	大蔵　一男 ⓑ		

　(注)　小規模宅地等の特例の対象となり得る宅地等を取得した全ての人の同意がなければ、この特例の適用を受けることはできません。

2　小規模宅地等の明細

　この欄は、小規模宅地等の特例の対象となり得る宅地等を取得した人のうち、その特例の適用を受ける人が選択した小規模宅地等の明細等を記載し、相続税の課税価格に算入する価額を計算します。

　「小規模宅地等の種類」欄は、選択した小規模宅地等の種類に応じて次の1～4の番号を記入します。
　小規模宅地等の種類：1 特定居住用宅地等、2 特定事業用宅地等、3 特定同族会社事業用宅地等、4 貸付事業用宅地等

選択した小規模宅地等	小規模宅地等の種類 1～4の番号を記入します。	① 特例の適用を受ける取得者の氏名〔事業内容〕 ② 所在地番 ③ 取得者の持分に応ずる宅地等の面積 ④ 取得者の持分に応ずる宅地等の価額	⑤ ③のうち小規模宅地等（「限度面積要件」を満たす宅地等）の面積 ⑥ ⑤のうち小規模宅地等（④×⑤／③）の価額 ⑦ 課税価格の計算に当たって減額される金額（⑥×⑨） ⑧ 課税価格に算入する価額（④−⑦）
	1	① 大蔵　一男 〔　　〕 ⓓ ② 千代田区三番町 ③ 150. ㎡ ④ 22500000 円	⑤ 150. ㎡ ⑥ 22500000 円 ⑦ 18000000 円 ⑧ 4500000 円
		① 〔　　〕 ② ③ ㎡ ④ 円	⑤ ㎡ ⑥ 円 ⑦ 円 ⑧ 円
		① 〔　　〕 ② ③ ㎡ ④ 円	⑤ ㎡ ⑥ 円 ⑦ 円 ⑧ 円

ⓒ ⓔ ⓕ ⓖ ⓗ

(注)1　①欄の「〔　　〕」は、選択した小規模宅地等が被相続人等の事業用宅地等（2、3又は4）である場合に、相続開始の直前にその宅地等の上で行われていた被相続人等の事業について、例えば、飲食サービス業、法律事務所、貸家などのように具体的に記入します。
　2　小規模宅地等を選択する一の宅地等が共有である場合又は一の宅地等が貸家建付地である場合において、その評価額の計算上「賃貸割合」が1でないときには、第11・11の2表の付表1（別表1）を作成します。
　3　小規模宅地等を選択する宅地等が、配偶者居住権に基づく敷地利用権又は配偶者居住権の目的となっている建物の敷地の用に供される宅地等である場合には、第11・11の2表の付表1（別表1の2）を作成します。
　4　⑧欄の金額を第11表の「財産の明細」の価額欄に転記します。

○　「限度面積要件」の判定

　上記「2 小規模宅地等の明細」の⑤欄で選択した宅地等の全てが限度面積要件を満たすものであることを、この表の各欄を記入することにより判定します。

※の項目は記入する必要がありません。

小規模宅地等の区分	被相続人等の居住用宅地等	被相続人等の事業用宅地等		
小規模宅地等の種類	1 特定居住用宅地等	2 特定事業用宅地等	3 特定同族会社事業用宅地等	4 貸付事業用宅地等
⑨ 減額割合	80／100	80／100	80／100	50／100
⑩ ⑤の小規模宅地等の面積の合計	150 ㎡	㎡		㎡
⑪ 限度面積 小規模宅地等のうち4貸付事業用宅地等がない場合	〔1の⑩の面積〕 150 ≦330㎡	〔2の⑩及び3の⑩の面積の合計〕 ㎡ ≦ 400㎡		
小規模宅地等のうち4貸付事業用宅地等がある場合	〔1の⑩の面積〕 ㎡×200／330 ＋	〔2の⑩及び3の⑩の面積の合計〕 ㎡×200／400 ＋		〔4の⑩の面積〕 ㎡ ≦ 200㎡

(注)　限度面積は、小規模宅地等の種類（「4 貸付事業用宅地等」の選択の有無）に応じて、⑪欄（イ又はロ）により判定を行います。「限度面積要件」を満たす場合に限り、この特例の適用を受けることができます。

※ 税務署整理欄	年分			名簿番号				申告年月日			一連番号				グループ番号		補完	

第11・11の2表の付表1(令5.7)　　　　　　　　　　　　　　　　　　　　　　　　　　　（資4−20−12−3−1−A4統一）

ⓘ

【「第11・11の２表の付表１　小規模宅地等についての課税価格の計算明細書」の記載方法】

ⓐ　被相続人の氏名を記入します。

ⓑ　小規模宅地等の特例の対象となり得る宅地等を取得した人の氏名を記入します。

　＊　共有で取得した場合には、小規模宅地等の特例の適用を受けない人も含め、取得したすべての人の氏名を記入します。また、共有で取得した場合には、「第11・11の２表の付表１（別表）」の記載も必要になります。

ⓒ　対象となる宅地等について特例の適用を受けるため、「小規模宅地等の種類」欄に適用を受ける「小規模宅地等の種類」の番号を記載します。本設例では①の「特定居住用宅地等」に該当することから、「１」と記入します。

ⓓ　特例の対象として選択する宅地等に係る取得者の氏名、所在地番、面積、価額等を記入します。

ⓔ　⑤欄に特例を適用する土地の面積を記入します。③欄のうち、「限度面積要件」を満たす宅地等の面積となります。

ⓕ　⑥欄に特例を適用する土地の評価額を記入します。④欄のうち、下記算式により求められる小規模宅地等の価額となります。

　（算　式）　　　　　　　（本設例）

　$④欄 \times \dfrac{⑤欄}{③欄}$　　22,500,000円 $\times \dfrac{150㎡}{150㎡}$ ＝ 22,500,000円

ⓖ　⑦欄に、「減額割合」に応じて減額される土地の価額を記入します。

　（算　式）　⑥欄　×　⑨欄

　（本設例）　22,500,000円　×　80／100　＝　18,000,000円

ⓗ　⑧欄に、減額後の土地の価額を記入します。この⑧欄の金額をP202の「第11表」に転記します。

　（算　式）　④欄　－　⑦欄

　（本設例）　22,500,000円　－　18,000,000円　＝　4,500,000円

ⓘ　⑤欄に記入した土地の面積を記入し、「限度面積要件」を確認します。

202

【「第11表　相続税がかかる財産の明細書」の記載例】

相続税がかかる財産の明細書
（相続時精算課税適用財産を除きます。）

被相続人　ⓐ　大蔵　太郎

第11表（令和2年4月分以降用）

○相続時精算課税適用財産の明細については、この表によらず第11の2表に記載します。

この表は、相続や遺贈によって取得した財産及び相続や遺贈によって取得したものとみなされる財産のうち、相続税のかかるものについての明細を記入します。

遺産の分割状況	区　分	ⓑ ① 全部分割　6・9・30	2 一部分割　・・	3 全部未分割　・・

財　産　の　明　細							分割が確定した財産	
種類	細目	利用区分、銘柄等	所在場所等	数量 固定資産税 倍数	単価	価額	取得した人の氏名	取得財産の価額
土地 ⓒ	宅地	自用地	千代田区三番町	150㎡ (11・11の2表の付表1のとおり)	円	ⓓ 4,500,000 円	大蔵 一男	4,500,000 円
((計))						((4,500,000))		
家屋	家屋	自用家屋	千代田区三番町			5,000,000	大蔵 一男	5,000,000
((計))						((5,000,000))		
現金、預貯金等	現金		千代田区三番町			500,000	大蔵 花子	500,000
現金、預貯金等	預貯金	普通預金	A銀行			3,000,000	大蔵 花子	3,000,000
現金、預貯金等	預貯金	定期預金	A銀行			50,000,000	大蔵 花子	30,000,000
							大蔵 一男	10,000,000
							財務好美	10,000,000
現金、預貯金等	預貯金	普通預金	B銀行			5,000,000	大蔵 花子	5,000,000
((計))						((58,500,000))		
家庭用財産		家財一式	千代田区三番町			101,500	大蔵 一男	100,000
((計))						((101,500))		
その他の財産	その他	車	千代田区三番町			200,000	財務好美	200,000
((計))						((200,000))		

合計表	財産を取得した人の氏名	（各人の合計）				
	分割財産の価額 ①	円	円	円	円	円
	未分割財産の価額 ②					
	各人の取得財産の価額（①＋②）③					

(注)　1　「合計表」の各人の③欄の金額を第1表のその人の「取得財産の価額①」欄に転記します。
　　　2　「財産の明細」の「価額」欄は、財産の細目、種類ごとに小計及び計を付し、最後に合計を付して、それらの金額を第15表の①から㉚までの該当欄に転記します。

第11表(令5.7)　　　　　　　　　　　　　　　　　　　　　　　　　(資4-20-12-1-A4統一)

相続税がかかる財産の明細書

（相続時精算課税適用財産を除きます。）

被相続人

第11表（令和2年4月分以降用）

○相続時精算課税適用財産の明細については、この表によらず第11の2表に記載します。

この表は、相続や遺贈によって取得した財産及び相続や遺贈によって取得したものとみなされる財産のうち、相続税のかかるものについての明細を記入します。

遺産の分割状況	区　　　　分	1　全部分割	2　一部分割	3　全部未分割
	分　割　の　日	・　・	・　・	

財　　産　　の　　明　　細							分割が確定した財産		
種　類	細　目	利用区分、銘柄等	所在場所等	数量 固定資産税	単価 倍数	価　額	取得した人の氏　名	取得財産の価　額	
《合計》 Ⓒ					円 円	円 《68,301,500》		円	

（以下空欄）

合計表	財産を取得した人の氏名	（各人の合計）	大蔵 花子	大蔵 一男	財務好美		
	分割財産の価額 ①	円 68,301,500	円 38,500,000	円 19,601,500	円 10,200,000	円	円
	未分割財産の価額 ② ⓔ						
	各人の取得財産の価額（①＋②）③	68,301,500	38,500,000	19,601,500	10,200,000		

（注）　1　「合計表」の各人の③欄の金額を第1表のその人の「取得財産の価額①」欄に転記します。
　　　　2　「財産の明細」の「価額」欄は、財産の細目、種類ごとに小計及び計を付し、最後に合計を付して、それらの金額を第15表の①から㉞までの該当欄に転記します。

204

【「第11表　相続税がかかる財産の明細書」の記載方法】

ⓐ　被相続人の氏名を記入します。

ⓑ　遺産分割の状況に応じて該当する数字に○を付けます。また、遺産の全部又は一部について分割している場合には、分割の日を記入します。

ⓒ　取得した財産の種類、細目、利用区分・銘柄等などの各欄を記入します。主な記載要領は以下のとおりです。

財産の種類	細　目	利用区分・銘柄等
土地（土地の上に存する権利を含みます。）	田	自用地、貸付地、賃借権（耕作権）、永小作権の別
	畑	
	宅地	自用地（事業用、居住用、その他）、貸宅地、貸家建付地、借地権（事業用、居住用、その他）などの別
	山林	普通山林、保安林の別
	その他の土地	原野、牧場、池沼、鉱泉地、雑種地の別
家屋	家屋（構造・用途）、構築物	家屋については自用家屋、貸家の別、構築物については駐車場、養魚池、広告塔などの別
有価証券	（略）	その銘柄
現金、預貯金等		現金、普通預金、当座預金、定期預金、通常郵便貯金、定額郵便貯金、定期積金、金銭信託などの別
家庭用財産		その名称と銘柄
その他の財産（利益）	生命保険金等	
	退職手当金等	
	立木	その樹種と樹齢（保安林であるときは、その旨）
	その他	事業に関係のない自動車、特許権、著作権、電話加入権、貸付金、未収配当金、未収家賃、書画・骨とうなどの別。自動車についてはその名称と年式、電話加入権についてはその加入局と電話番号、書画・骨とうなどについてはその名称と作者名など。相続や遺贈によって取得したものとみなされる財産（生命保険金等及び退職手当金等を除きます。）については、その財産（利益）の内容

　　また、財産の種類ごとに「計」を記入します。同じ財産の種類で細目が異なる場合には、細目ごとに「小計」を記入します。記入欄が足りない場合には、同じ様式を使用して記入していくか、別途明細書を作成して、添付することもできます。

＊　本設例では生命保険金や退職手当金等の課税金額は０円ですので記入の必要はありません。課税金額がある場合には、非課税金額を控除した後の価額（P196の「第９表」、P198の「第10表」で計算した価額）を記入します。

ⓓ　自宅のある土地（宅地）については、小規模宅地等の特例の適用を受けるため、P200の「第11・11の２表の付表１」で計算した⑧欄の価額を記入します。

ⓔ　各人の取得財産の価額の合計額を記入します。明細書が複数枚にまたがる場合、一番最後の明細書に記入します。

206

【「第13表　債務及び葬式費用の明細書」の記載例】

債務及び葬式費用の明細書

被相続人 ⓐ　大蔵　太郎

第13表（令和2年4月分以降用）

1　債務の明細

この表は、被相続人の債務について、その明細と負担する人の氏名及び金額を記入します。
なお、特別寄与者に対し相続人が支払う特別寄与料についても、これに準じて記入します。

種類	細目	債権者 氏名又は名称	住所又は所在地	発生年月日 弁済期限	金額	負担する人の氏名	負担する金額
公租公課	固定資産税	千代田区 ⓑ		・・	150,000円	大蔵 花子	300,000円
未払金	医療費	E病院	千代田区三番町	R6・4・10	150,000		
				・・			
合計					ⓒ 300,000		

2　葬式費用の明細

この表は、被相続人の葬式に要した費用について、その明細と負担する人の氏名及び金額を記入します。

支払先 氏名又は名称	住所又は所在地	支払年月日	金額	負担する人の氏名	負担する金額
F葬儀社	千代田区三番町	R6・4・5	1,000,000円	大蔵 花子	1,500,000円
G寺	千代田区三番町	R6・4・5	500,000		
ⓓ		・・			
合計			ⓔ 1,500,000		

3　債務及び葬式費用の合計額　ⓕ

債務などを承継した人の氏名			（各人の合計）	大蔵 花子			
債務	負担することが確定した債務	①	300,000円	300,000円	円	円	円
	負担することが確定していない債務	②					
	計（①+②）	③	300,000	300,000			
葬式費用	負担することが確定した葬式費用	④	1,500,000	1,500,000			
	負担することが確定していない葬式費用	⑤					
	計（④+⑤）	⑥	1,500,000	1,500,000			
合計（③+⑥）		⑦	1,800,000	1,800,000			

（注）1　各人の⑦欄の金額を第1表のその人の「債務及び葬式費用の金額③」欄に転記します。
　　　2　③、⑥及び⑦欄の金額を第15表の㉝、㉞及び㉟欄にそれぞれ転記します。

第13表（令5.7）　　　　　　　　　　　　　　（資4−20−14−A4統一）

【「第13表　債務及び葬式費用の明細書」の記載方法】

ⓐ　被相続人の氏名を記入します。

ⓑ　被相続人の債務について、その明細と負担する人の氏名及び金額を記入します。「種類」欄には、公租公課・銀行借入金・未払金・買掛金・その他の債務に区分して記入します。「細目」欄には以下の事項を記入します。

種　類	「細目」の内容
公租公課	所得税及び復興特別所得税、市町村民税、固定資産税などの税目とその年度
銀行借入金	当座借越、証書借入れ、手形借入れ
未払金	未払金の発生原因
買掛金	記入の必要はありません
その他	債務の内容

　公租公課については、税務署名や市町村名などを「氏名又は名称」欄に記入し、「住所又は所在地」欄の記入は省略しても差し支えありません。

ⓒ　債務の合計額を記入します。

ⓓ　被相続人の葬式に要した費用について、その明細と負担した人の氏名及び金額を記入します。

ⓔ　葬式費用の合計額を記入します。

ⓕ　ⓑからⓔで記入した債務及び葬式費用の合計額を記入します。各相続人がそれぞれ負担することとなった債務・葬式費用の合計額を記入し、（各人の合計）欄にその合計金額を記入します。

　＊　ここで計算された各人の⑦欄の金額をP212の「第1表」のその人の「債務及び葬式費用の金額③」欄に転記します。

　＊　ここで計算された③、⑤及び⑦欄の金額をP208の「第15表」の㉝、㉞及び㉟欄にそれぞれ転記します。

【「第15表　相続財産の種類別価額表」の記載例】

相続財産の種類別価額表　(この表は、第11表から第14表までの記載に基づいて記入します。)

（単位は円）

被相続人　大蔵 太郎 ⓐ

（氏名）　大蔵 花子 ⓑ

F D 3 5 3 9

第15表（令和2年4月分以降用）

○この申告書は機械で読み取りますので、黒ボールペンで記入してください。

種類	細目	番号	各人の合計 被相続人 ⓙ	氏名 大蔵 花子 ⓒ
※	整理番号			
土地（土地の上に存する権利を含みます）	田	①		
	畑	②		
	宅地	③	4500000	
	山林	④		
	その他の土地	⑤		
	計	⑥	4500000	
	③のうち配偶者居住権に基づく敷地利用権	⑦		
	⑥のうち特例農地等 通常価額	⑧		
	農業投資価格による価額	⑨		
家屋等		⑩	5000000	
	⑩のうち配偶者居住権	⑪		
事業（農業）用財産	機械、器具、農耕具、その他の減価償却資産	⑫		
	商品、製品、半製品、原材料、農産物等	⑬		
	売掛金	⑭		
	その他の財産	⑮		
	計	⑯		
有価証券	特定同族会社の株式及び出資 配当還元方式によったもの	⑰		
	その他の方式によったもの	⑱		
	⑰及び⑱以外の株式及び出資	⑲		
	公債及び社債	⑳		
	証券投資信託、貸付信託の受益証券	㉑		
	計	㉒		
現金、預貯金等		㉓	58500000	38500000
家庭用財産		㉔	101500	
その他の財産	生命保険金等	㉕		
	退職手当金等	㉖		
	立木	㉗		
	その他	㉘	2000000	
	計	㉙	2000000	
合計 (⑥+⑩+⑯+㉒+㉓+㉔+㉙)		㉚	68301500	38500000
相続時精算課税適用財産の価額		㉛		
不動産等の価額 (⑥+⑩+⑫+⑰+⑱+㉗)		㉜	9500000	ⓓ
債務等	債務	㉝	3000000	3000000 ⓕ
	葬式費用	㉞	1500000	1500000 ⓔ
	合計 (㉝+㉞)	㉟	1800000	1800000
差引純資産価額 (㉚+㉛−㉟)（赤字のときは0）		㊱	66501500	36700000 ⓖ
純資産価額に加算される暦年課税分の贈与財産価額		㊲		
課税価格 (㊱+㊲)（1,000円未満切捨て）		㊳	66501000	36700000 ⓗ

※の項目は記入する必要がありません。

※税務署整理欄	申告区分	年分	名簿番号	申告年月日	グループ番号

第15表（令5.7）

（資4-20-16-1-A4統一）

相続財産の種類別価額表（続）

（この表は、第11表から第14表までの記載に基づいて記入します。）

（単位は円）

被相続人　大蔵　太郎

FD3540

第15表（続）（令和2年4月分以降用）

○この申告書は機械で読み取りますので、黒ボールペンで記入してください。

※の項目は記入する必要がありません。

種類	細目	番号	氏名　大蔵　一男	氏名　財務　好美
	※ 整理番号			
土地（土地の上に存する権利を含みます。）	田	①		
	畑	②		
	宅地	③	4500000	
	山林	④		
	その他の土地	⑤		
	計	⑥	4500000	
	③のうち配偶者居住権に基づく敷地利用権	⑦		
	⑥のうち特例農地等　通常価額	⑧		
	農業投資価格による価額	⑨		
家屋等		⑩	5000000	
	⑩のうち配偶者居住権	⑪		
事業（農業）用財産	機械、器具、農耕具、その他の減価償却資産	⑫		
	商品、製品、半製品、原材料、農産物等	⑬		
	売掛金	⑭		
	その他の財産	⑮		
	計	⑯		
有価証券	特定同族会社の株式及び出資　配当還元方式によったもの	⑰		
	その他の方式によったもの	⑱		
	⑰及び⑱以外の株式及び出資	⑲		
	公債及び社債	⑳		
	証券投資信託、貸付信託の受益証券	㉑		
	計	㉒		
現金、預貯金等		㉓	10000000	10000000
家庭用財産		㉔	101500	
その他の財産	生命保険金等	㉕		
	退職手当金等	㉖		
	立木	㉗		
	その他	㉘		200000
	計	㉙		200000
合計（⑥＋⑩＋⑯＋㉒＋㉓＋㉔＋㉙）		㉚	19601500	10200000
相続時精算課税適用財産の価額		㉛		
不動産等の価額（⑥＋⑩＋⑫＋⑰＋⑱＋㉗）		㉜	9500000	
債務等	債務	㉝		
	葬式費用	㉞		
	合計（㉝＋㉞）	㉟		
差引純資産価額（㉚＋㉛－㉟）（赤字のときは0）		㊱	19601500	10200000
純資産価額に加算される暦年課税分の贈与財産価額		㊲		
課税価格（㊱＋㊲）（1,000円未満切捨て）		㊳	19601000	10200000

※税務署整理欄　申告区分　年分　名簿番号　申告年月日　グループ番号

第15表（続）（令5.7）　（資4-20-16-2-A4統一）

【「第15表 相続財産の種類別価額表」の記載方法】

ⓐ 被相続人の氏名を記入します。

ⓑ 財産を取得した人の氏名を記入します。財産を取得した人が２人以上いるときは
「相続財産の種類別価額表（続）」を作成します。

ⓒ ①〜⑥、⑩〜㉚の各欄については、P202の「第11表」に記入した財産の種類ご
との価額を相続人ごとに転記します。

ⓓ 不動産等の価額の合計額（⑥＋⑩＋⑫＋⑰＋⑱＋㉗）を記入します。

ⓔ P206の「第13表」で記入した③、⑥及び⑦欄の金額をそれぞれ㉝、㉞、㉟欄に
転記します。

ⓕ 差引純資産価額（㉚＋㉛－㉟）を記入します。

　＊ 計算の結果、赤字のときは「０」と記入してください。

ⓖ 純資産価額に加算される暦年課税分の贈与財産価額がある場合には、「第14表」
の④欄の金額を転記します。本設例では特にないため記入しません。

　※ 詳しくは、P224以降をご参照ください。

ⓗ 課税価格（㊱＋㊲）を記入します。

ⓘ 財産を取得した人が２人以上いるときは「相続税の種類別価額表（続）」を作成
します。

ⓙ なお、「各人の合計」欄は、財産を取得した人ごとに各欄の計算を行った後に、
その金額の合計額を記入してください。

2-3 申告書の作成 手順2：相続税の総額の計算

【手順2】では、【手順1】で算出した課税価格をもとに、課税価格の合計額及び相続税の総額を計算するため、「第1表」、「第2表」を作成します。

（1）課税価格の計算（第1表）

相続税の申告書の表紙ともなる「第1表」に、提出先税務署や提出年、相続開始日や被相続人及び相続人に関する基本事項を記入します。また先ほど【手順1】で算出した取得財産の価額（第11表）や債務及び葬式費用の金額（第13表）などを記入し、課税価格（相続税の課税対象となる財産の合計額）を計算します。

各種表番号	作成する申告書	用意する資料	参照
第1表	相続税の申告書	被相続人や相続人の住所、生年月日、職業などがわかる資料	P212

（2）相続税の総額の計算（第2表）

次に、「第2表」で相続税額の総額を計算します。「第1表」で計算した課税価格の合計額から遺産に係る基礎控除額を差し引いた額について、法定相続分に応じた取得金額に税率を乗じ、相続税の総額を計算します。

各種表番号	作成する申告書	用意する資料	参照
第2表	相続税の総額の計算書	相続関係図など	P214

（3）各人の算出税額の計算（第1表）

「第1表」に戻り、「第2表」に記入した法定相続人の数、遺産に係る基礎控除額や相続税の総額を転記し、財産を取得した人の按分割合を記入し、各人の算出税額を計算します。その後、各人の算出税額の合計額を記入します。財産を取得した人が2人以上いる場合には、各人の算出税額を計算した後に、算出税額の合計額を記入します。

各種表番号	作成する申告書	用意する資料	参照
第1表	相続税の申告書	第2表	P216

【「第1表　相続税の申告書」の記載例】

相続税の申告書 [修正] FD3563

ⓐ 麹町 税務署長　6年 ✕月 ✕日提出

相続開始年月日　6年 4月 1日 ⓑ

※申告期限延長日　　年　　月　　日

○フリガナは、必ず記入してください。

第1表（令和5年1月分以降用）

	フリガナ	各 人 の 合 計	財産を取得した人
		（被相続人）オオクラ タロウ	オオクラ ハナコ
氏　　　名		ⓒ 大蔵 太郎	大蔵 花子 （参考）
個人番号又は法人番号			△△△△｜△△△△｜△△△
生 年 月 日		昭和20年 10月 3日（年齢 74歳）	昭和27年 4月 5日（年齢 68歳）
住　　　所（ 電話番号 ）		東京都千代田区三番町✕丁目△番地	東京都千代田区三番町✕丁目△番地（ ✕✕ － ✕✕✕✕ － ✕✕✕✕ ）
被相続人との続柄 職業			配偶者
取 得 原 因		該当する取得原因を○で囲みます。	相続・遺贈・相続時精算課税に係る贈与
※ 整 理 番 号			

税務署受付印

○この申告書は機械で読み取りますので、黒ボールペンで記入してください。また、申告書と添付資料を一緒にとじないでください。

課税価格の計算	取得財産の価額（第11表③）	①	ⓘ 683015000 円	ⓓ 385000000 円
	相続時精算課税適用財産の価額（第11の2表1⑦）	②		
	債務及び葬式費用の金額（第13表3⑦）	③	18000000	18000000
	純資産価額（①+②-③）（赤字のときは0）	④	665015000	367000000
	純資産価額に加算される暦年課税分の贈与財産価額（第14表1④）	⑤		
	課税価格（④+⑤）（1,000円未満切捨て）	⑥	665010000	367000000
各人の算出	法定相続人の数 遺産に係る基礎控除額		3人 48000000 Ⓐ	Ⓑ 左の欄には、第2表の②欄の回の人数及び②の金額を記入します。 ⓖ
	相続税の総額	⑦	00	左の欄には、第2表の⑧欄の金額を記入します。
	一般の場合 あん分割合各人の⑥Ⓐ	⑧	1.00	

ⓔ ⓕ

第1表（令和5年1月分以降用）（注）⑨欄の金額が赤字となる場合　この申告書で提出しない人である場合

相続税の申告書（続） ⓗ FD3564

※申告期限延長日　　年　　月　　日　　　　※申告期限延長日　　年　　月　　日

○フリガナは、必ず記入してください。

第1表（続）（令和5年1月分以降用）

	フリガナ	財産を取得した人	参考として	財産を取得した人	参考として
		オオクラ カズオ		サイム ヨシミ	
氏　　　名		ⓒ 大蔵 一男	（参考）	財務 好美	（参考）
個人番号又は法人番号		△△△△｜△△△△｜△△△		△△△△｜△△△△｜△△△	
生 年 月 日		昭和49年 6月 7日（年齢 46歳）		昭和51年 8月 9日（年齢 44歳）	
住　　　所（ 電話番号 ）		東京都千代田区三番町✕丁目△番地（ ✕✕ － ✕✕✕✕ － ✕✕✕✕ ）		大阪府吹田市豊津町✕丁目△番地（ ✕✕ － ✕✕✕✕ － ✕✕✕✕ ）	
被相続人との続柄 職業		長男		長女	
取 得 原 因		相続・遺贈・相続時精算課税に係る贈与		相続・遺贈・相続時精算課税に係る贈与	
※ 整 理 番 号					

○この申告書は機械で読み取りますので、黒ボールペンで記入してください。

課税価格の計算	取得財産の価額（第11表③）	①	ⓓ 196015000 円	102000000 円
	相続時精算課税適用財産の価額（第11の2表1⑦）	②		
	債務及び葬式費用の金額（第13表3⑦）	③		
	純資産価額（①+②-③）（赤字のときは0）	④	196015000	102000000
	純資産価額に加算される暦年課税分の贈与財産価額（第14表1④）	⑤		
	課税価格（④+⑤）（1,000円未満切捨て）	⑥	196010000	102000000
各人の算出税額	法定相続人の数 遺産に係る基礎控除額			
	相続税の総額	⑦		
	一般の場合 あん分割合各人の⑥Ⓐ	⑧	.	.
	（⑩の場合を除く） 算出税額（⑦×各人の⑧）	⑨	円	円

ⓔ ⓕ ⓖ

【「第1表　相続税の申告書」の記載方法（その1）】

ⓐ　相続税の申告書の提出先の税務署（被相続人の住所地の所轄税務署）及び提出（予定）年月日を記入します。

ⓑ　相続開始年月日（被相続人が亡くなられた日）を記入します。

ⓒ　被相続人及び財産を取得した人の氏名やマイナンバー（個人番号）、生年月日等を記入します。なお、年齢は相続開始年月日現在の年齢を記入します。

ⓓ　取得財産の価額等を記入します。

　　「①　取得財産の価額」欄にはP203の「第11表」の③欄の金額を転記します。

　　「③　債務及び葬式費用の金額」欄にはP206の「第13表」の⑦欄の金額を転記します。

ⓔ　純資産価額（①+②-③）を記入します。計算の結果、赤字のときは「0」と記入してください。

ⓕ　純資産価額に加算される暦年課税分の贈与財産価額がある場合※には、「第14表」の④欄の金額を転記します。本設例では特にないため記入しません。

　※　詳しくはP224以降をご参照ください。

ⓖ　課税価格（④+⑤）を記入します。

ⓗ　財産を取得した人が2人以上いるときは「相続税の申告書（続）」を作成します。

ⓘ　なお、「各人の合計」欄は、財産を取得した人ごとに各欄の計算を行った後に、その金額（端数切捨て後の金額）の合計額を記入してください。

【「第2表　相続税の総額の計算書」の記載例】

相 続 税 の 総 額 の 計 算 書

被相続人 ⓐ 大蔵　太郎

第2表（令和5年1月分以降用）

この表は、第1表及び第3表の「相続税の総額」の計算のために使用します。

なお、被相続人から相続、遺贈や相続時精算課税に係る贈与によって財産を取得した人のうちに農業相続人がいない場合は、この表のⒶ欄及びⓃ欄並びに⑨欄から⑪欄までは記入する必要がありません。

① 課税価格の合計額	② 遺産に係る基礎控除額	③ 課税遺産総額
㋑（第1表⑥Ⓐ）ⓑ 66,501,000 円	ⓓ 3,000万円＋（600万円× Ⓐの法定相続人の数 ロ 3 人）＝ ㋩ 4,800 万円	㊁（㋑－㋩）ⓔ 18,501,000 円
㋺（第3表⑥Ⓐ） ,000 円	ロの人数及び㋩の金額を第1表Ⓑへ転記します。	㊀（㋺－㋩） ,000 円

④ 法定相続人（（注）1参照）		⑤ 左の法定相続人に応じた法定相続分	第1表の「相続税の総額⑦」の計算		第3表の「相続税の総額⑦」の計算	
氏　名	被相続人との続柄		⑥ 法定相続分に応ずる取得金額（㊁×⑤）（1,000円未満切捨て）	⑦ 相続税の総額の基となる税額 下の「速算表」で計算します。	⑨ 法定相続分に応ずる取得金額（㊀×⑤）（1,000円未満切捨て）	⑩ 相続税の総額の基となる税額 下の「速算表」で計算します。
大蔵　花子	妻	1/2	ⓕ 9,250,000 円	925,000 円	ⓖ ,000 円	円
大蔵　一男	長男	1/4	4,625,000	462,500	,000	
大蔵　好美	長女	1/4	4,625,000	462,500	,000	
ⓒ			,000		,000	
			,000		,000	
			,000		,000	
			,000		,000	
			ⓗ ,000		,000	
法定相続人の数 Ⓐ 3 人	合計 1		⑧ 相続税の総額（⑦の合計額）（100円未満切捨て） 1,850,0 00		⑪ 相続税の総額（⑩の合計額）（100円未満切捨て） 00	

(注)1　④欄の記入に当たっては、被相続人に養子がある場合や相続の放棄があった場合には、「相続税の申告のしかた」をご覧ください。

2　⑧欄の金額を第1表⑦欄へ転記します。財産を取得した人のうちに農業相続人がいる場合は、⑧欄の金額を第1表⑦欄へ転記するとともに、⑪欄の金額を第3表⑦欄へ転記します。

相 続 税 の 速 算 表

法定相続分に応ずる取得金額	10,000千円以下	30,000千円以下	50,000千円以下	100,000千円以下	200,000千円以下	300,000千円以下	600,000千円以下	600,000千円超
税　率	10%	15%	20%	30%	40%	45%	50%	55%
控　除　額	－	500千円	2,000千円	7,000千円	17,000千円	27,000千円	42,000千円	72,000千円

この速算表の使用方法は、次のとおりです。

⑥欄の金額×税率－控除額＝⑦欄の税額　　　⑨欄の金額×税率－控除額＝⑩欄の税額

例えば、⑥欄の金額30,000千円に対する税額（⑦欄）は、30,000千円×15％－500千円＝4,000千円です。

○連帯納付義務について

相続税の納税については、各相続人等が相続、遺贈や相続時精算課税に係る贈与により受けた利益の価額を限度として、お互いに連帯して納付しなければならない義務があります。

第2表（令5.7）　　　　　　　　　　　　　　　　　　　　　　　　　　　　（資4－20－3－A4統一）

【「第2表　相続税の総額の計算書」の記載方法】

ⓐ　被相続人の氏名を記入します。

ⓑ　課税価格の合計額（㋑）を記入します。P212の「第１表」の⑥欄（Ⓐ）の金額を転記します。

ⓒ　法定相続人の氏名、続柄、法定相続人に応じた法定相続分などを記入し、Ⓐ欄には法定相続人の数を記入します。

ⓓ　Ⓐ欄に記入した法定相続人の数を⊡欄に記入し、遺産に係る基礎控除額を計算してⓗ欄に記入します。

ⓔ　課税遺産総額（㋑－ⓗ）を記入します。

ⓕ　法定相続分に応じた取得金額（㋥×⑤）を計算して記入します。

ⓖ　相続税の総額の基となる税額を記入します。申告書の下部にある「相続税の速算表」に基づいて計算します。

〔各相続人の「相続税の総額の基となる税額」の計算〕

　（大蔵花子）9,250,000円　×　10％（税率）　＝　925,000 円

　（大蔵一男）4,625,000円　×　10％（税率）　＝　462,500 円

　（財務好美）4,625,000円　×　10％（税率）　＝　462,500 円

ⓗ　相続税の総額（ⓖで計算した税額の合計額）を記入します。

【「第1表　相続税の申告書」の記載例（その2）】

相続税の申告書

修正　　FD3563

麹町　税務署長

2 年 ✕月 ✕日 提出

相続開始年月日＿＿6＿年＿4＿月＿1＿日

※申告期限延長日　　年　　月　　日

○フリガナは、必ず記入してください。

	各　人　の　合　計	財産を取得した人	参考として記載している場合
フリガナ	（被相続人）　オオクラ　タロウ	オオクラ　ハナコ	参考
氏　　　名	大蔵　太郎	大蔵　花子	
個人番号又は法人番号		△△△△△△△△△△△△	
生　年　月　日	昭和20年　10月　3日（年齢 74歳）	昭和27年　4月　5日（年齢 68歳）	
住　　　所（電話番号）	東京都千代田区三番町✕丁目△番地	東京都千代田区三番町✕丁目△番地（ ✕✕ － ✕✕✕✕－✕✕✕✕ ）	
被相続人との続柄　職業			
取　得　原　因	該当する取得原因を○で囲みます。	相続・遺贈・相続時精算課税に係る贈与	
※　整理番号			

一　算	取得財産の価額（第11表③）			
	課税価格（④＋⑤）（1,000円未満切捨て）⑥	66501000 Ⓐ	36700000	円
各人の算出税額の計算	法定相続人の数 遺産に係る基礎控除額	3人 48000000 Ⓑ	左の欄には、第2表の②欄の回の人数及びⒶの金額を記入します。	
	相続税の総額⑦	18500000	左の欄には、第2表の⑧欄の金額を記入します。	
	一般の場合 あん分割合（各人の⑥）（⑩の場合を除く）（Ⓐ）⑧	1.00 ⓐ	0.55	
	算出税額（⑦×各人の⑧）⑨	18500000 ⓓ	1017500 ⓑ ⓒ	円
	農地等納税猶予の適用を受ける場合 算出税額（第3表⑬）⑩			円
	相続税額の2割加算が行われる場合の加算金額（第4表⑦）⑪			円
税　各人　額	暦年課税分の贈与税額控除額（第4表の2 ㉕）⑫			円
	配偶者の税額軽減額（第5表Ⓐ又は○）⑬	10175000	10175000	
	⑫・⑬以外の税額控除額			

相続税の申告書(続) ⓓ

FD3564

※申告期限延長日　　年　　月　　日　　　※申告期限延長日　　年　　月　　日

○フリガナは、必ず記入してください。

	財産を取得した人	参考として記載している場合	財産を取得した人	参考として記載している場合
フリガナ	オオクラ　カズオ	参考	サイム　ヨシミ	参考
氏　　　名	大蔵　一男		財務　好美	
個人番号又は法人番号	△△△△△△△△△△△△		△△△△△△△△△△△△	
生　年　月　日	昭和49年　6月　7日（年齢 46歳）		昭和51年　8月　9日（年齢 44歳）	
住　　　所（電話番号）	東京都千代田区三番町✕丁目△番地（ ✕✕ － ✕✕✕✕－✕✕✕✕ ）		大阪府吹田市豊津町✕丁目△番地（ ✕✕ － ✕✕✕✕－✕✕✕✕ ）	
被相続人との続柄　職業	長男		長女	
取　得　原　因	相続・遺贈・相続時精算課税に係る贈与		相続・遺贈・相続時精算課税に係る贈与	
※　整理番号				

一　算	取得財産の価額（第11表③）①			
	課税価格（④＋⑤）（1,000円未満切捨て）⑥	19601000	10200000	円
各人の算出税額の計算	法定相続人の数 遺産に係る基礎控除額⑦			
	相続税の総額 ⑦	ⓑ		
	一般の場合 あん分割合（各人の⑥）（⑩の場合を除く）（Ⓐ）⑧	0.30	0.15	
	算出税額（⑦×各人の⑧）⑨	5550000	2775000 ⓒ	円
	農地等納税猶予の適用を受ける場合 算出税額（第3表⑬）⑩			
	相続税額の2割加算が行われる場合の加算金額（第4表⑦）⑪			円
税	暦年課税分の贈与税額控除額 ⑫			

【「第１表　相続税の申告書」の記載方法（その２）】

　ここでは P212で記入した「第１表」の未記入部分のうち、「各人の算出税額の計算」欄に記入します。

ⓐ　P214の「第２表」で記入した法定相続人の数、遺産に係る基礎控除額及び相続税の総額を転記します。

ⓑ　財産を取得した人の按分割合（各人の⑥／Ⓐ）を記入します。

　＊　按分割合に小数点以下２位未満の端数があるときは、全員の割合の合計が1.00となるように小数点以下２位未満の端数を調整して記入しても差し支えありません（小数点以下10桁まで端数処理ができます）。

ⓒ　ⓐの「⑦相続税の総額」にⓑの「⑧按分割合」を乗じた金額を記入します。

〔各人の算出税額〕

　（大蔵花子）1,850,000円　×　0.55　＝　1,017,500 円

　（大蔵一男）1,850,000円　×　0.30　＝　555,000 円

　（財務好美）1,850,000円　×　0.15　＝　277,500 円

ⓓ　ⓒで記入した各人の算出税額の合計額を記入します。

　＊　財産を取得した人が２人以上いる場合には、ⓑ及びⓒにより「相続税の申告書（続）」で各人の算出税額を計算した後に記入します。

2-4 手順3：税額控除額の計算

【手順3】では、税額控除の額を計算するため、「第4表」から「第8表」までを作成します。

【手順2】において各人の相続税額を算出しましたが、税制上には配偶者の税額軽減に代表される各種の税額控除措置が特例により設けられています。したがって、それらの税額控除の適用が受けられる場合には、それぞれの申告別表にもとづき、控除税額を計算することとなります。

税額控除には以下の6種類があり、控除順が決められているので先順位のものから控除していくことになります。

本設例では、花子が「配偶者の税額軽減」の適用を受けるため、「第5表」を作成し、税額控除額を計算します。

各種表番号	作成する申告書	用意する資料	参照
第5表	配偶者の税額軽減額の計算書	第1表・第11表	P219

その他の税額控除については、以下をご参照ください。

① 生前贈与がある場合で贈与税を納税している場合……P225の（2）

② 未成年者控除・障害者控除の適用がある場合……P235

③ 相次相続控除の適用がある場合……P239

【「第5表　配偶者の税額軽減額の計算書」の記載例】

配偶者の税額軽減額の計算書

被相続人 ⓐ 大蔵　太郎

私は、相続税法第19条の2第1項の規定による配偶者の税額軽減の適用を受けます。

1　一般の場合（この表は、①被相続人から相続、遺贈や相続時精算課税に係る贈与によって財産を取得した人のうちに農業相続人がいない場合又は②配偶者が農業相続人である場合に記入します。）

課税価格の合計額のうち配偶者の法定相続分相当額	（第1表のⒶの金額）〔配偶者の法定相続分 ⓑ〕 66,501,000,000円× $\frac{1}{2}$ ＝ 33,250,500 円 上記の金額が16,000万円に満たない場合には、16,000万円	ⓘ※ ⓒ 160,000,000

配偶者の税額軽減額を計算する場合の課税価格	①分割財産の価額（第11表の配偶者の①の金額）	分割財産の価額から控除する債務及び葬式費用の金額		④（②−③）の金額（③の金額が②の金額より大きいときは0）	⑤純資産価額に加算される暦年課税分の贈与財産価額（第1表の配偶者の⑤の金額）	⑥（①−④+⑤）の金額（⑤の金額より小さいときは⑤の金額）（1,000円未満切捨て）
		②債務及び葬式費用の金額（第1表の配偶者の③の金額）	③未分割財産の価額（第11表の配偶者の②の金額）			
	円 ⓓ 38,500,000	円 1,800,000	円	円 1,800,000	円 ※	円 36,700,000

⑦相続税の総額（第1表の⑦の金額）	⑧⑦の金額と⑥の金額のうちいずれか少ない方の金額	⑨課税価格の合計額（第1表のⒶの金額）	⑩配偶者の税額軽減の基となる金額（⑦×⑧÷⑨）
円 ⓔ 1,850,00	円 36,700,000	円 66,501,	円 1,020,962

配偶者の税額軽減の限度額	ⓕ（第1表の配偶者の⑨又は⑩の金額）（第1表の配偶者の⑫の金額）（ 1,017,500 円 − 円）	ⓡ 1,017,500

配偶者の税額軽減額	（⑩の金額とⓡの金額のうちいずれか少ない方の金額）	⓷ ⓖ 1,017,500

（注）⓷の金額を第1表の配偶者の「配偶者の税額軽減額⑬」欄に転記します。

2　配偶者以外の人が農業相続人である場合（この表は、被相続人から相続、遺贈や相続時精算課税に係る贈与によって財産を取得した人のうちに農業相続人がいる場合で、かつ、その農業相続人が配偶者以外の場合に記入します。）

課税価格の合計額のうち配偶者の法定相続分相当額	（第3表のⒶの金額）〔配偶者の法定相続分〕 ,000円× ＝ 円 上記の金額が16,000万円に満たない場合には、16,000万円	ⓠ※ 円

配偶者の税額軽減額を計算する場合の課税価格	⑪分割財産の価額（第11表の配偶者の①の金額）	分割財産の価額から控除する債務及び葬式費用の金額		⑭（⑫−⑬）の金額（⑬の金額が⑫の金額より大きいときは0）	⑮純資産価額に加算される暦年課税分の贈与財産価額（第1表の配偶者の⑤の金額）	⑯（⑪−⑭+⑮）の金額（⑮の金額より小さいときは⑮の金額）（1,000円未満切捨て）
		⑫債務及び葬式費用の金額（第1表の配偶者の③の金額）	⑬未分割財産の価額（第11表の配偶者の②の金額）			
	円	円	円	円	円 ※	円 ,000

⑰相続税の総額（第3表の⑦の金額）	⑱ⓠの金額と⑯の金額のうちいずれか少ない方の金額	⑲課税価格の合計額（第3表のⒶの金額）	⑳配偶者の税額軽減の基となる金額（⑰×⑱÷⑲）
円 00	円	円 ,000	円

配偶者の税額軽減の限度額	（第1表の配偶者の⑩の金額）（第1表の配偶者の⑫の金額）（ 円 − 円）	ⓦ 円

配偶者の税額軽減額	（⑳の金額とⓦの金額のうちいずれか少ない方の金額）	ⓥ 円

（注）ⓥの金額を第1表の配偶者の「配偶者の税額軽減額⑬」欄に転記します。

※　相続税法第19条の2第5項（隠蔽又は仮装があった場合の配偶者の相続税額の軽減の不適用）の規定の適用があるときには、「課税価格の合計額のうち配偶者の法定相続分相当額」の（第1表のⒶの金額）、⑥、⑦、⑨、「課税価格の合計額のうち配偶者の法定相続分相当額」の（第3表のⒶの金額）、⑯、⑰及び⑲の各欄は、第5表の付表で計算した金額を転記します。

第5表（令5.7）

（資4−20−6−1−A4統一）

【「第5表　配偶者の税額軽減額の計算書」の記載方法】

ⓐ　被相続人の氏名を記入します。

ⓑ　P212の「第1表」のⒶ欄の金額を転記し、課税価格の合計額に配偶者の法定相続分を掛けた金額を記入します。

ⓒ　ⓑで計算した金額と1億6,000万円のいずれか多い金額を記入します。

ⓓ　P203の「第11表」で記入した配偶者の①欄の金額及びP212の「第1表」の配偶者の③欄の金額を転記し、配偶者の税額軽減額を計算する場合の課税価格を記入します。

ⓔ　P216の「第1表」で記入した⑦欄及びP212のⒶ欄の金額等を転記し、配偶者の税額軽減の基となる金額を記入します。

ⓕ　P216の「第1表」で記入した配偶者の⑨欄の金額を転記し、配偶者の税額軽減の限度額を記入します。

ⓖ　ⓔ及びⓕで計算した金額のいずれか少ない金額を記入します。また、その金額をP222の「第1表」の⑬欄に転記します。

【配偶者の税額軽減】

　被相続人の配偶者の課税価格が1億6,000万円までか、配偶者の法定相続分相当額までであれば、配偶者に相続税はかかりません。

2

5　手順4：各人の納付税額の計算

申告書の作成

【手順4】では、【手順3】で算出した税額控除額を「第1表」に転記し、各人の納付すべき相続税額を算出します。

（1）　各人の申告納税額の算出

【手順3】で計算した税額控除額を、「第1表」の⑫欄から⑰欄に転記します。

本設例においては、「配偶者の税額軽減」の特例を適用するため、⑬欄へその金額を記入します。

⑱欄で税額控除額を合計し、㉒欄で各人の納付税額を計算します。

各種表番号	作成する申告書	用意する資料	参照
第1表	相続税の申告書	税額控除の適用を受けるために記載した別表（第5表など）	P222

222

【「第1表 相続税の申告書」の記載例（その3）】

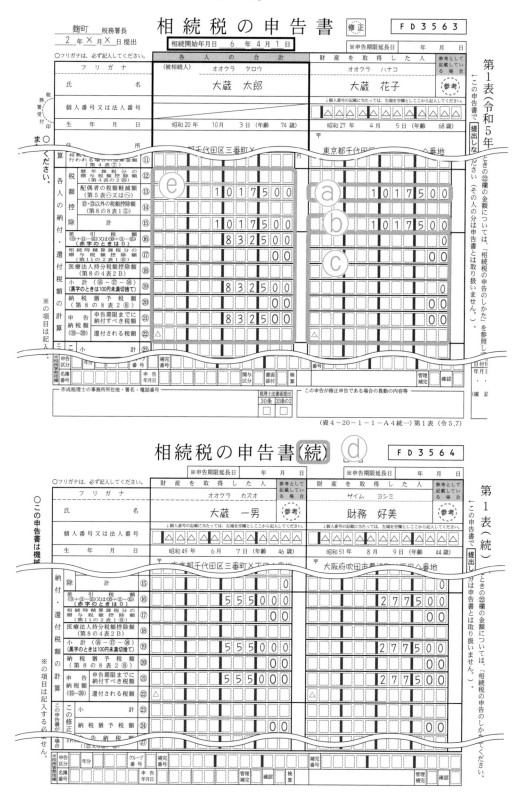

(資4−20−1−1−A4統一) 第1表 (令5,7)

(資4−20−2−1−A4統一) 第1表(続) (令5,7)

【「第1表　相続税の申告書」の記載方法（その3）】

　ここでは P212及び P216で記入した「第1表」の未記入部分のうち、「各人の納付・還付税額の計算」欄を記入します。

ⓐ　本設例においては、「配偶者の税額軽減」の特例を適用するため、P219の「第5表」で記入した「配偶者の税額軽減額」を⑬欄へ転記します。

ⓑ　⑫～⑰を合計した金額を記入します。

ⓒ　納付すべき税額等を記入します。この金額が最終的に納付する税額となります。納付書の書き方については P246を参照ください。

ⓓ　財産を取得した人が2人以上いるときは「相続税の申告書（続）」を作成します。

ⓔ　なお、「各人の合計」欄は、財産を取得した人ごとに各欄の計算を行った後に、その金額の合計額を記入してください。

【相続税の納税の期限等】

　納付すべき税額（第1表の㉔欄の金額）が算出される場合は、申告期限までに納付する必要があります。税金の納付場所は、最寄りの金融機関（銀行、郵便局等）又は被相続人の住所地を所轄する税務署です。

申告書の作成（その他の控除等がある場合）

3-1 生前贈与がある場合

　相続などにより財産を取得した人が、暦年贈与で被相続人からその相続開始前一定期間内に贈与を受けた財産があるときには、その人の相続税の課税価格に贈与を受けた財産の贈与の時の価額を加算します。また、その加算された贈与財産の価額に対応する贈与税の額は、加算された人の相続税の計算上控除されることになります。

（1）　生前贈与財産の加算──「第14表」の作成

　申告書の作成では、まず【手順1（課税価格の算出）】において、生前に贈与された財産の明細を「第14表」に記入し、課税価格に加算する贈与財産の価格を算出します。

　次に「第14表」で算出した贈与財産の価額を「第15表」に記入して、「課税価格」を算出します。なお、加算される価額の基になる贈与財産の範囲は以下のとおりです。

【生前贈与加算の対象となる贈与財産】

加算する贈与財産の範囲	① 被相続人から生前に贈与された財産のうち相続開始前一定期間内に贈与されたもの（P150参照）。 　※ 相続または遺贈により取得した財産がない場合には、生前贈与加算の適用はありません。 ② 被相続人から教育資金の一括贈与を受け、非課税の適用を受けた金額のうち、死亡した日における非課税拠出金額から、教育資金支出額を控除した残額（「管理残額」といいます）。なお、令和3年3月31日以前に贈与を受けた教育資金については、生前贈与加算の適用はありません。 　　また、死亡した日において受贈者が、 　　・23歳未満である場合 　　・学校等に在学している場合 　　・教育訓練給付金の支給対象となる教育訓練を受講している場合 のいずれかに該当する場合にも、生前贈与加算の適用はありません。 　※1 当該管理残額については、相続税の2割加算（P153コラム）が適用されます。また、当該管理残額以外に相続または遺贈により取得した財産がない場合には、生前贈与加算の適用はありません。 　※2 令和5年4月1日以後に被相続人から贈与等により教育資金管理契約の非課税の適用を受けた場合で、その被相続人に係る相続税の課税価格の合計額が5億円を超えているときは、受贈者が23歳未満であっても、非課税拠出額から教育資金支出額を控除した残額を受贈者が贈与者から相続等により取得したものとみなされ、相続税がかかります。

加算する贈与財産の範囲	③　被相続人から結婚・子育て資金の一括贈与を受け、非課税の適用を受けた金額のうち、相続開始の日における非課税拠出金額から、結婚・子育て資金支出額を控除した残額（管理残額） ※　当該管理残額については、相続税の2割加算（P153コラム）が適用されます。なお、令和3年3月31日以前に贈与を受けた教育資金については、生前贈与加算の適用はありません。また、当該管理残額以外に相続または遺贈により取得した財産がない場合には、生前贈与加算の適用はありません。
加算しない贈与財産の範囲	①　贈与税の配偶者控除の特例を受けている又は受けようとする財産のうち、その配偶者控除額に相当する金額 ②　直系尊属から贈与を受けた住宅取得等資金のうち、非課税の適用を受けた金額 ③　直系尊属から一括贈与を受けた教育資金のうち、非課税の適用を受けた金額 （上記加算する贈与財産の範囲の②を除く） ④　直系尊属から一括贈与を受けた結婚・子育て資金のうち、非課税の適用を受けた金額 （上記加算する贈与財産の範囲の③を除く）

各種表番号	作成する申告書	用意する資料	参照
第14表	純資産価額に加算される暦年課税分の贈与財産価額（略）の明細書	贈与契約など贈与の事実が確認できる書類	P227

（2）　贈与税額の控除―「第4表の2」の作成

　また、上記に該当する生前贈与を受けた際に贈与税を納税している場合には、その贈与税額を相続税額から控除することが可能です。

　この控除を受けるためには【手順3（税額控除額の計算）】において、「第4表の2」を作成する必要があります。

　控除される贈与税額は、相続税の課税価格に加算された贈与財産に係る贈与税の税額です。ただし、加算税、延滞税、利子税の額は含まれません。

各種表番号	作成する申告書	用意する資料	参照
第4表の2	暦年課税分の贈与税額控除額の計算書	贈与税の申告書	P229

（3）申告書記載例

　生前贈与がある場合の申告書の実際の記載例について、以下の設例に基づいてご説明します。

　太郎は生前、平成29年12月31日に長男の一男に現金100万円、長女の財務好美に現金200万円を贈与していました。財務好美は受贈時に贈与税を申告し、9万円の贈与税を納付済です。

> ▷ **コラム**　　贈与税が非課税になる特例

　相続対策として、子や孫への生前贈与を行う方も多いでしょう。子や孫のライフイベントの次のような使途に関しては、通常の贈与税（暦年贈与・相続時精算課税）とは別に特例が設けられています。

●「住宅取得等資金の贈与」
　【非課税枠】　住宅の性能により1,000万もしくは500万円
　【適用期間】　令和8年12月31日まで
　【要　　件】　受贈者は18歳以上、贈与を受ける年の合計所得金額が2,000万円以下であること
　【手 続 き】　贈与税申告書（専門家・税理士）

●「教育資金の一括贈与」
　【非課税枠】　1,500万円（学校等以外は500万円）
　【適用期間】　令和8年3月31日まで
　【要　　件】　受贈者は18歳以上、30歳未満であり、贈与を受ける年の合計所得金額が1,000
　　　　　　　　万円以下であること
　【手 続 き】　金融機関経由

●「結婚・子育て資金の一括贈与」
　【非課税枠】　1,000万円
　【適用期間】　令和7年3月31日
　【要　　件】　受贈者は18歳以上、30歳未満であり、贈与を受ける年の合計所得金額が1,000
　　　　　　　　万円以下であること
　【手 続 き】　金融機関経由

　いずれの特例制度も、適用を受ける場合には詳細な要件があります。また、毎年の税制改正により制度の内容や適用要件が変更になる場合があるので、利用前には必ず確認しましょう。

【「第14表　純資産価額に加算される暦年課税分の贈与財産価額の明細書」の記載例】

純資産価額に加算される暦年課税分の
贈与財産価額及び特定贈与財産価額
出資持分の定めのない法人などに遺贈した財産
特定の公益法人などに寄附した相続財産・
特定公益信託のために支出した相続財産
の明細書

被相続人　ⓐ　大蔵　太郎

第3編　相続税申告書の作成と納税―専門家対応編―

1　純資産価額に加算される暦年課税分の贈与財産価額及び特定贈与財産価額の明細

この表は、相続、遺贈や相続時精算課税に係る贈与によって財産を取得した人（注）が、その相続開始前3年以内に被相続人から暦年課税に係る贈与によって取得した財産がある場合に記入します。

（注）　被相続人から租税特別措置法第70条の2の2（直系尊属から教育資金の一括贈与を受けた場合の贈与税の非課税）第12項第1号に規定する管理残額及び同法第70条の2の3（直系尊属から結婚・子育て資金の一括贈与を受けた場合の贈与税の非課税）第12項第2号に規定する管理残額以外の財産を取得しなかった人（その人が被相続人から相続時精算課税に係る贈与によって財産を取得している場合は除きます。）は除きます。

| 番号 | 贈与を受けた人の氏名 | 贈与年月日 | 相続開始前3年以内に暦年課税に係る贈与を受けた財産の明細 ||||| ②①の価額のうち特定贈与財産の価額 | ③相続税の課税価格に加算される価額（①−②） |
			種類	細目	所在場所等	数量	①価額		
1	大蔵一男	R3・12・31	現金	ⓑ			1,000,000円	ⓒ	1,000,000円
2	財務好美	R3・12・31	現金				2,000,000		2,000,000
3		・・	ⓔ						ⓓ
4		・・							

贈与を受けた人ごとの③欄の合計額	氏名	（各人の合計）	大蔵一男	財務好美		
	④金額	3,000,000円	1,000,000円	2,000,000円	円	円

上記「②」欄において、相続開始の年に被相続人から贈与によって取得した居住用不動産や金銭の全部又は一部を特定贈与財産としている場合には、次の事項について、「（受贈配偶者）」及び「（受贈財産の番号）」の欄に所定の記入をすることにより確認します。

ⓕ　（受贈配偶者）　　　　　　　　　　　　　　　（受贈財産の番号）
私　　　　　　は、相続開始の年に被相続人から贈与によって取得した上記　　　の特定贈与財産の価額については贈与税の課税価格に算入します。
なお、私は、相続開始の年の前年以前に被相続人からの贈与について相続税法第21条の6第1項の規定の適用を受けていません。

（注）　④欄の金額を第1表のその人の「純資産価額に加算される暦年課税分の贈与財産価額⑤」欄及び第15表の㊲欄にそれぞれ転記します。

2　出資持分の定めのない法人などに遺贈した財産の明細

この表は、被相続人が人格のない社団又は財団や学校法人、社会福祉法人、宗教法人などの出資持分の定めのない法人に遺贈した財産のうち、相続税がかからないものの明細を記入します。

| 遺贈した財産の明細 ||||| 出資持分の定めのない法人などの所在地、名称 |
種類	細目	所在場所等	数量	価額	
				円	
		合　計			

3　特定の公益法人などに寄附した相続財産又は特定公益信託のために支出した相続財産の明細

私は、下記に掲げる相続財産を、相続税の申告期限までに、

(1)　国、地方公共団体又は租税特別措置法施行令第40条の3に規定する法人に対して寄附しましたので、租税特別措置法第70条第1項の規定の適用を受けます。

(2)　租税特別措置法施行令第40条の4第3項の要件に該当する特定公益信託の信託財産とするために支出しましたので、租税特別措置法第70条第3項の規定の適用を受けます。

(3)　特定非営利活動促進法第2条第3項に規定する認定特定非営利活動法人に対して寄附をしましたので、租税特別措置法第70条第10項の規定の適用を受けます。

| 寄附（支出）年月日 | 寄附（支出）した財産の明細 ||||| 公益法人等の所在地・名称（公益信託の受託者及び名称） | 寄附（支出）をした相続人等の氏名 |
	種類	細目	所在場所等	数量	価額		
・・					円		
・・							
			合　計				

（注）　この特例の適用を受ける場合には、期限内申告書に一定の受領書、証明書類等の添付が必要です。

【「第14表　純資産価額に加算される暦年課税分の贈与財産価額の明細書」の記載方法】

ⓐ　被相続人の氏名を記入します。

ⓑ　生前に贈与された財産の明細を記入します。贈与を受けた人の氏名、贈与年月日の他、贈与財産の種類、所在地、①欄にその価額を記入します。

ⓒ　①欄に記入した金額のうち、「特定贈与財産」がある場合は、その価額を記入します。

　＊　「特定贈与財産」とは、婚姻期間20年以上の配偶者に該当する被相続人からの贈与により、その被相続人の配偶者が取得した居住用不動産又は金銭でそれぞれ次に掲げる場合に該当するものをいいますが、詳しくは専門家にご相談ください。

贈与が相続開始の年の前年以前にされた場合で、その被相続人の配偶者がその贈与による取得の日の属する年分の贈与税につき贈与税の配偶者控除の規定の適用を受けているとき	贈与税の配偶者控除の規定により控除された金額に相当する部分
贈与が相続開始の年にされた場合で、その被相続人の配偶者がその被相続人からの贈与につき、贈与税の配偶者控除の規定の適用を受けていないとき	贈与税の配偶者控除の規定の適用があるとした場合に、控除される金額に相当する部分

ⓓ　③欄に相続税の課税価格に加算される価額（①－②）を記入します。

ⓔ　④欄に贈与を受けた人ごとの合計額を記入し、その合計額を（各人の合計欄）に記入します。

　また、④欄に記入した金額を、「第1表」⑤欄（純資産価額に加算される暦年課税分の贈与財産価額」へ、また、「第15表」の㊲欄に、それぞれ転記します。

ⓕ　上記②欄で相続開始の年に被相続人の配偶者が被相続人から贈与によって取得した居住用不動産や金銭等を「特定贈与財産」としている場合には、本欄の（受贈配偶者）に配偶者の氏名、（受贈財産の番号）欄へ財産の記載番号を記入します。

【「第４表の２　暦年課税分の贈与税額控除額の計算書」の記載例】

暦年課税分の贈与税額控除額の計算書

被相続人　ⓐ　大蔵　太郎

第４表の２（平成31年1月分以降用）

第3編　相続税申告書の作成と納税─専門家対応編─

この表は、第14表の「1 純資産価額に加算される暦年課税分の贈与財産価額及び特定贈与財産価額の明細」欄に記入した財産のうち相続税の課税価格に加算されるものについて、贈与税が課税されている場合に記入します。

控除を受ける人の氏名		財務　好美 ⓑ		
	贈与税の申告書の提出先	税務署	税務署	税務署

相続開始の年の前年分（　　年分）

被相続人から暦年課税に係る贈与によって租税特別措置法第70条の2の5第1項の規定の適用を受ける財産（特例贈与財産）を取得した場合

			円	円	円
①	相続開始の年の前年中に暦年課税に係る贈与によって取得した特例贈与財産の価額の合計額				
②	①のうち被相続人から暦年課税に係る贈与によって取得した特例贈与財産の価額の合計額（贈与税額の計算の基礎となった価額）				
③	その年分の暦年課税分の贈与税額（裏面の「2」参照）				
④	控除を受ける贈与税額（特例贈与財産分）（③×②÷①）				

被相続人から暦年課税に係る贈与によって租税特別措置法第70条の2の5第1項の規定の適用を受けない財産（一般贈与財産）を取得した場合

			円	円	円
⑤	相続開始の年の前年中に暦年課税に係る贈与によって取得した一般贈与財産の価額の合計額（贈与税の配偶者控除後の金額）				
⑥	⑤のうち被相続人から暦年課税に係る贈与によって取得した一般贈与財産の価額の合計額（贈与税額の計算の基礎となった価額）				
⑦	その年分の暦年課税分の贈与税額（裏面の「3」参照）				
⑧	控除を受ける贈与税額（一般贈与財産分）（⑦×⑥÷⑤）				

	贈与税の申告書の提出先	税務署	税務署	税務署

相続開始の年の前々年分（　　年分）

被相続人から暦年課税に係る贈与によって租税特別措置法第70条の2の5第1項の規定の適用を受ける財産（特例贈与財産）を取得した場合

			円	円	円
⑨	相続開始の年の前々年中に暦年課税に係る贈与によって取得した特例贈与財産の価額の合計額				
⑩	⑨のうち被相続人から暦年課税に係る贈与によって取得した特例贈与財産の価額の合計額（贈与税額の計算の基礎となった価額）				
⑪	その年分の暦年課税分の贈与税額（裏面の「2」参照）				
⑫	控除を受ける贈与税額（特例贈与財産分）（⑪×⑩÷⑨）				

被相続人から暦年課税に係る贈与によって租税特別措置法第70条の2の5第1項の規定の適用を受けない財産（一般贈与財産）を取得した場合

			円	円	円
⑬	相続開始の年の前々年中に暦年課税に係る贈与によって取得した一般贈与財産の価額の合計額（贈与税の配偶者控除後の金額）				
⑭	⑬のうち被相続人から暦年課税に係る贈与によって取得した一般贈与財産の価額の合計額（贈与税額の計算の基礎となった価額）				
⑮	その年分の暦年課税分の贈与税額（裏面の「3」参照）				
⑯	控除を受ける贈与税額（一般贈与財産分）（⑮×⑭÷⑬） ⓒ				

	贈与税の申告書の提出先	吹田 税務署	税務署	税務署

相続開始の年の前々々年分（29年分）

被相続人から暦年課税に係る贈与によって租税特別措置法第70条の2の5第1項の規定の適用を受ける（特例贈与財産）を取得した場合

			円		
⑰	相続開始の年の前々々年中に暦年課税に係る贈与によって取得した特例贈与財産の価額の合計額	2,000,000 ⓔ			
⑱	⑰のうち相続開始の日から遡って3年前の日以後に被相続人から暦年課税に係る贈与によって取得した特例贈与財産の価額の合計額（贈与税額の計算の基礎となった価額）	2,000,000 ⓕ			
⑲	その年分の暦年課税分の贈与税額（裏面の「2」参照）	90,000 ⓓ			
⑳	控除を受ける贈与税額（特例贈与財産分）（⑲×⑱÷⑰）	90,000 ⓖ			

被相続人から暦年課税に係る贈与によって租税特別措置法第70条の2の5第1項の規定の適用を受けない（一般贈与財産）を取得した場合

			円	円	円
㉑	相続開始の年の前々々年中に暦年課税に係る贈与によって取得した一般贈与財産の価額の合計額（贈与税の配偶者控除後の金額）				
㉒	⑳のうち相続開始の日から遡って3年前の日以後に被相続人から暦年課税に係る贈与によって取得した一般贈与財産の価額の合計額（贈与税額の計算の基礎となった価額）				
㉓	その年分の暦年課税分の贈与税額（裏面の「3」参照）				
㉔	控除を受ける贈与税額（一般贈与財産分）（㉓×㉒÷㉑）				
㉕	暦年課税分の贈与税額控除額計（④＋⑧＋⑫＋⑯＋⑳＋㉔）	90,000	円 ⓗ	円	円

(注)　各人の㉕欄の金額を第１表のその人の「暦年課税分の贈与税額控除額⑫」欄に転記します。

第4表の2（令5.7）　　　　　　　　　　　　　　　　　　　　　　　　（資4−20−5−3−A4 統一）

【「第4表の2　暦年課税分の贈与税額控除額の計算書」の記載方法】

ⓐ　被相続人の氏名を記入します。

ⓑ　控除を受ける人の氏名を記入します。

＊　本例では、長男の一男は贈与税の基礎控除内の贈与であったため、納税額は生じておらず、控除すべき申告納税はありませんでした。したがって、本表への記載を要するのは、贈与税を申告している財務好美のみとなります。

ⓒ　当該贈与税の申告書を提出した税務署名を記入します。

ⓓ　それぞれのその年に課税された暦年課税分の贈与税額を特例贈与財産は③、⑪、⑲欄に、一般贈与財産は⑦、⑮、㉓欄に記入します（ただし、利子税、延滞税及び加算税の額は含まれません）。

　なお、贈与により取得した財産が「特例贈与財産」と「一般贈与財産」の両方の財産である場合の概要はP141以降に記載されていますが、詳しくは専門家にご相談ください。

ⓔ　「特定贈与財産（P228参照）」に該当するものがある場合には、被相続人から贈与を受けた財産の総額からその特定贈与財産の価額を差し引いた金額を⑤⑬㉑欄に記入します。

ⓕ　ⓔに記載した金額のうち、被相続人からの贈与により取得した財産の価額の合計額を記載します。

ⓖ　それぞれの年分において控除を受ける各人の贈与税額を記入します。

ⓗ　㉕欄に各人の暦年課税分の贈与税額控除額計（④＋⑧＋⑫＋⑯＋⑳＋㉔）を記入します。また㉕欄の金額を「第1表」のその人の「暦年課税分の贈与税額控除額⑫」欄に転記します。

3 2 申告書の作成（その他の控除等がある場合）

相続時精算課税制度の適用がある場合

　相続時精算課税を選択して被相続人から生前に贈与を受けている場合には、相続により財産を取得しなかった場合でも、相続税の申告が必要となりますのでご注意ください。

　本制度の選択に係る詳細については、専門家へご相談ください。

（1）　相続時精算課税制度を適用した財産の明細並びに贈与税額控除額の計算──「第11の2表」の作成

　相続時精算課税に係る贈与者が亡くなった時に、それまでに贈与を受けた相続時精算課税の適用を受ける贈与財産の価額と相続や遺贈により取得した財産の価額とを合計した金額を基に計算した相続税額から、既に納めた相続時精算課税に係る贈与税相当額を控除して算出することとなります。

　したがって、申告書の作成においては、【手順1（課税価格の算出）】で「第11表の2」を作成し、相続時精算課税の適用財産の明細を記載するとともに、控除すべき控除税額を算出することとなります。

各種表番号	作成する申告書	用意する資料	参照
第11の2表	相続時精算課税適用財産の明細書・相続時精算課税分の贈与税額控除額の計算書	贈与税の申告書（相続時精算課税適用分すべて）	P233

（2）　贈与税額の還付──「第1表の付表2」の作成

　また、相続税額から控除しきれない相続時精算課税に係る贈与税相当額については、相続税の申告をすることにより還付を受けることができます。その場合、【手順2】において、「第1表」の他に「第1表の付表2」を作成する必要があります。

各種表番号	作成する申告書	用意する資料	参照
第1表の付表2	還付される税額の受取場所	還付先の銀行の口座番号（本人の口座に限ります）	省略

（3）申告書記載例

　相続時精算課税制度の適用がある場合の申告書の実際の記載例について、以下の設例に基づいて説明します。

> 　太郎は生前、平成30年12月31日に長男の一男に○○株式会社の株を50,000株贈与しています。その際に、一男は相続時精算課税制度を選択し、贈与税の申告を行っています。株式の評価額は1,000万円で、特別控除枠（2,500万円）の範囲内でしたので、納税額は生じませんでした。

【「第11の2表　相続時精算課税適用財産の明細書・相続時精算課税分の贈与税額控除額の計算書」の記載例】

相続時精算課税適用財産の明細書
相続時精算課税分の贈与税額控除額の計算書

被相続人　ⓐ　大蔵　太郎

第11の2表（令和5年1月分以降用）

この表は、被相続人から相続時精算課税に係る贈与によって取得した財産（相続時精算課税適用財産）がある場合に記入します。

1　相続税の課税価格に加算する相続時精算課税適用財産の課税価格及び納付すべき相続税額から控除すべき贈与税額の明細

番号	① 贈与を受けた人の氏名	② 贈与を受けた年分	③ 贈与税の申告書を提出した税務署の名称	④ ②の年分に被相続人から相続時精算課税に係る贈与を受けた財産の価額の合計額（課税価格）	⑤ ④の財産に係る贈与税額（贈与税の外国税額控除前の金額）	⑥ ⑤のうち贈与税額に係る外国税額控除額
1	大蔵一男	平成30年分	麹町税務署	10,000,000 円	0 円	0 円
2						
3						
4						
5						
6						

	氏名	（各人の合計）	大蔵一男			
贈与を受けた人ごとの相続時精算課税適用財産の課税価格及び贈与税額の合計額	⑦ 課税価格の合計額（④の合計額）	円	円	円	円	円
	⑧ 贈与税額の合計額（⑤の合計額）	10,000,000	10,000,000			
	⑨ ⑧のうち贈与税額に係る外国税額控除額の合計額（⑥の合計額）					

（注）
1　相続時精算課税に係る贈与をした被相続人がその贈与をした年の中途に死亡した場合の③欄は「相続時精算課税選択届出書を提出した税務署の名称」を記入してください。
2　④欄の金額は、下記2の③の「価額」欄の金額に基づき記入します。
3　各人の⑦欄の金額を第1表のその人の「相続時精算課税適用財産の価額②」欄及び第15表のその人の㉛欄にそれぞれ転記します。
4　各人の⑧欄の金額を第1表のその人の「相続時精算課税分の贈与税額控除額⑰」欄に転記します。

2　相続時精算課税適用財産（1の④）の明細
（上記1の「番号」欄の番号に合わせて記入します。）

番号	① 贈与を受けた人の氏名	② 贈与年月日	③ 相続時精算課税適用財産の明細					
			種類	細目	利用区分、銘柄等	所在場所等	数量	価額
1	大蔵一男	H30.12.31	有価証券	上場株式	○○株式会社		50,000	10,000,000 円

（注）
1　この明細は、被相続人である特定贈与者に係る贈与税の申告書第2表に基づき記入します。
2　③の「価額」欄には、被相続人である特定贈与者に係る贈与税の申告書第2表の「財産の価額」欄の金額を記入します。ただし、特定事業用資産の特例の適用を受ける場合には、第11・11の2表の付表3の⑦欄の金額と⑦欄の金額に係る第11・11の2表の付表3の2の⑲の金額の合計額を、特定計画山林の特例の適用を受ける場合には、第11・11の2表の付表4の「2　特定受贈森林経営計画対象山林である選択特定計画山林の明細」の④欄の金額を記入します。

第11の2表（令5.7）　　　　　　　　　　　　　　　　　　　　　（資4－20－12－2－A4統一）

234

【「第11の２表　相続時精算課税適用財産の明細書・相続時精算課税分の贈与税額控除額の計算書」
の記載方法】

ⓐ　被相続人の氏名を記入します。

ⓑ　相続時精算課税の適用により贈与を受けた人の氏名を記入します。また、その贈
　与を受けた年度、贈与税を申告した税務署を記入します。

ⓒ　②欄の年分において相続時精算課税に係る贈与を受けた財産の価額の合計額を記
　入します。後述するⓖ欄において記入した「価額」欄の金額に基づいた金額となり
　ます。

ⓓ　⑤で記入した財産の価額の合計額に係る贈与税額がある場合には、その金額を記
　入します。

　　なお、外国税額控除額がある場合には、その控除前の金額を⑤に記入し、外国税
　額控除額は⑥に記入します。

ⓔ　相続時精算課税の適用を受けた人ごとに、その氏名と課税価格の合計額を記入し
　ます。

ⓕ　相続時精算課税に係る贈与を受けた人ごとの合計額を合計し、その額を（各人の
　合計）欄に記入します。

　　各人の⑦欄の金額を「第15表」のその人の㉛欄及び「第１表」のその人の「相
　続時精算課税適用財産の価額②」欄に、それぞれ転記します。

　　また、⑧欄の金額がある場合には、その金額を「第１表」のその人の「相続時精
　算課税分の贈与税額控除額⑳」欄に転記します。本例においては贈与税額は生じて
　いないため、控除税額もありません。

ⓖ　ⓑで記入した記載番号に対応するよう贈与を受けた人ごとに、その氏名、財産の
　種類や細目、またその数量や価額など、相続時精算課税を適用した財産の明細を記
　入します。

3 申告書の作成（その他の控除等がある場合）

3 未成年者控除・障害者控除の適用がある場合

相続人が未成年者、あるいは障害者である場合には、相続が開始した日の年齢に応じて一定の税額控除を受けることが可能です。

未成年者控除が受けられるのは、日本国内に住所を有し、相続開始時に18歳未満である法定相続人です。日本国内に住所を有しない人でも、一定の条件を満たせば適用を受けられる場合もあります。

障害者控除が受けられるのは、日本国内に住所を有し、相続開始時に85歳未満の障害者である法定相続人です。

（1）　未成年者控除・障害者控除の控除税額の計算――「第6表」の作成

申告書の作成においては、【手順3（税額控除額の計算）】で「第6表」を作成し、それぞれの控除額を計算します。それぞれの控除額の計算は以下のとおりです。

①　未成年者控除

未成年者控除により控除される税額は、その未成年者が満18歳になるまでの年数1年につき10万円で計算した額となります。また、年数の計算に当たり、1年未満の期間があるときは切り上げて1年として計算します。

②　障害者控除

障害者控除により控除される税額は、その障害者が満85歳になるまでの年数1年につき10万円で計算した額となります。特別障害者の場合は1年につき20万円となります。また、年数の計算に当たり、1年未満の期間があるときは切り上げて1年として計算します。

なお、未成年者控除額や障害者控除額が、その未成年者本人の相続税額より大きいため控除額の全額が引き切れないことがあります。この場合は、その引き切れない部分の金額をその未成年者の扶養義務者の相続税額から差し引きます。

＊　扶養義務者とは、配偶者、直系血族及び兄弟姉妹のほか、3親等内の親族のうち一定の者をいいます。

236

また、その未成年者や障害者が今回の相続以前にも未成年者控除あるいは障害者控除を受けているときは、控除額が制限されることがあります。

各種表番号	作成する申告書	用意する資料	参照
第6表	未成年者控除額・障害者控除額の計算書	障害者手帳など	P237

（2）申告書記載例

　未成年者控除・障害者控除の適用がある場合の申告書の実際の記載例について、以下の設例に基づいてご説明します。

> 　相続人である長男の一男は身体障害者手帳2級で、相続開始時の年齢は24歳でした。また、相続人である長女の好美は未成年者で相続開始時の年齢は17歳でした。一男の相続税額（障害者控除前）は555,000円、好美の相続税額（未成年者控除前）は277,500円でした。また、一男の扶養義務者である大蔵花子の配偶者の税額軽減の適用により相続税額は0円でした。

【「第6表　未成年者控除・障害者控除の計算書」の記載例】

【「第6表　未成年者控除・障害者控除の計算書」の記載方法】

ⓐ　被相続人の氏名を記入します。

ⓑ　未成年者控除または障害者控除の適用を受ける人の氏名、年齢を、それぞれ記入します。

　　＊　「未成年者控除」については本表の「1」欄を、「障害者控除」については「2」欄をそれぞれ使用します。

　　＊　「障害者控除」には「一般障害者」と「特別障害者」との区分があるので、該当する区分欄に記入します。

ⓒ　②欄において、年齢による控除額計算を行い、控除額を記入します。控除額については P235に記載したとおりです。

ⓓ　未成年者控除または障害者控除の適用を受ける人の相続税額を「第1表」より③欄に転記します（本例では設例に基づき、記載しています）。

ⓔ　②欄で計算した控除額を③欄の相続税額から控除しきれない場合、その金額（②－③）を各人の④欄に記入します。

　　またその各人の合計額をⒶ欄に記入します。

ⓕ　ⓔで記入した控除しきれない金額がある場合には、その引き切れない部分の金額（Ⓐ欄）を、その未成年者あるいは障害者の扶養義務者の相続税額から差し引くことができます。

　　扶養義務者の氏名を記入するとともに、その相続税額、控除額をそれぞれ⑤、⑥欄に記入します。そのうえで、各人の⑥欄の金額を、各人の「第1表」の⑭欄（未成年者控除額）、⑮欄（障害者控除額）の欄にそれぞれ転記します。

　　本設例の場合、一男の扶養義務者は、直系血族である母の大蔵花子と兄弟姉妹である長女 財務好美になります。大蔵花子は配偶者の税額軽減によりすでに納付税額が0円でしたが、財務好美は、未成年者控除前の相続税額277,500円から未成年者控除額100,000円を控除した残額177,500円について一男から控除しきれなかった障害者控除額を控除することができます。

3

4 相次相続控除の適用がある場合

申告書の作成（その他の控除等がある場合）

　今回の相続の開始前10年以内に、被相続人が相続、遺贈や相続時精算課税に係る贈与によって財産を取得し、相続税が課されていた場合には、その被相続人から相続、遺贈や相続時精算課税に係る贈与によって財産を取得した人の相続税額から、一定の金額を控除することが可能です。

　前回の相続で祖父から父へ相続が行われてから10年以内に父が死亡し、その子への相続が行われる場合などには短期間で同一の財産に相続税が課される可能性があり、相続税の負担が大きくなってしまいます。

　このような場合には、前回の相続税のうち一定の相続税額を、今回の相続税額から控除することができることとされています。

　この相次相続控除制度の適用対象者は相続人に限定されているため、相続の放棄をした人や相続権を失った人は、たとえ遺贈により財産を取得しても、この制度を適用することはできません。

（1）　相次相続控除額の計算——「第7表」の作成

　申告書の作成では、【手順3（税額控除額の計算）】で「第7表」を作成し、控除額を算出することとなります。

　各相続人の相次相続控除額は、次の算式により計算した金額です。

$$A×C／（B－A）[求めた割合が100／100を超えるときは、100／100とする]$$
$$×D／C×（10－E）／10＝各相続人の相似相続控除額$$

A：今回の被相続人が前の相続の際に課せられた相続税額

　この相続税額は、相続時精算課税分の贈与税額控除後の金額をいい、その被相続人が納税猶予の適用を受けていた場合の免除された相続税額並びに延滞税、利子税及び加算税の額は含まれません。

B：被相続人が前の相続の時に取得した純資産価額（取得財産の価額＋相続時精算課税適用財産の価額－債務及び葬式費用の金額）

C：今回の相続、遺贈や相続時精算課税に係る贈与によって財産を取得したすべての

240

人の純資産価額の合計額

Ｄ：今回のその相続人の純資産価額

Ｅ：前の相続から今回の相続までの期間

　　１年未満の期間は切り捨てます。

　＊　被相続人から相続、遺贈や相続時精算課税に係る贈与によって財産を取得した人のなかに農
　　　業相続人がいる場合は、一部の計算が異なりますので、詳しくは専門家にご相談ください。

各種表番号	作成する申告書	用意する資料	参照
第7表	相次相続控除額の計算書	前回の相続税の申告書	P241

（2）　申告書記載例

　相次相続控除の適用がある場合の申告書の記載例について、以下の設例に基づいて
ご説明します。

　　大蔵太郎の父である大蔵一郎（祖父）は、平成30年12月31日に亡くなりました。大蔵一郎
の相続に係る大蔵太郎の相続税の申告は下記のとおりでした。

相続財産　現金　9,000万円

相続人	長　男　大蔵太郎	3,000万円	納付税額	333,300円
	次　男　大蔵次郎	3,000万円	〃	333,300円
	三　男　大蔵三郎	3,000万円	〃	333,300円

【「第7表　相次相続控除額の計算書」の記載例】

相 次 相 続 控 除 額 の 計 算 書

被相続人 ⓐ 大蔵　太郎

この表は、被相続人が今回の相続の開始前10年以内に開始した前の相続について、相続税を課税されている場合に記入します。

1　相 次 相 続 控 除 額 の 総 額 の 計 算

前の相続に係る被相続人の氏名	前の相続に係る被相続人と今回の相続に係る被相続人との続柄	前 の 相 続 に 係 る 相 続 税 の 申 告 書 の 提 出 先
ⓑ 大蔵　一郎	父	麹町　　税務署

① 前 の 相 続 の 年 月 日	② 今回の相続の年月日	③ 前の相続から今回の相続までの期間（1年未満切捨て）	④ 10年 － ③ の 年 数
平成 26 年 12 月 31 日	令和 6 年 4 月 1 日	5 年	ⓒ 5 年

⑤ 被相続人が前の相続の時に取得した純資産価額（相続時精算課税適用財産の価額を含みます。）	⑥ 前の相続の際の被相続人の相続税額	⑦ （⑤－⑥）の金額	⑧ 今回の相続、遺贈や相続時精算課税に係る贈与によって財産を取得した全ての人の純資産価額の合計額（第1表の④の合計金額）
ⓓ 30,000,000 円	333,300 円	29,666,700 円	ⓔ 66,501,500 円

ⓕ （⑥の相続税額） 333,300 円 × $\frac{⑧の金額　66,501,500 円}{⑦の金額　29,666,700 円}$（この割合が1を超えるときは1とします。）× $\frac{（④の年数）　5 年}{10 年}$ ＝ 相次相続控除額の総額 Ⓐ 166,650 円

2　各 相 続 人 の 相 次 相 続 控 除 額 の 計 算

(1)　一般の場合（この表は、被相続人から相続、遺贈や相続時精算課税に係る贈与によって財産を取得した人のうちに農業相続人がいない場合に、財産を取得した相続人の全ての人が記入します。）

今回の相続の被相続人から財産を取得した相続人の氏名	⑨ 相 次 相 続 控 除 額 の 総 額	⑩ 各相続人の純資産価額（第1表の各人の④の金額）	⑪ 相続人以外の人も含めた純資産価額の合計額（第1表の④の各人の合計）	⑫ 各人の⑩の割合 Ⓑ	⑬ 各人の相次相続控除額（⑨×各人の⑫の割合）
大蔵　花子	（上記Ⓐの金額）	36,700,000 円	ⓗ	0.551867	91,968 円
大蔵　一男		19,601,500		0.294752	49,120
財務　好美	166,650 円	10,200,000	Ⓑ 66,501,500 円	0.153379	25,560
ⓖ					ⓘ

(2)　相続人のうちに農業相続人がいる場合（この表は、被相続人から相続、遺贈や相続時精算課税に係る贈与によって財産を取得した人のうちに農業相続人がいる場合に、財産を取得した相続人の全ての人が記入します。）

今回の相続の被相続人から財産を取得した相続人の氏名	⑭ 相 次 相 続 控 除 額 の 総 額	⑮ 各相続人の純資産価額（第3表の各人の④の金額）	⑯ 相続人以外の人も含めた純資産価額の合計額（第3表の④の各人の合計）	⑰ 各人の⑮の割合 Ⓒ	⑱ 各人の相次相続控除額（⑭×各人の⑰の割合）
	（上記Ⓐの金額）	円			円
			Ⓒ		
	円		円		

(注)　1　⑥欄の相続税額は、相続時精算課税分の贈与税額控除後の金額をいい、その被相続人が納税猶予の適用を受けていた場合の免除された相続税額並びに延滞税、利子税及び加算税の額は含まれません。
　　　2　各人の⑬又は⑱欄の金額を第8の8表1のその人の「相次相続控除額③」欄に転記します。

第7表（令5.7）

（資4－20－8－A4統一）

【「第7表　相次相続控除額の計算書」の記載方法】

ⓐ　被相続人の氏名を記入します。

ⓑ　今回の相続人が被相続人となった前回の相続の詳細を記入します。被相続人の氏名と、今回の被相続人との続柄、前回相続税の申告先の税務署を記入します。

ⓒ　前回の相続及び今回の相続の日付を記入し、今回の相続までの期間を計算し、10年からその年数を除した年数を記入します（④欄）。

ⓓ　前回の相続で被相続人が相続により取得した純資産価額（取得財産の価額＋相続時精算課税適用財産の価額－債務及び葬式費用の金額）と相続税額を記入し、⑦欄に純資産価額から相続税額を引いた金額を記入します（⑤－⑥）。

　＊　この相続税額は、相続時精算課税分の贈与税額控除後の金額をいい、その被相続人が納税猶予の適用を受けていた場合の免除された相続税額並びに延滞税、利子税及び加算税の額は含まれません。

ⓔ　今回の相続によって財産を取得したすべての人の純資産価額を記入します。

ⓕ　相次相続控除額を算式（④⑥⑦⑧欄に数字を転記します）に基づいてⒶ欄に記入します。

ⓖ　今回の相続で被相続人から財産を取得した人の氏名と、それぞれの相続した純資産価額を記入します。

ⓗ　Ⓑ欄に、今回の相続による純資産価額の合計額を記入します（この際、相続人以外の人も含めた金額を記入します）。そのうえで、この金額に対する⑩欄に記載した各相続人の純資産価額の割合を計算し、⑫欄に記入します。

ⓘ　⑩欄に記入した割合に応じた確認の相次相続控除額を計算し、⑬欄に記入します。またその金額を「第1表」の⑯欄（相次相続控除額）に転記します。

4 申告書の提出・納税

■ 申告書の提出先・提出期限

　相続税の申告書は、相続の開始があったことを知った日の翌日から10か月以内に被相続人の死亡時における住所地を管轄する税務署に提出します。なお、この期限の日が土日祝日などに当たるときは、これらの日の翌日が期限になります。

　また、平成31年1月1日以後の相続等における申告（令和元年10月）から e-Tax での相続税の申告が可能になりました。

■ 申告書の提出方法

　相続税の申告書は、同じ被相続人から相続、遺贈などで財産を取得した人が共同で作成して提出することができます。

　相続人等が共同で作成、提出ができない場合は、個々に申告書を提出することも可能です。

■ 添付書類

① 共通

　イ　被相続人の出生から死亡までの戸籍謄本（写し）

　※　平成30年4月1日以後はイの書類に代えて図形式の「法定相続情報一覧図の写し」を添付することができるようになりました。

　ロ　遺言書の写し又は遺産分割協議書の写し

　ハ　相続人全員の印鑑証明書（遺産分割協議書に押印したもの）

　ニ　相続時精算課税適用者がいる場合には、被相続人及び相続時精算課税適用者の戸籍の附票の写し

② 小規模宅地等の特例の適用を受ける場合（追加添付書類）

　イ　特定居住用宅地等の場合

　（イ）同居親族の場合

　　　・住民票の写しや戸籍の附票の写しなど（マイナンバーを提出する場合は不

要）

（ロ）　同居親族以外の場合

・住民票の写しや戸籍の附票の写しなどで、相続開始前３年以内における住所又は居所を明らかにする書類（マイナンバーを提出する場合は不要）

・相続開始前３年以内に居住していた家屋が、自己、自己の配偶者、三親等内の親族又は特別の関係がある一定の法人の所有する家屋以外の家屋である旨を証明する書類（賃貸借契約書など）

・相続開始の時において自己の居住している家屋を相続開始前いずれの時においても所有したことがないことを証する書類（家屋の登記簿謄本など）

（ハ）　被相続人が老人ホーム等に入居していた場合の特例の適用を受ける場合

・被相続人の戸籍の附票の写し

・被相続人が要介護認定や要支援認定を受けていることを明らかにする書類（介護保険の被保険者証や障害者福祉サービス受給者証の写しなど）

・被相続人が入所していた老人ホーム等が法律で定められた施設であることを明らかにする書類（老人ホーム等の契約書など）

※　（イ）（ロ）については、配偶者が取得した場合には提出は不要です。

ロ　申告期限内に分割ができない場合

申告期限後３年以内の分割見込書

③　配偶者の税額軽減の適用を受ける場合（追加添付書類）

イ　申告期限内に分割ができない場合

申告期限後３年以内の分割見込書

④　相続税申告に係る個人番号【マイナンバー】について

マイナンバーの提供を受ける際は、なりすましを防止するため、マイナンバー法に基づき厳格な本人確認が義務付けられています。したがって、マイナンバーが記載された申告書や申請書などを税務署等へ提出する際には、税務署等で本人確認をすることになります。

なお、e-Tax で申告書などを送信する場合には、電子証明書などで本人確認を行いますので、別途、本人確認書類の提示又は写しの提出は不要です。

【本人確認書類】

①　マイナンバーカード（個人番号カード）を持っている場合

マイナンバーカードだけで、本人確認（番号確認と身元確認）が可能です。

② マイナンバーカードを持っていない場合

> 番号確認書類
>
> ・通知カード
>
> ・住民票の写し又は住民票記載事項証明書（マイナンバーの記載があるものに限る）
>
> 　　　　　　　　　　　　　　　　　　　　　　　　などのうちいずれか1つ

> 身元確認書類
>
> ・運転免許証　　・公的医療保険の被保険者証
>
> ・パスポート　　・身体障害者手帳
>
> ・在留カード　　　　　　　　　　　　　　　　などのうちいずれか1つ

▨ 電子申告

　インターネット環境があれば、国税庁の e-Tax を使って相続税の電子申告ができます。夜間や週末に自宅から申告手続きができるので、多忙な相続人には便利な方法です。

　令和5年1月からは、預貯金に関する残高証明書の写しなど一定の添付書類の提出が原則不要となるなど、以前と比べて利用しやすくなっています。

【利用方法】

　利用するには、事前に「電子申告・納税等開始（変更等）届出書」を相続人の住所を管轄する税務署に提出する必要があります。確定申告などで既に利用者識別番号を取得している場合は、その番号を使うことができるので、届出書の提出は必要ありません。

　相続税申告書のほか、添付書類をイメージデータ（PDF 形式）で送信できます。

【利用可能時間】

◇火曜日～金曜日（休祝日及び12月29日～1月3日を除く）　24時間

◇月・土・日・休祝日（メンテナンス日を除く）　8時30分～24時

▨ 納付期限

　相続税の納付期限は、原則として、相続の開始があったことを知った日の翌日から10か月目の日までに、金銭で納付することになっています。

納付書の書き方

納付書は最寄りの税務署の総合窓口でもらうことができます。書き損じがあった場合を考えて申告人数分よりも多めにもらっておきましょう。

【記載例】

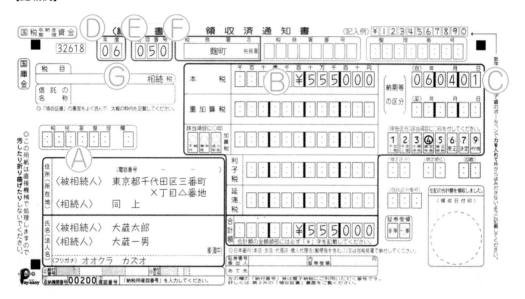

Ⓐ　相続人ごとに作成します。

Ⓑ　第1表の申告納税額を記載します。

Ⓒ　相続開始年月日を記載します。

Ⓓ　相続が発生した年度を記載します。

Ⓔ　相続税の税目番号「050」を記載します。

Ⓕ　申告書を提出する税務署名を記載します。

Ⓖ　税目を「相続」と記載します。

納付場所

税務署、あるいは最寄りの金融機関で納付します。

申告期限内に申告をした場合でも、税金を申告期限までに納めなかったときは、延滞税がかかってくる場合があります。

その他の納付方法

納付についてはこれまでもコンビニ納付やクレジットカード納付（平成29年以降）を選択することができましたが、平成31年1月1日以後に相続等により財産を取得

した人の申告（令和元年10月）から、確定申告時の所得税の納付と同様に、相続税の納付についてもダイレクト納付等による納付を選択できるようになりました。

　ダイレクト納付の場合、事前に税務署に指定預貯金口座の届出をしておくことで、e-Tax を利用して電子申告等をした後に、届出をした預貯金口座からの振替により、簡単なクリック操作で即時又は期日を指定して電子納付を行うことができます。

　ダイレクト納付の利用は、e-Tax の利用可能時間内（平日の8時30分〜24時）であること、ダイレクト納付が利用できる各金融機関のオンラインサービス提供時間であることが必要です。

　また、e-Tax の利用可能時間内であっても、ご利用の金融機関のオンラインサービス提供時間外には、ダイレクト納付（即時納付）が行えませんので事前に確認の上利用しましょう。

【法人紹介】
OAG 税理士法人（OAG グループ）

　OAG グループは、税理士、公認会計士、弁護士、司法書士、社会保険労務士、行政書士など、総数400名超の専門家により構成されており、組織規模を活かしたワンストップでスピーディーな課題解決を可能としています。

■相続・贈与サービスの強み

① **相続税申告実績**

　累計9,500件以上、年間実績1,200件以上の相続税申告件数

② **国内７拠点、グループ400人超規模の組織力**

　相続専門税理士、国税 OB 税理士が多数在籍／士業関連の有資格者150名超

③ **ワンストップ対応**

　相続税申告、相続税対策（遺言、贈与、資産組換等）、セカンドオピニオン、遺産整理、登記、不動産売買、弁護士対応などグループでトータルサポート

④ **創業35年以上の実績**

　信頼の実績、常に成長を目指し活動を展開中

⑤ **ノウハウ・豊富な経験**

　相続関連の専門書多数発行

■ OAG グループ

　株式会社 OAG ／ OAG 税理士法人／ OAG 弁護士法人／ OAG 監査法人／ OAG 行政書士法人／ OAG 社会保険労務士法人／ OAG 司法書士法人／株式会社 OAG コンサルティング／株式会社 OAG アウトソーシング／株式会社 OAG ビジコム／株式会社 FOODOAG ／株式会社 OAG ライフサポート／株式会社 OAG IT マネジメントパートナー／株式会社 OAG 相続コンシェルジュ

■アセットキャンパス OAG

アセットキャンパス

【監　修】
渡邉　正則（わたなべ　まさのり）
　昭和58年東京国税局入局。同局税務相談室、同課税第一部調査部門（地価税担当）等の主に資産課税に係る審理事務に従事した後退職。平成９年８月税理士登録、中小企業診断士、CFP®、青山学院大学大学院（会計研究科）客員教授、全国事業再生税理士ネットワーク幹事、OAG税理士法人顧問。
　主な著書：平成16〜令和６年度『税制改正早わかり』、『判断に迷う財産評価』（共著・大蔵財務協会）、『不動産・非上場株式の税務上の時価の考え方と実務への応用』『あなたのための相続税対策』『Ｑ＆Ａ遺言・遺産分割の形態と課税関係』『オーナー社長のための税金と事業承継対策』『地積規模の大きな宅地の評価のポイント』（大蔵財務協会）等。

【執　筆】
田中　晋平（たなか　しんぺい）
　大手コンサルティングファームにて、中小中堅企業向けに会計、税務、不動産を中心とした経営コンサルティングに従事。
　2008年からOAGグループに参画し、オーナー企業における親族内承継、従業員によるMBOなど事業承継に関わる意思決定と相続対策のサポート多数。
　メガバンクの行員向け営業研修、大手不動産会社の階層別社員向け研修、ならびに上場子会社、関係会社の新任取締役、監査役研修、昇格試験評価担当など能力開発を主とした研修多数。

木村　美砂（きむら　みさ）
　東京都出身、税理士。平成28年、OAG税理士法人東京ウエスト入社。
　都市近郊農家、不動産オーナーの税務コンサルティング、税務申告を行っている。
　セミナー講師の依頼も多く、分かりやすいと好評。

柴田　泰子（しばた　やすこ）
　愛知県出身、税理士。令和４年、OAG税理士法人名古屋入社。
　相続を中心とした税務申告、相談業務に従事。

よりよい相続のために‼

令和6年改訂版　相続 手続・申告 シンプルガイド
〜相続は、相続人と会計事務所との共同作業です〜

令和6年3月25日　初版印刷
令和6年4月17日　初版発行

不　許
複　製

編　著　　ＯＡＧ税理士法人

（一財）大蔵財務協会 理事長
発行者　　木　村　幸　俊

発行所　一般財団法人　大　蔵　財　務　協　会
〔郵便番号　130-8585〕
東京都墨田区東駒形 1 丁目 14 番 1 号
（販　売　部）TEL 03（3829）4141・FAX 03（3829）4001
（出版編集部）TEL 03（3829）4142・FAX 03（3829）4005
https://www.zaikyo.or.jp

乱丁、落丁の場合は、お取替えいたします。　　　印刷・株式会社フォレスト
ISBN978-4-7547-3195-3